bŏhlauWien

Lisa Fischer

Schattenwürfe in die Zukunft

Kaiserin Elisabeth und
die Frauen ihrer Zeit

bōhlauWien Köln Weimar

Abbildungen auf Seite 2 (v. l. n. r.):
Eugénie, Kaiserin von Frankreich; Lola Montez;
Carmen Sylva, Königin von Rumänien; Marie, Königin von Neapel

Die Deutsche Bibliothek – CIP-Einheitsaufnahme
Fischer Lisa: Schattenwürfe in die Zukunft: Kaiserin Elisabeth und die
Frauen ihrer Zeit / von Lisa Fischer. – Wien ; Köln ; Weimar : Böhlau, 1998
ISBN 3-205-98765-9

© 1998 by Böhlau Verlag Ges. m. b. H. und Co. KG., Wien · Köln · Weimar

Gedruckt auf umweltfreundlichem, chlor- und säurefreiem Papier.

Druck: Imprint, Ljubljana

Danksagung

Die Entstehung dieses Buch ist nicht nur eine Einzelleistung, sondern das Resultat zahlreicher Anregungen sowie finanzieller und ideeller Hilfe. In diesem Zusammenhang möchte ich für die freundliche Unterstützung durch Hofrat Siegfried Dohr namens des ÖAAB und der Gewerkschaft öffentlicher Dienst danken. Ebenso Herrn Hermann Pabst und Herrn Georg Fischer. Dr. Elisabeth Küffer, Mag. Roswitha Novak und Dr. Slobodan Novak für ihre große Geste der Gastfreundschaft und den inspirierenden Genius loci. Für die zahlreichen Diskussionen, anregenden Stunden und ihre ausgiebige Lektüre des Manuskriptes Mag. Günther Lanier, Dr. Marion Breiter, Mag. Etta Hermann-Uhlig, Dr. Regina Köpl, Dr. Nina Tichy, Dr. Waltraud Bayer und Dr. Edeltraud Redl.

Gewidmet Elmedina und dem Erfolg der weiblichen Stimme.

1888   1839

1878

1842

1873

1847

1868

1898

1854

1865

1860

1857

Inhalt

Vorwort

Am 10. September 1898 traf die Feile von Lucheni das Herz der Kaiserin von Österreich und erfüllte damit das Schicksal, dem Elisabeth einundsechzig Jahre lang entgegengegangen war. Ihr Leben war kein glückliches gewesen, mit seinem ungewöhnlichen Ende erscheint es gleichwohl geglückt. Sie starb schnell und ruhig, wie sie es sich immer gewünscht hatte, auf dem Wasser, mit dem letzten Blick auf die Gipfel der Berge. Sie war nach innen verblutet, ohne nach außen Spuren der Gewalt sichtbar werden zu lassen. Die Schönheit war trotz Alter unangetastet geblieben, ihre Haltung bis zum letzten Augenblick eine majestätische.

Der Mörder, auf der Suche nach einem Repräsentanten der Monarchie, erwartete den Herzog von Orléans. Seine Tat sollte ein Aufschrei gegen die monarchische Herrschaft sein. Als der Herzog jedoch nicht in Genf erschien, ergriff Lucheni die zweite Chance. Er tötete seine Stellvertreterin, traf sie als Double. Der Tod Elisabeths war ein Irrtum und schien trotzdem einer perfekten Inszenierung zu folgen. In ihm kristallisierte sich nochmals wie zu einem großen Finale das widersprüchliche Leben der österreichischen Kaiserin. Liberal denkend, die Monarchie kritisierend, ihre eigene Herkunftsklasse, den Adel, verachtend, war sie doch stets ihrem Stand treu geblieben und hatte ihre Rolle als oberste Repräsentantin der österreichisch-ungarischen Monarchie nicht verlassen. Als privilegierte Außenseiterin und Systemkritikerin hatte sie in ihren Innenwelten gleichsam eine vielschichtige Persönlichkeit von sich angefertigt, um in der Außenwelt zu überleben.

Sechzehnjährig heiratete sie einen Kaiser und nahm seine Krone an, die eine persönliche Herausforderung für sie wurde. Sie legte jedoch in der Folge die fremde Krone des Reiches ab, um ihre Selbstschöpfung mittels ihrer Haare allgemein sichtbar zu machen. Mit ihrer berühmten Frisur verband sie das Symbol herrschaftlicher Macht unzertrennlich mit ihrem Körper. In ihrem Selbstwerdungsprozeß übernahm sie ein bürgerliches Leistungsprinzip und führte auf symbolischer Ebene neue Kriterien des Aufstieges ein. Nicht mehr Abstammung zählte, sondern persönliche Aktivität. Elisabeth ließ sich nicht auf die weibliche Bestimmung der angeheirateten, mitberühmten Frau reduzieren, sondern definierte ihre eigene Karriere.

Als eine jener Aufbruchsfrauen des 19. Jahrhunderts verließ sie den ihr zugewiesenen Rahmen der Ehefrau und Mutter, um auf die Suche nach dem eigenen Subjekt zu gehen. Aus der bayerischen Provinz kommend, brachte sie jenen Geist der Erneuerung mit, den die Peripherie immer schon für die Metropole bereithielt. Als Voraussetzung für Veränderung förderte ihre Rolle als Kaiserin nicht nur den eigenen Widerstand, sondern auch den Widerstand des Systems. Im Zentrum der Macht blieb sie in ihrer Opposition in der Folge Außenseiterin. An der Schwelle zum 20. Jahrhundert war sie sowohl Vertreterin des republikanischen Geistes als auch eines ausgeprägten Majestätsbewußtseins, das sie allerdings in den Raum der Phantasien und Träume verlegte. Hier kreierte sie sich neu. Sie war zu Weihnachten, an einem Sonntag geboren, ein besonderes Omen. Sie verabsolutierte den Gedanken, ein Kind der Sonne zu sein, um auf mythologischer Ebene als strahlende Herrscherin der Geistwesen in den Zyklus der ewigen Wiedergeburt einzutreten.

In der Realität fühlte sie sich unverstanden und vertrieben. Dementsprechend ließ sie sich neuen Ufern zutreiben. Dem herrschenden Weiblichkeitsideal zuwiderhandelnd, verließ sie Haus und Herd, um auf Abenteuerreise zu gehen, nicht jedoch ohne Vorkehrungen getroffen zu haben. Am Höhepunkt ihres Unabhängigkeitskampfes, zu einem Zeitpunkt, wo ihre körperliche Schönheit zusammen mit ihrem Selbstbewußtsein zu strahlen begann und sie zur schönsten Frau Europas werden ließ, monumentalisierte sie sich. Ihr Schönheitskult war ebenso Ausdruck ihres weiblichen Selbstbewußtseins wie auch ihrer Selbstentäußerung. Trotz seines autoaggressiven Charakters erhielt er in ihrem Überlebenskampf eine wesentliche Rolle. Hinter dem Schutz ihres Schirmes, hinter dem Mythos der ewig jung blühenden Märchenprinzessin, der um sie entstand und den sie selbst vorantrieb, entwickelte sie eine Fülle von unterschiedlichen Persönlichkeitsmerkmalen. Wie ihr Fächer, wesentliches Accessoire im Kampf gegen den fremden Blick, fächerte sie ihr Eigenbild auf. Elisabeths Leidenschaft für intellektuelle Betätigung und für den Nonkonformismus galt für Frauen als unstatthaft und erschien daher häßlich. Indem sie eine gesellschaftliche Anforderung an die Weiblichkeit, die der Schönheit, übererfüllte, erhielt sie jenen Freiraum, um andere, als männlich verstandene Eigenschaften auszubauen. Im Androgynen begann sich der Geschlechtskörper aufzulösen, konnte sie trotz ihres Geschlechtes Zugang in männliche Domänen finden. Als Reiterin, als Dichterin, als Philosophin durchkreuzte sie Raum und Zeit, wurde Wanderin zwischen den Welten, um bei sich selbst anzukommen.

Die eigene Fremde war ihr Antrieb, um sich dem Fremden auszusetzen. Freiheitsliebe und die Suche nach dem Subjekt waren der Motor ihrer beständigen Wanderschaft in lokaler und transzendentaler Hinsicht. Dabei fühlte sie sich oft einsam, stand jedoch keineswegs alleine. Elisabeth fand Mitstreiterinnen und Seelenschwestern bei all jenen Frauen, die nicht mehr gewillt waren, ein einheitliches Weiblichkeitsbild nachzuleben. Eugénie, die Kaiserin von Frankreich, die sich in die Politik einmischte, Carmen Sylva, die Throngefährtin in Rumänien, die als Dichterin Erfolg hatte und daher als Blaustrumpf abgewertet wurde, oder Lola Montez, die Schauspielerin, die selbstbewußt nach der Krone Bayerns griff und im folgenden Skandal sogar mithalf, einen König zu stürzen. Schließlich war auch George Sand, die Hosen tragende und Zigaretten rauchende Bestsellerautorin, nur eine von jenen, die die Stimme erhoben, um jenem Freiheitskampf zu folgen, der für Frauen Emanzipation bedeutete.

Elisabeth nahm den Zeitgeist in ihre Auseinandersetzung auf und folgte ihm. Die Krise, die das Jahrhundert durchzog, wurde auch zu der ihren. Freiheit, Fremde und Wanderschaft, Topoi des 19. Jahrhunderts, fokussierten sich bei der Kaiserin von Österreich. In der Suche nach dem Selbst, in ihrem eigenen Auf- und Umbruch solidarisierte sie sich mit Außenseitern, wie Heinrich Heine. Selbst eine Revoltierende, blieb sie jedoch in der Außenwelt weitgehend still. Ihre Gedichte, Spiegel ihrer unkonventionellen Einstellungen, verschloß sie und vermachte sie an die Nachgeborenen, die „Zukunfts-Seelen" wie sie sie nannte. Ihre Opposition blieb zu ihren Lebzeiten weitgehend unbekannt – ihr Schrei gegen das sie unterdrückende System ungehört. Zu sehr fürchtete sie, daß derartiger Widerstand weiblicher

Aufmüpfigkeit in den Nervenheilanstalten gebrochen werden könnte. An der Wirklichkeit scheiternd, nahm sie ihren Geist des Aufruhrs zu Lebzeiten immer wieder auf halbem Wege zurück, um ihn als Erbe an die Zukunft zu vermachen. Als Übergangsfrau der Jahrhundertwende, als unvollendet Gebliebene in ihrem Aufbruch, mag ihr ungewöhnliches Potential der Unbeugsamkeit an der Schwelle zur Jahrtausendwende Aufruf und Motivation für viele Frauen sein.

Elisabeths Wesen und ihre Ambivalenzen zu erfassen bedeutet, sie in ihren Vorlieben und Verwandtschaften zu suchen. Sie verließ die reale Ebene des Widerstandes, denn der „Riß des Jahrhunderts", wie es Heine nannte, ging auch mitten durch ihr Herz. Sie begab sich zu den Geist-, Wesens- und Seelenverwandten, zu den mythologischen Gestalten, zu den Toten und Bäumen. In ihren Traumwelten versuchte sie sich in einer zunehmend entzauberten Welt die Kraft der Phantasie zu bewahren. Im Anker, einem Tattoo auf der Schulter, schien sie sich symbolisch ihre Zivilisationskritik in den Körper einzubrennen. Ihre Baummystik und ihre an den Buddhismus und Taoismus angelehnten Einstellungen machen sie auch im philosophischen Bereich zu einer Grenzgängerin zwischen alten und neuen Welten.

Zu ihrem hundertsten Todestag ist Elisabeth zugleich Mythos und historische Person. Das große Interesse an beidem signalisiert ein verstärktes Bedürfnis nach weiblichen Identifikationsfiguren. Ihr stummer Schrei will nun gehört, will laut werden und überall dort Rechte einfordern, die den Frauen noch immer vorenthalten sind. Ihr Leben als Frau, ihre Konflikte und ihre Kränkungen sind allgemeine Erfahrung weiblicher Lebensläufe. Ihre Widersprüche machen sie verständlich. Dort, wo ihr die Schönheit Türen zur Selbstgestaltung öffnete, beschränkt ihr zum allgemeinen Postulat erhobener Jugendkult weibliche Selbstentfaltung. Wo Schönheit tödlich wird, wächst die Sehnsucht nach Unsterblichkeit. Elisabeth ist dem Leben entgegengestorben. Gleich einem Vexierbild sind Leben und Sterben in Bewegung zu halten, um die Metamorphose ihres Aufbruches weiter voranzutreiben, ohne sie vorschnell zurückzunehmen. Zwischen Angleichung und Abweichung mag Elisabeth ihr letztes Geheimnis bewahren. Erst mit dem Tod des Konstruktes der Traumfrau kann der eigene Traum gelebt werden.

Elisabeths Züge – Träume in Tränen

> „Stummer Strom, wie viel Gedanken
> Lehrtest du mich, tief und lang ...“[1]

Die Wellen wirkten beruhigend. Sie konnte den Himmel von unten betrachten und das Wasser von oben. „Wir haben gewöhnlich keine Zeit, den Himmel anzusehen, der auf unsere Blicke wartet“,[2] dachte sie vielleicht in diesen Augenblicken vor, was sie später sagte. Im Frühling, im April des Jahres 1854 fuhr ein festlich geschmücktes Schiff stromabwärts. Der Reiseplan des Hochzeitszuges der zukünftigen Kaiserin von Österreich war fest im Protokoll verankert, während die jugendliche Braut den Anker, der sie im bayerischen Elternhaus gehalten hatte, lichtete. Die Gesichtszüge der Braut lösten sich während dieser Reise immer wieder in Gefühle auf. Sie war sichtlich erschöpft, aufgeregt und wahrscheinlich von Gedanken zwischen Vergangenheit und Zukunft bewegt. Die Reise dauerte drei Tage – Übergangsstunden zwischen Mädchenjahren und Ehestand. Wie die Landschaft zog möglicherweise auch ihr bisheriges Leben immer wieder in Ausschnitten vorbei. Elisabeth, die man zu Hause oft Sisi gerufen hatte, versuchte die Kontenance nicht zu verlieren und scheiterte doch immer wieder an den hohen Anforderungen, die das Protokoll bereits auf ihrer ersten Reise an die zukünftige Kaiserin von Österreich stellte.

Am Ufer standen jubelnde und winkende Menschen, auf dem Schiff stand Elisabeth und grüßte zurück. Ihre Gefühlsschwankungen waren in der Etikette nicht vorgesehen, machten sie aber sympathisch. Warum weinte sie? War nicht gerade bei ihrer Verheiratung weniger Staatsräson als Liebe im Spiel? Wie klar hatte sich Kaiser Franz Joseph zu der jungen Sisi bekannt und sich nicht auf eine arrangierte Vernunftehe mit der älteren und reiferen Schwester Helene eingelassen? Die Tränen der Braut beinhalteten gleichsam das Wissen über eine, zumindest vorläufige, Endgültigkeit weiblicher Bestimmung. „Über den Fluß und mit dem Fluß des Lebens wird der Schritt in ein neues Leben getan, werden die sicheren, schützenden und bewahrenden Mauern der Burg verlassen."[3] An dieser Schwelle verdeutlichen die Tränen einen tiefen Gemütszustand. „Die Braut ist melancholisch, weil sie beides in sich vereint: das Bewahrende, in sich Verschlossene der Jungfrau, das Un-Eröffnete und die Sehnsucht, über diesen Zustand hinauszugehen."[4] Altes beendend und Neues beginnend, beinhaltete dieses zur Hoch-Zeit weiblicher Lebensläufe stilisierte Ereignis für die Frau oft eine existentielle Erschütterung, die einer Todeserfahrung gleichkommen konnte. „Eine Hochzeit war mir so traurig wie eine Leichenfeier, denn ich hatte das undeutliche Gefühl, daß etwas begraben würde",[5] sagte Carmen Sylva, die zukünftige Throngefährtin Elisabeths in Rumänien, anläßlich ihrer eigenen Verheiratung. Sie formulierte deutlich, was weibliche Lebensrealität beinhaltete. Die Heirat markierte die Zäsur zwischen Mädchenzeit und Frausein. Es galt, von der Jugend Abschied zu nehmen und eine neue Phase zu beginnen, die die Frau des 19. Jahrhunderts rechtlich und sozial fast uneingeschränkt an einen Mann band und sie hinfort in erster Linie zur Ehefrau und Mutter bestimmte.

Herzogin Ludovika, die Brautmutter, mag ihrer Tochter in diesem labilen Gleichgewicht zwischen der von außen erforderten Haltung und dem inneren Aufgewühltsein immer wieder aufmunternd und mahnend zur Seite gestanden sein. Aus eigener Erfahrung kannte sie die Diskrepanz zwischen Pflicht und Neigung. Im Gegensatz zu ihrer Tochter war sie gezwungen gewesen, bei der eigenen Hochzeit gänzlich gegen ihr Gefühl zu handeln. Die königliche Autorität aus Bayern hatte das Jawort zu ihrer Liebe, Dom Miguel von Braganza, verweigert. Politische Gründe schienen diesen Schritt notwendig zu machen. Als Dom Miguel schließlich den Thron Portugals bestieg und erneut um ihre Hand anhielt, kam der Abgesandte gerade zur arrangierten Hochzeit Ludovikas zurecht.[6] Somit war es für beide zu spät. Aus Pflichterfüllung hatte Ludovika den nicht gerade ebenbürtigen, aber dafür verwandten Herzog Max aus einer Nebenlinie der Wittelsbacher geheiratet. Der wiederum hatte sie aus Angst vor seinem Großvater genommen.[7] Als Trostpflaster für diesen Schritt verlieh Ludovikas Vater seinem Schwiegersohn den Titel „Königliche Hoheit".

Abb. 1: Elisabeth 1854 als Braut

„Eine Prinzessin durfte keine Ideale im Kopf oder Herzen haben,
um den Mann ohne Widerrede anzunehmen, den die Eltern ihr bestimmten."[8] Die Enttäuschung ließ nicht lange auf sich warten. Den
ersten Jahrestag ihrer Hochzeit verbrachte sie in Tränen.[9] Die Erziehung Ludovikas war eine überaus strenge gewesen. Die Bildungsin-
halte unterlagen einer ständigen Zensur. Die Klassiker erachtete man
für gefährlich, Goethe galt sogar als perfid.[10] Beides durfte sie nur in
Kostproben genießen. Phantasien waren gefährlich, sie untergruben
die Disziplin und förderten Wünsche. Diese jedoch bedrohten das
mit physischer und psychischer Gewalt errichtete System staatlicher
und familiärer patriarchaler Machtausübung. Als Ludovika einmal als
kleines Mädchen das Essen einer Birne verweigerte, hielt ihr die Erzieherin kurzerhand die Nase zu und schob ihr die Birne in den
Mund, was zu einer lebenslangen Abneigung diesem Obst gegenüber
führte.[11] Mit dreizehn Jahren wurde sie bereits auf einen Hofball mitgenommen und versuchte dort gegen ihre Müdigkeit anzukämpfen,

16

indem sie sich mit Nadeln stach, um nicht einzuschlafen. Ihre spätere Nervosität führte sie auf diese Methoden zurück.[12] Der Tugendkanon für Mädchen des Adels und Bürgertums war, sich mit Anmut zu langweilen und sich ansonsten gerade zu halten. Für Buben galt es, ganz im Sinne der „schwarzen Pädagogik", Disziplin und Härte zu entwickeln.

Die Prinzessin Elisabeth zu Wied, die spätere Königin von Rumänien, Carmen Sylva, zwängte man in jungen Jahren bereits in ein Stützkorsett, das für eine tadellose Haltung sorgen sollte und mit dem sie sogar zu ihrer Verzweiflung Spaziergänge unternehmen mußte. Dieses Verfahren erachtete man jedoch vergleichsweise als sehr milde, denn ihre Großtante mußte zusätzlich zu der in Leder verpackten Eisenstange im Rücken um den schlanken Hals ein Stachelband tragen, damit sie den Kopf stets erhoben hielt.[13] Die Mutter von Carmen Sylva bekam noch als erwachsene, verheiratete Frau und Mutter einen roten Kopf, wenn sie von ihrem Vater sprach, da ihr die Erinnerung an die Dressur mit seiner Reitpeitsche das Blut auf die Stirne trieb.[14] Für sie wurde als Folge dieser didaktischen Maßnahmen der Tod das Schönste im Leben.[15] Trotz der schlechten Erfahrung mit den elterlichen Erziehungsmethoden blieb auch die Erziehung der eigenen Kinder drakonisch und spartanisch. Die Peitsche erhielt als beliebtes Züchtigungsmittel eine besondere Position, und so war die Angst ein beherrschendes Gefühl der Kindheit von Carmen Sylva, die sie nur mit viel Geistesarbeit in die Hinterwinkel der Seele zu bannen vermochte.

Am belgischen Hof schließlich mußte eine Prinzessin auf Bohnen knien oder wurde zwischen zwei Doppeltüren gestellt. Im finsteren, eng abgeschlossenen Raum erlebte sie oft Stunden des Wahnsinns, und auch das lauteste Weinen erlöste sie nicht von ihrer Qual. So konnte sie ihr Gefängnis nicht einmal verlassen, um auf eine Toilette zu gehen, und mußte, in ihrer Notdurft sitzend, so lange ausharren, bis die Erlösung von der Tortur kam.[16] Das derart mißhandelte Kind war Stephanie, die spätere Frau des Kronprinzen Rudolf.

Von frühester Jugend an dressiert, sollten weibliches Begehren oder männliche Gefühlsregungen im Keim erstickt werden. Die Erziehung in europäischen Adels- und Bürgerkreisen war im 19. Jahr-

hundert ganz auf Gehorsam ausgerichtet. Das patriarchale Gewalt-
system wurde nicht nur von seinen männlichen Repräsentanten
exerziert, sondern auch von den weiblichen Opfern weitergegeben.
Frauen wurden zu Mittäterinnen des Unterordnungs- und Diszipli-
nierungsprinzipes. Natürlich hatte auch Ludovika Gehorsam von
ihrer Tochter gefordert, als sich Franz Joseph, die beste Partie unter
den regierenden Monarchen Europas, Hals über Kopf in die junge
Prinzessin aus Bayern verliebte. Ganz der Heiratspolitik verhaftet,
und vielleicht auch ein wenig über ihre eigene schlechte Partie mit
Herzog Max enttäuscht, hatte sie der Ehrgeiz gepackt. Da Franz Joseph die von den Müttern vorgesehene ältere Schwester Elisabeths,
Helene, geradewegs ablehnte, seine Weigerung nicht nur eine Auflehnung gegen die Mama bedeutete, sondern der bayerischen Verwandtschaft gegenüber einen persönlichen Affront darstellte, konnten mit der neuen Wahl die Wogen wenigstens einigermaßen
geglättet werden. Die Braut stammte ja doch aus derselben Familie.

„Dem Kaiser von Österreich gibt man keinen Korb“,[17] soll der
mahnende Ausspruch Ludovikas gegenüber ihrer Tochter Elisabeth
gewesen sein, und so mußte der männlichen Eroberung die weibliche
Hingabe folgen. Elisabeth hatte keine wirkliche Wahl, sie wurde gewählt. Gleichwohl ist anzunehmen, daß es der jungen Prinzessin aus
Bayern geschmeichelt hatte, von dem höchsten Würdenträger des
österreichischen Staates an seine Seite geholt zu werden. Unerfah-
renheit und Sehnsucht waren oft die Voraussetzung, daß junge
Mädchen der Traumvorstellung Liebe nachhingen. Gehorsam gegenüber Vater und Mutter und der Wunsch, das Elternhaus, diesen
oft als Gefängnis erfahrenen Ort, zu verlassen, waren für Frauen der
Grund, manchmal sogar mit dem Gefühl erlösender Freude einem
zukünftigen Mann zu folgen. Elisabeth hatte, wie viele andere Frauen
ihrer Zeit, in ihrer Familie nicht nur kindliche Unbeschwertheit gefunden, sondern vor allem die Dissonanzen der Eltern erlebt. „Denn
zu fliehen die Familie, war mein Drang von jeher doch“,[18] sagte sie
als reife, alternde Frau in einem ihrer Gedichte, und an anderer Stelle
konstatierte sie: „Die meisten Mädchen heiraten überhaupt nur aus
Sehnsucht nach Freiheit. Übrigens hat die Liebe auch Flügel zum
Fortfliegen.“[19]

Als zukünftige Kaiserin von Österreich bekam Elisabeth, ganz im Gegensatz zu vielen anderen Frauen, zumindest einen sie wirklich aufrichtig liebenden Ehemann. Der gleiche Kaiser, der nach den revolutionären Tagen von 1848 mit Härte Todesurteile unterschrieben hatte, der mit gläubiger Strenge und scharfer Zensur neoabsolutistisch regierte, derselbe Mann wurde ihr gegenüber zum werbenden Troubadour. Noch ahnte sie nicht, wie schnell ihr die Illusion über Ehe und Krone verlorengehen sollte. Wenn auch die Wirklichkeit wenig Liebe für Herrschende bereithielt, so hatte man entgegen allen Gewohnheiten in Wien um die Mitte des 19. Jahrhunderts eine Traumhochzeit wie im Märchen vorbereitet. Inmitten der Turbulenzen von sozialen Krisen, ökonomischen Umwälzungen und politischen Umstürzen gab es plötzlich den Raum für die Illusion einer heilen Welt.

Nur ein Jahr vor der österreichischen Hochzeit hatte auch Frankreich in ähnlicher Weise eine neue Kaiserin erhalten. Während sich in den Reichen politische Umsturzideen ausbreiteten, kam es auf den Thronsesseln zu gefühlsmäßigen Revolutionen. Napoleon III., der bis zu seiner Vermählung zahlreiche Liebschaften gepflegt und sein Junggesellendasein genossen hatte, kämpfte plötzlich für eine einzige. Er war gezwungen, sich mit allen Kräften gegen Minister, Staatsräson und seine eigenen Triebe für seine Wahl einzusetzen. Eugénie war Südländerin oder, besser gesagt, das Produkt von schottisch-kaufmännischem Erfolg und spanischem Adel – kurz: eine unstandesgemäße Mischung von sozialem Aufstieg. Dies paßte zwar zu dem französischen Emporkömmling, war jedoch gleichzeitig der Grund, warum sie die Pariser Hofgesellschaft nicht sehr willkommen hieß. Alter europäischer Adel im Stammbaum der Zukünftigen hätte die Stellung Napoleons III., des Parvenus, aufgewertet. Mit der Wahl Eugénies jedoch trafen zwei als Emporkömmlinge Betrachtete zusammen. Die französische Hochzeit war demnach ein Triumph der Gefühle gegen die Pflichten, ein Sieg gegen traditionelles adeliges Standesdenken und daher für bestimmte Kreise ein Skandal. Zu einem Zeitpunkt, wo das Volk die Institution der monarchischen Herrschaft zu hinterfragen begann, benützte diese ihre Autorität, um für Herzensentscheidungen zu plädieren. Neue Kräfte hielten somit in die Paläste Einzug und rüttelten an den anerzogenen Disziplinie-

Abb. 3: Eugénie, Kaiserin von Frankreich, im Reitkleid

rungen. Im Widerspruch zwischen emotionaler Freiheit und staats-
politischer Räson wurde in Paris auf persönlicher Ebene reines Kalkül in Frage gestellt und das Gefühl zugelassen.

Der Pariser Hof avancierte durch die Schönheit und nicht durch die
Abstammung Eugénies zu neuem Glanz. Auch in Wien blickte man
westwärts. Die neue Kaiserin war Mitte Zwanzig, Napoleon III. Mitte
Vierzig. Trotz des Altersunterschiedes zu Elisabeth – Eugénie war eine
reife, selbstbewußte Frau – verband sich auch für sie die Hochzeit mit
tiefer Trauer, wie sie an ihre Schwester Paca schrieb. Nun mußte sie
ihre Familie und ihr Land verlassen, um sich ausschließlich dem
Manne zu weihen, der sie so sehr liebte, daß er sie auf den Thron gehoben hatte.[20] Ihre Entscheidung für die Krone war eine Mischung
aus Achtung für den Mann und Ehrgeiz.[21] Sie sah sich als Vermittlerin
zwischen denen, die leiden, und dem, der dafür ein Heilmittel zur Verfügung stellen konnte.[22] Aber auch die Erfüllung der Prophezeiung
einer Zigeunerin, die ihr ein ungewöhnliches Schicksal vorhergesagt
hatte, spielte dabei eine nicht unbedeutende Rolle.

Die Ehe mit einem Kaiser bot für Eugénie, abgesehen von persönlichem Aufstieg und der Möglichkeit zu sozialhumanitärem Engagement, die Hoffnung auf persönliche Liebeserfüllung mit einem
Mann. Die Idealisierung der Liebe, wesentlicher Bestandteil des romantisierenden 19. Jahrhunderts, begann bei ihr zu wirken. Sie hatte
bereits einen Selbstmordversuch infolge einer unglücklichen Beziehung hinter sich und war es zudem kaum gewöhnt, geliebt zu
werden. War sie der Einsamkeit überdrüssig gewesen, suchte sie nach
Zuneigung und blieb am Ende doch immer enttäuscht zurück. In
Napoleons Kampf um sie sah sie neue Hoffnung für Liebe und
Glück.[23] Gleichzeitig war sie sich sowohl der großen Verantwortung,
die sie erwartete, als auch der damit verbundenen Gefahren bewußt.
Sie hatte jedoch weniger Angst vor den Mördern, die nun allenthal-
ben die Herrschenden von ihren Thronen stürzten, als davor, in der
Geschichte unbedeutender zu sein als Blanche von Kastilien oder
Anna von Österreich.[24]

Elisabeth war um elf Jahre jünger als ihre französische Thronkol-
legin und daher unerfahrener als Eugénie. Für sie mußte der folgen-
schwere Schritt, eine Krone anzunehmen, noch viel mehr mit Unge-

wißheiten verbunden gewesen sein. Ströme verbinden und trennen. Die Donau, auf der das Schiff mit der Braut Richtung Wien fuhr, trennte die Reisende mehr und mehr von ihrer Jugend. Die Tränen, die sie weinte, verbanden sie mit ihrem zukünftigen Volk. „Wenn sich die Herrscherin als Frau benimmt, erwärmt sich die kalte Pracht der Repräsentation an den Schaubildern menschlicher Rührung."[25] In dem Zwischenstadium von Privatperson und Rolle berührte sie durch ihre Gefühle die Anwesenden, wurde die Person durch das um sie herum aufgebaute Hofspektakel und durch die Chronisten jedoch bereits in eine ewigkeitsstarre Rolle gebracht, die ihre Position festzumauern suchte.

Die Silhouette, die die jugendliche Braut den Neugierigen am Ufer bot, entsprach ganz den gewünschten Inszenierungen. Von Rosen umgeben, mit dem Spitzentuch abwechselnd winkend oder Tränen trocknend, gab sie in ihrem hellen Kleid die Möglichkeit zum Träumen. Die Phantasie der Schaulustigen wurde zur Schöpferin all jener Sehnsüchte und Hoffnungen, die sie mit der idealen Liebe, aber auch mit der Milde einer neuen Herrscherin verbanden. Erst sechs Jahre waren seit der brutalen Niederschlagung der Revolution von 1848 vergangen, die Todesurteile noch nicht vergessen und das politische Klima labil. Die Monarchien standen auf dem Prüfstand, überall gärte es. Krisen schüttelten nicht nur die Ökonomie, sondern auch die individuellen Befindlichkeiten. Die Vorstellung einer neuen Landesmutter auf dem Thron schien den meisten in diesen Umbruchsstimmungen fast wie eine Beruhigung. Es war emotional entlastend, einem Märchen beizuwohnen, das sich gleichsam wie Balsam gegen den schweren Alltag auf die Wunden der Seele legen ließ.

Elisabeths Gesichtszüge mußten ob dieser vielfältigen Erwartungen angespannt sein. Sie war gerade sechzehn geworden, hatte langes fülliges Haar, das, einfach hochgesteckt, ihr Gesicht umrandete. Sie galt als mittelmäßig hübsch und besaß bis vor kurzem sogar ein rundes Bauernmädelgesicht.[26] Ihr Leben hatte sie bis jetzt zwischen dem Stadtpalais in München und dem Schloß in Possenhofen am Starnberger See verbracht. „Die ganze Hofhaltung wurde in vornehmem Stil geführt, und der Dienst ging geräuschlos vor sich. Man speiste auf Silber, und die Verpflegung war gut und reichlich, wenn auch für täglich ohne übertriebenen Luxus."²⁷ In München war ihre Phantasie in den Räumen des Schlosses mit vielen Bildern angeregt worden. In einem wunderschönen Tanzsaal konnte sie den dort zur Verzierung angebrachten Fries des römischen Gottes Bacchus von Schwanthaler bewundern. Ausschweifende Sinnlichkeit und südländische Lust strahlten von den Wänden in den buntesten Farben herunter. Im Festsaal schmückte ein Psyche-Zyklus von Kaulbach die Wände, und im Hof war eine Zirkusmanege eingerichtet worden.²⁸ Im Stadtpalais boten die antiken Götter und Göttinnen genügend Stoff für Träumereien. Am Land eröffnete die Natur ihre Vielfalt. Ein weitläufiger Garten, der Blick auf die nahegelegenen Berge, die Wellen des Sees – all diese Eindrücke prägten Elisabeth.

Die Mutter Ludovika führte vom Vater Max ein weitgehend getrenntes Leben. Es gab kaum Gemeinsamkeiten zwischen den Eheleuten. Trotzdem gebar sie zehn Kinder, von denen acht, drei Knaben und fünf Mädchen, überlebten. War es Erfüllung der ehelichen Pflicht oder die Hoffnung auf eine Partnerschaft, die sie immer wieder dazu führte, dem Ehemann, der kaum etwas mit ihr teilte außer das Bett, dieses nicht zu verwehren? Sie selbst soll diesbezüglich gesagt haben: „Wenn er dann zu mir gekommen ist, hab' ich wohl gemeint, so, jetzt halt' ich ihn. Aber – am anderen Morgen – huit, da war er wieder weg."²⁹ Das Verhältnis der Eltern zueinander blieb ein distanziertes, die Liaisonen des Vaters waren den Kindern bekannt.

Die Ehe der beiden konnte somit für Elisabeth nicht gerade als Vorbild gelten. Die Mutter erfüllte ihre Aufgabe als Musterfrau, ohne glücklich zu sein. Der Vater genoß ein Doppelleben zwischen Ehemann und Liebhaber, das vor allem seine Frau immer wieder unglücklich machen mußte. „Wenn man verheiratet ist, fühlt man sich so verlassen",³⁰ sagte sie. Tatsächlich hatte Elisabeth in der Zukunft für die Institution Ehe nur abfällige Bemerkungen übrig. „Die Ehe ist eine widersinnige Einrichtung", sagte sie zu ihrer Tochter Marie Valerie, „als fünfzehnjähriges Kind wird man verkauft und tut einen Schwur, den man nicht versteht und dann 30 Jahre oder länger bereut und nicht mehr lösen kann."³¹

Ludovika entwickelte sich zum Zentrum der Familie. Trotz der zensurierten Lektüre während ihrer Jugend liebte sie die Literatur und verbrachte mitunter ganze Tage beim Lesen oder ließ sich vorlesen. Sie interessierte sich für Geschichte, Geographie und Sternenkunde und liebte Uhren und Barometer.[32] Sie war eine nüchterne Natur mit trockenem altbayerischem Humor.[33] Sie war sehr geistreich, sprach nicht allzuviel, und wenn sie etwas sagte, traf sie gewöhnlich den Nagel auf den Kopf. Selbst wenn sie sich zudem in einem beißenden Sarkasmus gefiel, verlor sie niemals ihre Ruhe und Würde. Diesen Zug sollte Elisabeth von ihr übernehmen.

Die Leseleidenschaft der Mutter fand sich auch beim Vater Elisabeths. Seine Bibliothek umfaßte 27.000 Bände.[34] Zeitweilig veröffentlichte er, ganz im Stile seines verehrten Dichters Heine, unter dem Pseudonym „Phantasus"[35] Erzählungen, Novellen und Bühnenstücke. Letztere fanden ihren Weg nicht nur in das herzogliche Haustheater, sondern auch auf die Münchner Hofbühne und gelangten sogar bis nach Wien.[36] Seine Reiseerlebnisse hielt er in dem Band „Wanderungen nach dem Orient im Jahre 1838" fest. Daneben schätzte er Musik und sammelte bayerische Lieder und Volksweisen.[37] Immer wieder griff er zu seiner Zither. Er liebte dieses Instrument und verlangte, daß auch die Kinder das dieses zu spielen lernen mußten. Seine Enkelin Marie bekam ebenfalls Unterricht. Als sie sich einmal lieber im Freien amüsiert hätte als im Zimmer zu üben, warf sie aus Wut das Instrument auf den Mist. Die Strafe des Großvaters traf sie fürchterlich. Unter dem Beifall der Dorfjugend mußte sie auf den Haufen klettern und das Instrument herunterholen, während Herzog Max schallend lachte und sich über ihre Erniedrigung amüsierte.[38]

Wenn Herzog Max nicht gerade auf Reisen war – schon vier Wochen nach der Geburt von Elisabeth war er zu seinem Orientabenteuer aufgebrochen[39] –, versammelte er eine illustre Runde von freigeistigen Gedankenspielern und Zechgenossen und huldigte ansonsten einer liberalen Einstellung. Nebenbei vergnügte er sich mit seinen Pferden, spielte Zirkus oder geriet auf sexuelle „Abwege, wie übrigens viele vornehme Herren seiner Zeit".[40] Aus diesem Grunde war er für seine eigene Familie auch mittags nie zu sprechen, denn da dinierte er mit seinen beiden unehelichen Töchtern.[41] „Zudem trieb er großen Luxus und verlor hierbei einen Teil seines großen Vermögens."[42]

Während die Mutter ein ständig präsenter Bestandteil der Familie war und die Erziehung der Kinder auch immer wieder selbst übernahm, war der Vater nur Besucher, der, wenn anwesend, oft plötzlich in die Unterrichtsstunden hereinstürmte und die Sprößlinge mit sich nahm. Dann vermittelte er ihnen etwas von seinen Leidenschaften. Im allgemeinen überließ er sie jedoch sich selbst oder den anderen. Trotz seiner spärlichen Präsenz konnte er jedoch durchaus rücksichtslos auf seine väterliche Autorität zurückgreifen. Als seine bereits verheirateten, jedoch in der Ehe unglücklichen Töchter Elisabeth, Mathilde und Marie in der Heimat Erholung suchten und sich aneinander stärkten, warf er sie kurzerhand hinaus, da sie ihm zuviel Unruhe in sein Haus brachten.[43] „Die Familie war groß, und es war immer etwas los, aber es vergingen kaum ein paar Wochen, in denen nicht ein Mitglied der Familie mit rotgeweinten Augen herumging."[44]

Herzog Max lebte seinen Bewegungsdrang in fernen Reisen aus. Herzogin Ludovika hielt sich hingegen viel in der bayerischen Umgebung auf. Hier unternahm sie mit den Kindern ausgedehnte Spaziergänge. Noch im hohen Alter von achtzig Jahren ließ sie sich diese Freude nicht nehmen und durchwanderte die Landschaft.[45] Der Bewegungsdrang der Eltern wirkte auch bei Elisabeth. Sie war ein äußerst lebhaftes Kind und konnte oder wollte nicht stillsitzen. Ihre Erzieherin hatte diesbezüglich eine schwere Aufgabe. Manchmal band sie Elisabeth buchstäblich an einen Stuhl fest, um sie zur Ruhe zu zwingen.[46] Derartige Erziehungsmethoden waren in den höheren Kreisen der damaligen Zeit durchaus keine Seltenheit. Carmen Sylva wurde bereits als dreijähriges Kind in eine Zwangsjacke gesteckt, die an Händen und Füßen verschlossen war. Auf diese Weise wollte man dem Sausewind Stille lehren.[47] Als sie einmal gemalt werden sollte und dabei ruhig sitzen mußte, wurde sie aus Protest einfach nach fünf Minuten ohnmächtig.[48] Die Qual ihres Lebens war, daß man ihr immerfort wiederholte, „sie müßte weiblich werden, nicht so starr und so wild, sondern weich, biegsam (...)".[49] „In Deutschland herrschte die Unsitte, die Frauen unterdrücken zu wollen"[50], faßte Carmen Sylva diese Maßnahmen kurz und bündig zusammen.

Körperliche Bewegung wurde bei der Erziehung von Elisabeth

sicher gefördert, ebenso aber nur in bestimmten Grenzen zugelassen. Lebendigkeit war generell ein Zustand, der mit dem Weiblichkeitsideal nur schwer zu vereinbaren war und den Gehorsam gegenüber dem Ehemann und der Staatsgewalt gefährdete. Disziplinierende Maßnahmen sollten schon von vornherein jede Gefahr des Ungehorsams und der allzugroßen Eigenständigkeit ausschalten helfen. Das Elternhaus von Elisabeth galt als liberal, das bedeutete jedoch in keinster Weise geschlechtsliberal. Der zukünftige Zwiespalt zwischen persönlichen, als unweiblich geltenden Wünschen und allgemein geforderten weiblichen Tugenden war hier bereits angelegt. Baron von Hübner konstatierte anläßlich eines Besuches in Possenhofen im Jahre 1857, daß dort alles sehr patriarchalisch zugehe.[51] Insofern dürfte sich das Elternhaus Elisabeths nicht viel vom herrschenden System unterschieden haben.

Elisabeth, ein Sonntagskind, war mit zwei Zähnen auf die Welt gekommen und blickte zudem noch am Weihnachtsabend des Jahres 1837 in die Gesichter der ihre Geburt bezeugenden Staatsmänner. Dies wurde von ihrer gläubig-abergläubischen Umgebung als gutes Omen gedeutet, ja prädestinierte sie geradezu für eine besondere Zukunft, an die sie auch selbst zu glauben begann. „Ich bin ein Sonntagskind, ein Kind der Sonne;/ Die goldnen Strahlen wand sie mir zum Throne,/ Mit ihrem Glanze flocht sie meine Krone,/ In ihrem Lichte ist es, dass ich wohne (…).“[52] Vom Sonntagskind war es nur ein kurzer Weg, sich als Kind der Sonne zu verstehen. Da Helios als Symbol für königliche Macht angesehen wurde, beeinflußte sie sicher auch dieses Sendungsbewußtsein, den Antrag Franz Josephs anzunehmen. Es war nichts zufällig im Zeitalter der Symbole, nichts unbedeutend, schon gar nicht für kindliche Entwicklungen, wenn Aberglaube und Vorsehung eine derartige Bedeutung einnahmen wie bei Elisabeth.

Das Schiff näherte sich Wien. So als ob das Wetter den Phantasien aller Beteiligten noch etwas nachhelfen wollte, empfing es die Braut mit klarem Himmel und Sonne. Tausende säumten das Ufer, „als die ‚fremde Königstochter‘ – denn das war die Kaiserbraut, wenn es überhaupt ein Grimmsches Märchen gibt – dort angeschwommen kam.“[53] „Da qualmte über die Weiden der Auen eine Rauchsäule, hinter einer

Insel kam ein Schiff hervor, das kreiste in einem großen Bogen wie ein Schwan dem Ufer zu. Auf Deck niemand zu sehen als eine Mädchengestalt, deren Schärpe im Winde flatterte. Das Schiff legte an, und ehe noch ein Brett hinübergeschoben war, sprang der junge Kaiser hinüber und faßte seine Braut in die Arme. Es war sehr hübsch."[54]

Mit dieser Landung hatte Elisabeth eine lokale Grenzüberschreitung vollzogen. Die Bewegung des Wassers wich erdverbundener Festigkeit. Der erste große Zug führte Elisabeth mit einer vorläufigen Endgültigkeit aus der Provinz in die Stadt und ihrer Bestimmung zu. Der wohl prächtigste Raddampfer, der je die Donau befahren hatte,[55] wurde ihr im selben Augenblick jedoch Sinnbild neuer Aufbruchsmöglichkeiten. Hier, an der Wende zwischen Mädchenzeit und Frausein, im Grenzland von Träumen und Realitäten, sollten Wasser und Schiff für die Zukunft gleichsam Transportmittel zu immer neuen Ufern werden. Bereits auf ihrem Hochzeitszug waren die wesentlichen Grundlagen der späteren Szenarien in Elisabeths Leben vorgezeichnet. Zwischen den Gegensatzpaaren von Disziplin und Gefühl wird sie eine ständig Reisende bleiben, der Melancholie an den jeweiligen Stationen stets Einlaß gewährend. Auf der Suche nach dem eigenen Selbst, nach der Frau, wird sie die ihr zugewiesenen Rollen der Herrscherin und Gattin brechen und mit der gleichen Disziplin, die man von ihr forderte, die Möglichkeiten der Krone jedoch für sich, und nicht für das Reich, nützen.

Die persönlichen Vorlieben, die die Kaiserin eines Millionenreiches bald nach ihrer Verehelichung zu entwickeln beginnt, entsprechen durchaus den neuen technischen Errungenschaften und ihrer starken Breitenwirksamkeit. Nur ein paar Wochen vor der Hochzeit war das wohl größte Eisenbahnprojekt der europäischen Welt, die österreichische Semmeringbahn, fertiggestellt worden. Sie gab den Weg in den Süden frei und überquerte die als unüberwindlich erachteten Berge. Raum und Zeit werden mit neuem Tempo durchschritten. Wenn Elisabeth später auf Grund ihres schnellen Ganges als „Eisenbahn" bezeichnet wird, so entspricht dies nicht nur der Ungewöhnlichkeit ihrer Gehgeschwindigkeit, sondern ist gleichermaßen Ausdruck technischen Fortschritts, der sich in Körpern abzubilden beginnt.

Es ist wesentlicher Bestandteil der Persönlichkeit der Kaiserin Elisabeth, daß sie den Zug der Zeit erfaßt, daß sie Züge besteigt, um gegen drohende Erstarrung Bewegung zu setzen. Dieser erste Aufbruch von München nach Wien macht sie bereits zur Grenzüberschreiterin. Als Braut folgt sie ihrem Bräutigam in die Fremde. Vertrautes wird zurückgelassen, sie unterliegt fremden Bestimmungen. Das Schiff, das sie von der einen Heimat in eine andere bringt, die „Franz Joseph", ist namensgleich mit dem Zukünftigen. Symbolisch begrenzt der Andere das Eigene. Die Entscheidung, Kaiserin von Österreich zu werden, entwickelt sich für Elisabeth zu einer oft über die eigenen Kräfte gehenden Herausforderung, ihre eigenen Züge zu modellieren. Als durschnittlich schöne Jungfrau war sie nach Wien gekommen, als legendäre schönste Frau Europas sollte nur mehr ihre Hülle fünfundvierzig Jahre später dorthin zurückkehren. Zwischen diesen zwei zeitlich markanten Ereignissen, dem Hochzeits- und dem Leichenzug, bildet sie mit geradezu unermüdlicher Kraftanstrengung eine Persönlichkeit aus, in die sie nicht nur die Vielfalt der Zeitströmungen aufnimmt, sondern sich immer wieder an deren Widersprüchlichkeiten abschleift. Die unterschiedlichen Ich-Aspekte von Elisabeth weisen dabei manchmal eine geradezu bis ins Extrem gesteigerte Ausformung auf. Eben dies verhilft ihr zu dem Faszinosum, das ihre Person bis heute umgibt.

Hoch-Zeit und Opposition

„Doch Liebe, die muss frei sein,
Darf kommen und darf geh'n;"[1]

Heirat beinhaltete für Frauen eine einschneidende Zäsur im Lebensablauf. Sie setzte sie notgedrungen in neue Zusammenhänge und riß sie aus alten Vertrautheiten. Sie legte auch gleichzeitig die wesentlichen Aufgabengebiete für sie zurecht. Die zentrale Bestimmung war, Ehefrau und Mutter zu sein. Für eine Kaiserin bedeutete dies zusätzlich, nicht nur die Forderung nach Reproduktion zu erfüllen, sondern vor allem, einen Sohn zu gebären, oder, noch besser, zwei Söhne, um damit die Thronfolge zu sichern. Etikette und Zeremonien umrissen in strenger Abfolge den Aufgabenbereich, da blieb wenig Raum zum Träumen oder die aufgebauten Hoffnungen an der Wirklichkeit zu prüfen und die neuen Erfahrungen in die alten zu integrieren. Eugénie, der Kaiserin von Frankreich, erging es dabei wie der Kaiserin von Österreich. In ihrer Rolle als Kaiserinnen gehörten sich die Frauen nicht selbst, sondern dem Reich, waren seiner Reproduktion und seiner Repräsentation verpflichtet. „(…) Ich habe eine Krone gewonnen", klagte Eugénie, „aber was bedeutet das, wenn ich die erste Sklavin meines Reiches bin (…)?"[2]

Wie festlich auch immer die Hochzeit für Elisabeth, die „Rose aus Bayern", gestaltet wurde – ganz Wien fieberte diesem Ereignis entgegen, ja das gesamte Reich nahm daran Anteil – für die Sechzehnjährige präsentierte sich alles mit ungewohnten Anforderungen. Franz Joseph war mit seinen dreiundzwanzig Jahren ein „Bild der Gesundheit, der Jugend, des Glückes und dazu so aufrichtig verliebt, daß es eine Freude war, ihn zu sehen".[3] Elisabeth war in erster Linie überfordert und vor allem schüchtern. Franz Joseph betrachtete sie noch als Mädchen. Trotz seiner sicher aufrichtig gemeinten Liebe behandelte er sie als Kindfrau. Gerade ihre jugendliche Offenheit und Manipulierbarkeit mag den absolutistischen Herrscher dazu bewogen haben, sie ihrer bereits gereifteren Schwester Helene vorzuziehen. Hier schien der jugendliche Autokrat seine kaiserliche Rolle in den privaten Bereich hinein fortsetzen zu können. Elisabeth war noch bei weitem keine ebenbürtige Partnerin. Leitend und lenkend stand der Mann der Frau zur Seite. Der Überordnung über die Geliebte entsprach Franz Josephs Unterordnung unter die Mutter. Ihr überließ er auch die weitere Erziehung seiner Frau.

Erzherzogin Sophie war eine starke Persönlichkeit. Mit dem schwachen Erzherzog Franz Karl in einer ebenfalls arrangierten Ehe verbunden, hatte sie ihre gesamte Energie darauf verwendet, ihren Sohn zum Herrscher zu modellieren. Als „geheime Kaiserin" stand sie hinter vielen Entscheidungen, beeinflußte Franz Joseph in seinem absolutistischen Verhalten und lebte ansonsten ihre konservativen Einstellungen. Etikette galt ihr viel, das spanische Hofzeremoniell war unhinterfragt wegweisend für den Umgang der Hofgesellschaft untereinander. Sophie sah es als ihre Aufgabe, Elisabeth darin zu schulen.

An der jungen Braut gab es vieles zu bemängeln. Schon während der Verlobungszeit hatte Sophie die schlechten Zähne beanstandet und damit das Ihre dazu beigetragen, daß es für Elisabeth eine Qual war, bei der Konversation die Lippen zu öffnen. Auch in Zukunft sollte diese Tatsache ein Grund für ihr leises Sprechen bleiben. Die Schüchternheit der Braut ließ sich nicht nur auf ihr Alter zurückführen. Schüchternheit war ein Erbteil ihrer Familie. Sowohl der Mutter als auch dem Vater kostete so mancher offizielle Anlaß ein Hemd, wie sie sagten,[4] das sie förmlich vor Aufregung durchschwitzten. Speziell für Frauen kollidierte die auf Zurückhaltung basierende Erziehung mit Repräsentationspflichten. Die Mutter von Carmen Sylva war so schüchtern, daß sie jedesmal weinte, ehe sie einen Salon betrat, um dort Cercle zu halten.[5] Die Königin von Rumänien bekam noch im reifen Alter bei offiziellen Anlässen Bauchschmerzen vor Angst. Wenn sie eine Schule eröffnete, war sie selbst wohl aufgeregter als die Kinder in der Klasse.[6]

Noch war Elisabeth bemüht, den an sie gerichteten Anforderungen einer Kaiserin zu entsprechen. Als die ermüdenden Hochzeitsfeierlichkeiten beendet waren, wartete jedoch die Pflicht der Gattin,

Abb. 4: Vermählung Kaiser Franz Joseph I. mit Herzogin Elisabeth 1854

die Hochzeitsnacht, auf sie. Während die Männer meist auf diverse
einschlägige Erfahrungen zurückgreifen konnten, war es für Frauen
selbstverständlich, dem Ereignis jungfräulich und zudem meist un-
aufgeklärt zu begegnen. Viele hatte die Hochzeitsnacht völlig unvorbereitet getroffen, und oft war die Ernüchterung eine große. Zwischen
Vorstellung und Wirklichkeit klaffte ein großer Spalt. Für Stephanie,
die spätere Schwiegertochter Elisabeths, bedeutete die Hochzeitsnacht sogar ein traumatisches Erlebnis. „Welch eine Nacht! Welch
qualvolles, entsetzliches Opfer! Wie packte mich der Ekel. Ich wußte
nichts! Man hatte mich vor den Altar geführt ohne mich im geringsten über das, was dann folgen würde, aufzuklären. Es brauchte viel
Kraft den Aufruhr zu meistern, der sich gegen die physische Gewalt
des Mannes aufbäumte (...) der in entscheidender Stunde den Unterschied zwischen einem unberührten jungen Mädchen, – und einer
schamlosen Dirne vergaß."[7] George Sand, die berühmte französische
Schriftstellerin, griff das heikle Thema der sexuellen Gewalt ebenso
auf, indem sie an ihren Stiefbruder vor der Hochzeit seiner Tochter
schrieb: „Versuche zu verhindern, daß Dein Schwiegersohn Deine

Tochter in der Hochzeitsnacht brutal überfällt, denn viele der organischen Leiden und der schweren Geburten haben bei zarten Frauen keine andere Ursache. Männer wissen offenbar nicht, daß dieses Vergnügen für uns zum Martyrium wird. Nichts ist schlimmer als das Entsetzen, die Schmerzen und der Abscheu eines armen Kindes, das von nichts eine Ahnung hat und sich von einem Tier vergewaltigt sieht."[8]

Wie stark der Druck, die ehelichen Pflichten zu erfüllen, für Elisabeth, wie schockierend für sie die Hochzeitsnacht gewesen ist, kann nur vermutet werden. Als das Ereignis dann schließlich in der dritten Nacht stattfand[9] und sich Elisabeth am darauffolgenden Morgen weder der gefürchteten Schwiegermutter noch der Hofgesellschaft zeigen wollte, fand sie bei Franz Joseph in ihrem Wunsch keine Unterstützung. Ihm zuliebe ging sie schließlich zum offiziellen Familienfrühstück, obwohl sie es „gräßlich fand".[10] In den folgenden Jahren kam sie ihrer Hofdame Marie Festetics gegenüber immer wieder auf diesen Morgen zurück.[11] Dies läßt vermuten, daß diese erste Nacht auch für sie zu einem Schlüsselerlebnis geworden war. Zum einen mußte sie die folgsame Position Franz Josephs gegenüber seiner Mutter am „Morgen danach" als Verrat an der Frau empfunden haben, zum anderen stand sie nun vor der Wirklichkeit, daß die Liebe, um die körperliche Ebene erweitert, keine Illusionen mehr zuließ. Der weibliche Körper war auf persönlicher Ebene Ziel männlichen Begehrens und männlicher Liebessehnsüchte. Auf staatlicher Ebene wurde er zur Funktion degradiert. Er diente als Gebärmaschine für den Thronfolger. Schon durch die Höherbewertung des männlichen Kindes mußte das eigene Geschlecht als zwiespältig erfahren werden. Es steht zu vermuten, daß auch die Hochzeitsnacht dazu beigetragen hat, Elisabeths Ambivalenzen dem eigenen Körper gegenüber nur noch zu verstärken. Wahrscheinlich blieb ihr in der sinnlichen Erfahrung der Sexualität die Erfüllung fremd. Mit Hilfe ihrer späteren intensiven sportlichen Betätigungen versuchte sie, auf andere Art ekstatische Zustände zu erreichen.

In Wien, in der kaiserlichen Residenz, ging es für Elisabeth vorläufig um die Anpassung an das Zeremoniell und die damit verknüpfte Rolle. In nächster Folge ging es um die Disziplinierung des

weiblichen Körpers und damit der Person als Ganzes. Die Zurich-
tungsmaschinerie des Hofes entfaltete eine rege Tätigkeit. Charak-
termerkmale von Elisabeth, die sie ausgezeichnet hatten, verloren in
diesem Rahmen plötzlich an Wirksamkeit. Ihre natürliche, volks-
nahe Art entsprach nicht mehr der Rolle einer zu Distanz verpflich-
teten Kaiserin. Ihre Liebe für Lektüre und Bildung stieß bei der Hofgesellschaft auf Abwehr. Die Regeln, die hier herrschten, wurden
durch Repräsentation, Hierarchie und adelige Abstammung festgelegt. „Die Wiener Hofgesellschaft ist als die exklusivste bekannt. Sie
ist eine der wenigen, in welchen fast ausschließlich das Vorrecht der
Geburt und der Verwandtschaft ausschlaggebend ist"[12], beschrieb
Victor von Fritsche den Hof. Elisabeth verabscheute es, neben dem
Kaiser als weibliche Kulisse zu dienen, Rangordnungen verachtete
sie, und eine standesgemäße Abstammung konnte sie ebenfalls nicht
vorweisen. Die Konflikte waren deutlich vorgezeichnet. Wechselsei-
tiges Mißtrauen, die blühenden Hofintrigen und die Auseinandersetzungen mit der Schwiegermutter zehrten an der Substanz der jungen Frau.

Zudem bot der Kaiserhof räumlich kaum wirkliche Annehmlich-
keiten. Weder die Hofburg noch Schönbrunn waren nach modernen
Gesichtspunkten eingerichtet. Franz Joseph mußte durch drei Zimmer gehen, um zu seinem Leibstuhl zu gelangen.[13] Schmutziges Wasser wurde zusammen mit den mobilen Toiletten durch die Zimmer,
an allen zufälligen Passanten vorbei, über die Gänge getragen und
hinterließ üble Gerüche.[14] Auch mit der Beleuchtung stand es nicht
zum besten. Die Petroleumlampen waren derartig veraltet, daß sie
entweder zu oft ausgingen oder aber so hoch brannten, daß sie die
Zimmer mit Rußregen versorgten.[15] Erst in den siebziger Jahren wurden auf Wunsch der Kaiserin, die im Gegensatz zu Franz Joseph allen
modernen Bequemlichkeiten aufgeschlossen gegenüberstand, Bad
und Wassertoiletten in der Hofburg installiert.

Die räumliche Atmosphäre war durchaus nicht zum Wohlfühlen
angetan. Zudem litt Elisabeth vor allem an sozialer Isolation. Franz
Joseph hatte einen streng geregelten Arbeitsalltag. Er stand zeitig am
Morgen auf, betete, nahm ein kleines Frühstück zu sich und begab
sich anschließend zu seinen Akten, denen er bis zum Abend treu

blieb. Das Mittagessen nahm er an seinem Schreibtisch ein.[16] Arbeit bildete seine Unterhaltung und sein Vergnügen. Zwischen Arbeit und Freizeit machte er keinen Unterschied.[17] Er verstand sich als oberster Diener des Staates, lebte asketisch und diszipliniert. Die Liebe zu Elisabeth wurde der Pflicht untergeordnet. Reiten und Spaziergänge in der Natur blieben bald die einzigen Gemeinsamkeiten, die die beiden miteinander genossen. Elisabeth war mit der Fremde und dem Alleinsein konfrontiert.

Die Krone wurde ihr zur Belastung. „Andern wär' es höchste Freude, mir ist's nur ein schweres Joch"[18], stellte sie diesbezüglich fest. Eugénie klagte gleichermaßen über ihr Los: „Niemals alleine, niemals frei, die ganze Hofetikette, deren erstes Opfer ich selbst bin."[19] Jedes Fest betrachtete sie als Schlachtfeld. Sich selbst sah sie bei derartigen Veranstaltungen wie einen Soldaten am Tag des Kampfes.[20] Die Königin von Rumänien, Carmen Sylva, notierte zu ihrer Krone nur lakonisch: „Es ist ein eigentümliches Gefangenenleben, so auf dem Thron; man ist immer eingeschlossen und zu Hause."[21]

Jeder der drei Herrscherinnen wurde die Krone eine Herausforderung. Eugénie stürzte sich in die Politik, Carmen Sylva in soziales und künstlerisches Engagement, und Elisabeth versuchte sich gleich in den verschiedensten Bereichen: Politik, Dichten, Reiten und Reisen. Vorerst aber erfüllte sie ihre Pflichten und gebar schon ein Jahr nach der Hochzeit ihr erstes Kind. Leider war es nicht der erhoffte Thronfolger, sondern ein Mädchen. Es wurde nach der Schwiegermutter Sophie genannt. Unmittelbar darauf folgte 1856 das zweite Kind, ebenfalls eine Tochter, Gisela. Im vierten Jahr nach der Hochzeit kam schließlich der ersehnte Thronfolger Rudolf zur Welt. Somit hatte sie im Alter von einundzwanzig Jahren ihre Reproduktionspflichten vollkommen erfüllt und bereits ein Opfer zu beklagen. Die kleine Sophie war 1857 plötzlich im Alter von zwei Jahren an Fieber und Durchfall gestorben. Elisabeth war verzweifelt. Sie zog sich zurück, schloß sich ein, weinte und verweigerte die Nahrung.[22]

Elisabeth bekam, durch dieses Ereignis verstärkt, ein noch distanzierteres Verhältnis zu Kindern, besonders solange sie klein waren. Auch die Liebe zu ihrer letzten Tochter, Valerie, änderte diese Einstellung nicht. „Die Kleine prosperiert auch", schrieb sie ihrer Mutter, „am liebsten ist sie mir aber, wenn ich sie nicht sehe und höre, denn wie Du weißt, weiß ich kleine Kinder nicht zu schätzen."[23] Zudem war sie überzeugt, daß „das Kind oft das Ende der Liebe bedeutet".[24] Die Erziehung der Kinder hatte sowieso von Anfang an die Schwiegermutter übernommen. Sie bestimmte auch im Hintergrund die Politik Franz Josephs. In dieser Konstellation mußte die Position der Kaiserin immer problematischer werden. Abgesehen von inhaltsleeren Repräsentationspflichten war sie eigentlich aufgabenlos. Elisabeth war zur Landesmutter stilisiert worden, Sophie die Schwiegermutter entzog ihr jedoch die Möglichkeit, reale Mutter zu sein. Als Gattin geliebt, verweigerte Franz Joseph der Frau, eine ernstgenommene, ebenbürtige Partnerin für ihn darzustellen. Als Kaiserin wurde sie auch von der adeligen Hofgesellschaft kaum anerkannt.

Die Spuren psychischer Versehrung und deren physische Folgen ließen nicht lange auf sich warten. Radikal auf sich selbst zurückgeworfen, kämpfte Elisabeth um das Überleben. Melancholische Stimmungen verwandelten sich in depressive Dauerzustände, die sich in den Körper eingruben. Nur sechs Jahre nach der Traumhochzeit war eine vollkommene Desillusionierung eingetreten. Franz Joseph hatte sie mit anderen Frauen betrogen. Die Ehekrise wuchs sich durch die politischen Gegebenheiten immer mehr aus. Der Kaiser führte Krieg und erlitt in der Schlacht von Solferino eine fürchterliche militärische Niederlage. Elisabeth hatte sich über die Lage informiert und versuchte Franz Joseph zu beeinflussen. Als sie ihm den Rat gab, doch Frieden zu schließen[25], stellte er, ganz in gewohntem Sinne, seine Haltung als absolutistischer Monarch unter Beweis. Seine Niederlage bei dieser überaus blutigen Auseinandersetzung traf ihn in der Folge als Feldherrn eines Reiches, das ganz auf seiner militärischen Potenz aufgebaut war. Gegenüber seiner Frau offenbarte seine Haltung so klar wie nie zuvor ihre politische Gegensätzlichkeit, ja war durch die Ereignisse geradezu entwickelt worden. Während sich Franz Joseph als Kaiser auf die Kraft des Militärs berief, zeigte sich die Kaiserin als Vertreterin des Friedens. Mit ihrer politischen Haltung geriet sie sowohl zu ihrem Mann als auch zu der mächtigen Sophie als Anhängerin desselben Konservativismus in Opposition. Die sich oft anpassende Sisi zeigte neue Züge.

Die daraus erwachsenden Spannungen verstärkten sich. Durch ihre Versuche, Meinungen zu formulieren und umzusetzen, stieß sie zunehmend auf ernsthaften Widerstand. Die vielen Kränkungen machten sie krank. In dieser heiklen Situation entschied sich Elisabeth für die Flucht. War sie mit dem Schiff „Franz Joseph" nach Wien gekommen, so verließ sie 1860 die Stadt, um mit der „Kaiserin Elisabeth Bahn" nach Bayern zu flüchten. Die Strecke war erst fertiggestellt, jedoch noch nicht offiziell eröffnet worden. Sie übersprang den formalen Eröffnungsakt, indem sie sie selbst einweihte. Es zog sie zu den Ihren. Der Zug ermöglichte ihr das Heimkommen. Die Namensgleichheit zwischen Maschine und Person symbolisierte gleichsam das Heraustreten aus fremder Vormundschaft. Nun begann sich das Eigene gegen das Andere zu definieren. Ihr sich neu entwickelnder Charakterzug war der Widerstand.

In der bayerischen Familie gab es ebenfalls seit längerem Aufruhr in Beziehungsfragen. Elisabeths Bruder Ludwig lebte in einem „schlampigen Verhältnis" zu der Schauspielerin Henriette Mendel, aus dem sogar ein Kind hervorgegangen war. Da man es in diesen Kreisen gewohnt war, die Verhältnisse von Männern zu dulden, war dagegen weiter nichts einzuwenden. Unangenehm wurde die Sache allerdings, als Ludwig Henriette heiraten wollte und damit die Liebe über den Stand zu stellen bereit war. Man berief den Familienrat ein, und es gab entsetzliche Kämpfe, bis er die Erlaubnis erhielt, die bürgerliche Mendel zu ehelichen.[26] Ludwig verzichtete durch seine Heirat auf sein Erstgeburtsrecht und ebenso auf bedeutende Geldquellen.[27] Gerade wegen der Außenseiterinnenrolle ihrer neuen Schwägerin baute Elisabeth zu ihr eine intensive Beziehung auf und gab ihr durch den engen Kontakt zur Kaiserin eine soziale Aufwertung. Gleichzeitig war die Beziehung eine gute Gelegenheit, ihre Kritik an der Norm offen darzulegen. Ihre Solidarität zu Henriette und Ludwig bedeutete Opposition zum Hof. Es waren Probeschritte und Übungshandlungen, die es Elisabeth ermöglichten, eigene Meinungen zu konkretisieren und in der Folge auch zu vertreten.

Weniger glücklich ging die Familienentscheidung jedoch für ihre siebzehnjährige Schwester Marie aus. Eine heiratspolitische Entscheidung sollte sie, ebenso wie Elisabeth, zur Herrscherin machen. Ohne ihn je gesehen zu haben, wurde sie per procuram in München mit Franz, dem zukünftigen König von Neapel-Sizilien, vermählt. Eine glänzende Partie, so schien es. Auf der Reise nach Sizilien besuchte Marie 1859 ihre vier Jahre ältere kaiserliche Schwester in Wien. Im Aussehen sehr ähnlich, waren die beiden ein Bild der Anmut und Schönheit. Obwohl Elisabeth durch ihre Ehekrise zu dieser Zeit körperlich und seelisch sehr mitgenommen war, bedeutete dieser Besuch in der Kälte ihrer höfischen Umgebung eine Insel der Wärme. Zudem sorgte sie dafür, daß Marie, was die eheliche Zukunft anbelangte, zumindest nicht ganz unvorbereitet war.[28]

Als die junge Braut in der Fremde ihren Mann zum ersten Mal sah, fiel sie ob dieses Anblickes fast in Ohnmacht.[29] Der Kronprinz war körperlich leidend, schüchtern und infolge seiner klerikalen Erziehung, aber auch als Schutz gegen seine Unsicherheit in das Studium heiliger Schriften geflüchtet. Schon bald nach der Ankunft Maries starb König Ferdinand II. Franz war neuer Herrscher. Dieses Faktum gestaltete sich ganz zum Mißfallen der Stiefmutter. Franz war der einzige Sohn des Königs aus erster Ehe. Als zweite Gemahlin hatte sie jedoch mit Ferdinand II. nicht weniger als sieben Knaben und vier Mädchen in die Welt gesetzt und hielt jedes der Kinder für eher geeignet zu regieren als den introvertierten Erstgeborenen.

Franz war 23 Jahre, infolge seiner Schüchternheit, seiner religiösen Studien und nicht zuletzt wegen einer Vorhautverengung jedoch sexuell vollkommen unerfahren.[30] Der Stiefmutter mochte die Möglichkeit, daß infolgedessen Kindersegen ausbleiben könnte, sicher nicht mißfallen haben. Der neue König fürchtete sie und gehorchte ihr oft willenlos. Für Marie entstand daraus eine Situation, die der ihrer Schwester Elisabeth nicht unähnlich war. Sie wurde in in Konflikte und Hofintrigen verwickelt. Dies bedeutete für die neue Königin ein plötzliches Erwachen und eine dementsprechende Enttäuschung. Nicht nur persönlich, sondern auch politisch geriet sie zu ihrer Schwiegermutter immer mehr in Gegensatz. Die Königsmutter, als Vertreterin der absoluten Monarchie, traf auf Marie als Anhängerin der konstitutionellen Monarchie. Franz II. stand dazwischen.

In diesem Spannungsfeld von Einstellungen und Kämpfen versuchte Marie, der auch bei ihr immer wiederkehrenden Melancholie mit langen Ausritten entgegenzuwirken. Ihr Kampf um Selbstbestimmung und für ihre vitalen Interessen wurde hingegen, im Gegensatz zu Elisabeth, durch eine Schwangerschaft nicht vorzeitig eingeschränkt. Sie begann zu fechten, bevölkerte das Schloß mit allen möglichen Tieren und machte durch ihren täglichen Sprung ins Meer öffentlich von sich reden.[31] Das Baden galt als plebejisch. Marie verstieß somit gegen die guten Sitten einer Königin. Dafür ließ sie sich in den verschiedensten Posen photographieren und rauchte. So brach sie auch damit das Tabu sittsamer Weiblichkeit. Es war offensichtlich, daß sie mit ihren achtzehn Jahren bereits aktiv um ihre Selbstbestimmung kämpfte.

Während Marie in der südlichen Sonne zunehmend in Opposition ging, bereitete ihre Schwester Elisabeth nördlich der Alpen ihre Flucht vor. Bei ihrer Mutter und den restlichen Geschwistern in Bayern hatte sie kurz von den sie erdrückenden Verhältnissen am Wiener Hof Abwechslung gefunden, und es hatte sich ihr gesundheitlicher Zustand infolgedessen auch verbessert. Als sie jedoch wieder in das als Gefängnis empfundene Wien zurückkehren mußte, verschlechterte sich prompt ihre Gesundheit und gab vor allem den Ärzten Rätsel auf. Elisabeth litt unter den verschiedensten Symptomen. Ihr Husten gab Anlaß zur Diagnose einer Lungenkrankheit. Man sprach von Todesgefahr und empfahl eine Erholung auf der Insel Madeira. Elisabeth reiste schwerkrank und von den Ärzten aufgegeben ab. In dieser Stimmung hatte man sicherheitshalber das Hofzerimoniell für eine eventuelle Überführung einer Verstorbenen vorbereitet.[32] Madeira wurde jedoch nicht wie vermutet Elisabeths Toteninsel, sondern ihr erstes großes Asyl. Hier dankte sie als Ehefrau ab, und kehrte als Kaiserin und Frau zurück.

Die Krankheit der Kaiserin von Österreich erregte internationales Aufsehen. Da kein Schiff zur Verfügung stand, kam Königin Viktoria zu Hilfe und überließ Elisabeth für die Überfahrt ihre Yacht. Elisabeth verließ Wien in den Novemberstürmen und Nebeltagen des Jahres 1860. Die Entfernungen, die durch die Eisenbahn überwunden werden konnten, reichten nicht mehr aus, die Distanz, die Elisabeth zur Genesung benötigte, herzustellen. Die Reise über das Meer verhalf ihr zu zwei einschneidenden Erfahrungen, die sie in Zukunft aktiv für ihr Überleben einsetzen sollte: Das Schiff als neues Transportmittel – das Meer als beruhigendes Heilmittel. Schon auf der Überfahrt zeigte sich, daß die kranke Kaiserin die durch den Sturm verursachten heftigen Schwankungen besser vertrug als so manche Passagiere, die vorher gesund gewesen waren und nun seekrank wurden.[33]

Madeira war Tausende Kilometer von Wien entfernt. Wasser und Land trennten Elisabeth von der sie belastenden Wiener Atmosphäre. Die Insel lag in ihrer Blumenpracht. Zu dem inneren Exil hatte Elisabeth ein lokales gefügt. Die sich in ihrer ganzen Schönheit präsentierende Insel formte sich ihr zu einer Zufluchtsstätte. Mit sich allein war sie erneut heimatlos geworden. Für Frauen gibt es nur dann eine örtlich zu bestimmende Heimat, wenn die Wahl dafür eine freie ist, und die Freiheit sich nicht an patriarchalen Begrenzungen bricht. Die männlich disziplinierenden Gewaltstrukturen machten Frauen immer schon zu Wanderinnen zwischen den Welten, führten sie nicht nur in lokale Weiten, sondern in persönliche Tiefen und Abgründe. Nur ein Ort birgt die Sicherheit der wirklichen Heimat – das eigene Selbst. „Ich will in das Grenzenlose zu mir zurück, (...) euch verwirrend, um zu entfliehn Meinwärts!"[34] Dies formulierte Else Lasker-Schüler am Ende des 19. Jahrhunderts in ihrem Gedicht „Weltflucht". Heimwärts bedeutete „meinwärts", nur dort war die Freiheit unveräußerbar.

Die Freiheit war eine Frau. Sie war 1886 in New York als Statue enthüllt worden und ein Geschenk Frankreichs an die Neue Welt. Für Frauen wurde im selben Zeitraum die Suche nach ihr ein Synonym für Emanzipation. Die Kaiserin von Österreich übernahm diesen Zug der Zeit, sog ihn gleichsam wie ein Schwamm auf. Ihr Freiheitsdrang wurde Ziel und Weg ihrer Existenz. Noch trug sie die Revolte für ihre Freiheit jedoch indirekt aus. Die Krankheit wurde zentrale Legitimation, das Land, den Kaiser, ja ihre gesamten Pflichten zurückzulassen. In diesem kritischen gesundheitlichen Zustand hatte sie nur mehr die eine Aufgabe, sich dem Reich als Person zu erhalten, Franz Joseph nur mehr die eine Pflicht, ihr die Flucht zu gestatten. Gleichwohl blieb die Abreise der Kaiserin ein radikaler Schritt, der Aufsehen erregte. Der Frau ermöglichte sie einen Schutzraum. Sie gab ihr die Erfahrung, sich gegen den Hof zu behaupten, ein Machtsystem mit selbstbestimmten, wenn auch typisch weiblichen Mitteln, dem Einsatz der Krankheit, zu durchbrechen.

Als Unterstützung für die Genesung diente Elisabeth auf Madeira die herrliche Landschaft und die Lektüre: Heine, Shakespeare, Byron, Schopenhauer, George Sand und viele andere. Natürlich war sie fern vom Hof noch immer starken Gemütsschwankungen unterworfen, aber sie konnte sich den Tränen ungezwungener hingeben. Hier wurde sie sich selbst zur Therapeutin. Distanz zu Hof und Ehemann

waren dabei die eine, Bewegungstherapie die zweite und intellektuelle Betätigung die dritte Grundlage, das seelische Gleichgewicht wie-
derzugewinnen. Im Kreise ihrer Hofdamen wirkte sie gelassen und
gesund. Während der Kaiser alleine in Wien seine politischen Probleme lösen mußte, ihre Schwester Marie in Sizilien um die Krone
kämpfte, mußte das heitere Photo des Kuraufenthaltes der Kaiserin,
das man ihm übermittelte, geradezu als Affront wirken.

Mit nur kurzen Unterbrechungen in Wien verlängerte Elisabeth
ihre Abwesenheit von ihren kaiserlichen und ehelichen Pflichten gegen alle Kritik auf fast zwei Jahre. Madeira, Korfu, Venedig und Possenhofen waren die wichtigsten Stationen. Innerlich gefestigt, begann

sie in der Folge ihre Freiräume auszuloten und zu erweitern. Den Höhepunkt ihrer Revolte erreichte sie 1865. Ihr Sohn Rudolf war durch seine strenge und harte Erziehung, die aus dem sensiblen Knaben einen tapferen Soldaten machen sollte, schwer erkrankt. In der Nacht wurde das sechsjährige Kind oft plötzlich durch Pistolenschüsse aus dem Schlaf gerissen, mit Kaltwasserkuren gequält oder mußte stundenlang auch bei dem unfreundlichsten Wetter exerzieren.[35] Schließlich ließ Gondrecourt den Prinzen vor der Tiergartenmauer alleine zurück, schlüpfte hinter das Tor und rief: „Es kommt ein Wildschwein!" Rudolf, alleine gelassen und in Panik versetzt, begann zu weinen. Je mehr er jedoch schrie, desto mehr Schrecken jagte man ihm ein.[36] Diese Behandlung müsse ihn ja „zum Trottel machen"[37], sagte Elisabeth empört, als sie von diesem besonderen Einfall erfuhr.

Abhärtung war eine wichtige Grundlage der Erziehung in adeligen Kreisen, also durchaus nichts Außergewöhnliches. Wie sehr der Psyche dabei Gewalt angetan wurde, schien irrelevant. Dies galt auch für Mädchen. Eugénie, die in Spanien herangewachsen war, mußte Sommer und Winter Leinenkleider tragen, die Füße nackt in die Schuhe stecken und grundsätzlich das machen, was ihr am unangenehmsten war und am schwersten fiel.[38] Auf diese Weise wollte ihr der Vater männliche Tugenden beibringen. Stephanie, die zukünftige Ehefrau Rudolfs, mußte am belgischen Hof eine noch härtere Lebensweise erdulden. Hier hatte ihr Vater, König Leopold II., ein besonderes Autoritätsregime ausgebildet. Es galt nicht nur für Untergebene, sondern auch für die Königin und noch viel mehr für die Kinder.[39] Der Vater wurde tyrannisch, die Mutter resigniert und die Kinder ängstlich. Der emotionalen Kälte am Hof entsprach die Raumtemperatur in den Zimmern. Um die Kinder abzuhärten, blieben die Fenster auch im Winter geöffnet, so daß sogar das Wasser im Glas gefror.[40] Kein Wunder, daß der einzige männliche Erbe an einer Lungenentzündung starb.

Dem despotischen Verhalten des belgischen Königs innerhalb der Familie entsprach seine Herrschaft im Reich. Als Kolonialherr im afrikanischen Kongo besaß er ein Gebiet, das in seiner Fläche das Achtzigfache von Belgien umfaßte. Die Ausbeutung der Ressourcen des Landes ließ er derart rücksichtslos durchführen, daß sich die Bevölkerung rasch dezimierte. Es floß so viel Blut, daß man vom „roten Kautschuk" sprach. In wenigen Jahren fiel die Zahl der Bevölkerung von 20 Millionen auf 8,5 Millionen.[41] Selbst außenstehende Beobachter hatten oft keine gute Meinung über Leopold II., der sich zu einem brutalen Unternehmer und Manager entwickelt hatte. Selbst der mit Kritik eher zurückhaltende Franz Joseph meinte: „Der König von Belgien ist aber der schlechteste Mensch, den die Erde trägt, ein Mensch, der am Bösen Vergnügen findet."[42]

Carmen Sylvas Erziehung war spartanisch und drakonisch zugleich. Sie bekam weder Butter noch etwas Süßes. Schwarzbrot war ihr Hauptnahrungsmittel.[43] Nur ein paar Diener oder Erzieherinnen milderten die Strenge oder gaben ihr ein wenig von der Wärme, nach der sich das Kind sehnte und die ihm die Eltern verweigerten. „Das Große, was ich lernte", schrieb sie, „das war, daß der Körper nebensächlich ist und keine Rolle zu spielen hat im Geistesleben. (…) Und so lernte auch ich, auf den Körper nicht acht zu geben und ihn zu bezwingen."[44]

Die angstvolle und harte Jugend des österreichischen Kronprinzen war demnach keine Ausnahme. Als Elisabeth jedoch von den qualvollen Maßnahmen erfuhr und eingriff, setzte sie damit einen entscheidenden Schritt. Der Einsatz für eine menschlichere Erziehung ihres Sohnes beinhaltete nicht nur seine psychische Rettung, sondern war gleichzeitig ihre eigene Unabhängigkeitserklärung.[45] „Ich raufte mit des Schicksals Mächten, ich trat in offne Rebellion",[46] schrieb sie in einem ihrer Gedichte. Nun war sie sich ihrer Aktionen sehr wohl bewußt. An Franz Joseph schrieb sie: „Ich wünsche, daß mir vorbehalten bleibe unumschränkte Vollmacht in Allem, was die Kinder betrifft, die Wahl ihrer Umgebung, den Ort ihres Aufenthaltes, die complette Leitung ihrer Erziehung, mit einem Wort, alles bleibt mir allein zu bestimmen, bis zum Moment der Volljährigkeit. Ferner wünsche ich, daß, was immer meine persönlichen Angelegenheiten betrifft, wie unter anderem die Wahl meiner Umgebung, den Ort meines Aufenthaltes, alle Anordnungen im Haus p.p. mir allein zu bestimmen vorbehalten bleibt. Elisabeth. Ischl, 27. August 1865."[47]

Mittels dieses Schreibens zwang sie ihren Mann, ihr ab nun die

Wahl der Erzieher für den Thronfolger zu überlasssen. Rudolfs Leiden bot ihr einen willkommenen Anlaß, auch ihrem eigenen ein
Ende zu setzen. Was sie für sich selbst nicht fordern konnte, forderte
sie im Zuge des Kampfes um die Freiheit für den Sohn. Es war die
Funktion der Mutter, die der Frau zu ihrem Recht verhalf. Um Elisabeth nicht ganz zu verlieren, mußte Franz Joseph einlenken. Damit
hatte sie nicht nur einen großen Sieg errungen, sie hatte auch ihr
Selbstbewußtsein in einem Maße unter Beweis gestellt, das seine Wirkung nicht verfehlte. Ihre Selbstwerdung war zu einem Höhepunkt
gelangt. 1865, im Alter von 28 Jahren, begann eine neue Phase in

ihrem Leben. Mit 1 Meter 72 war sie ihrem Mann nicht nur körperlich, sondern auch charakterlich buchstäblich über den Kopf gewachsen. Als reife Frau, die nicht mehr viel mit dem Kindmädchen, als das sie Franz Joseph zur Gattin gewählt hatte, verband, begann ihre Schönheit erst wirklich zu wirken. Sie beruhte nicht nur auf Äußerlichkeiten, war nicht nur Konsequenz von hartem Körpertraining und ausgiebiger Pflege, sondern vor allem Folge und Ausdruck ihres durch viele Krisen und Tränen hindurch mühsam entwickelten Selbstbewußtseins. Elisabeth ging keinen einfachen Weg. „Hundertmal unglücklicher, hundertmal mehr leidet, wer sich auflehnt"[48], sagte sie, deutlich den Preis erkennend.

Wie schwierig Elisabeths Überlebenskampf gewesen sein mußte wird vor allem auch anhand des Ausmaßes körperlicher und seelischer Schmerzen bewußt. Sie war eine äußerst sensible, leicht verletzbare Person. Diesen Zug teilte sie mit Carmen Sylva. Die Königin von Rumänien leitete dieses Charaktermerkmal aus ihrer Erziehung her: „Ich war leicht gekränkt, wie alle zu hart erzogenen Kinder."[49] Zudem war sie auch „übermäßig empfindlich, wie alle Menschen, die es schwer haben und sich nicht glücklich fühlen, die sind leicht gekränkt und nehmen alles tragisch, was die anderen vielleicht im Scherz und Gutmütigkeit gesagt haben".[50] Es ist anzunehmen, daß diese Aussage auch auf Elisabeth zutraf. Die zwischen Freiheit und Autorität gespaltene Jugend und die auf Anpassung ausgerichtete Sozialisation am Wiener Hof entsprachen schließlich auch der Strenge, die sie an sich selbst anlegte. Ihr exzessives Sportprogramm und der Schlankheitskult, den sie mit derselben Disziplin betrieb, die das Hofzeremoniell von ihr verlangte, signalisieren gewisse Ähnlichkeiten. Schon kleine Begebenheiten trafen sie zutiefst und steigerten ihre Menschenscheu bis zur Verachtung. Das Manifest von 1865 bedeutete hingegen nicht Resignation, sondern die Umsetzung des Schmerzes in Aktion.

Von diesem Augenblick an standen sich am Wiener Hof zwei Charaktere gleichwertig gegenüber. Sophie und Elisabeth! Die wirklich starken Personen in der Residenzstadt waren die Frauen. Elisabeth mußte ihre Identität in erster Linie im Gegensatzverhältnis zur Schwiegermutter und erst in zweiter Linie in dem zum Ehemann aufbauen. Franz Joseph, mehr folgsamer Sohn als solidarischer Ehemann, gab ihr in ihrem Unabhängigkeitskampf keine wirkliche Unterstützung. In der Folge pendelte er zwischen beiden Frauen, immer in der Spannung des bemühten Ehemannes und des gefälligen Sohnes in Bewegung gehalten, stets höflich, stets im Dienst, stets in der Pflicht hin und her.

Elisabeth und Sophie symbolisierten beide auf ihre Weise eine untypische Variante weiblichen Verhaltens. Im Alltag Gegnerinnen, waren sie sich in einem ebenbürtig – in ihrer Unbeugsamkeit. An oberster Stelle des Staates wurden sie zur gleichen Zeit Vertreterinnen einer weiblichen Gegenmacht. Während Sophie hinter den Kulissen ihren Einfluß ausübte und als „einziger Mann" am Wiener Hof galt, suchte Elisabeth jenseits herrschaftlicher Anerkennung nach ihrem Weg. Während Sophie in ihrem Engagement ganz in der Tradition der Monarchie verhaftet blieb, wurde Elisabeths politisches Vermächtnis eine liberale, republikanische Gesinnung. Die Erziehung ihres Sohnes trug diese Züge, und in ihren Gedichten formulierte sie sie ebenso. Dort, wo Sophie für die Erhaltung der Krone mühevoll und unter persönlichem Verzicht gekämpft hatte, gab Elisabeth sie teilweise wieder zurück. In ihrer Verweigerung der Repräsentation und der Etikette führte sie auf symbolischer Ebene die repressiven Ausdrucksformen des Neoabsolutismus einer Kritik zu. Sie arbeitete insofern aktiv am Zerfall der herrschaftlichen Zeremonien und des darauf basierenden Hofes mit, trieb sie voran, aber verließ sie nicht.

Ihre Revolte bleibt eine unvollendete. Sie ist Ehefrau, aber auf Reisen, Mutter, aber nur bei der selbstgewählten Mutterschaft ihrer Tochter Marie Valerie. Nur in ihren Phantasiewelten akzeptiert sie die Krone. Als Märchenprinzessin wird sie zum Symbol unerfüllter Träume. Dies macht sie auch zur Repräsentantin des sozialen und politischen Umbruchs in der zweiten Hälfte des 19. Jahrhunderts. Viele Aspekte von Neuorientierungen sind bei ihr bereits in unterschiedlich ausgeprägten Ansätzen vorhanden: republikanisches Bekenntnis, liberale Einstellung, weiblicher Kampf um Selbstbehauptung und Selbstdefinition, intellektuelle Ansprüche und sportliche Betätigung, kurz Mobilität in den verschiedensten Bereichen. Sie sucht nach Realisierungsformen ihres Freiheitsdranges, erweitert zugeschriebene

Grenzordnungen, und scheitert doch auch immer wieder an den äußeren Möglichkeiten und dem inneren Zögern.

Elisabeth ist eine Übergangsfrau, aufgeschlossen für den Zeitgeist und doch auch in alten Traditionen verhaftet, von denen sie sich nicht wirklich lösen kann oder will. Selbst ihr republikanisches Bekenntnis ist ein theoretisches, im tiefsten Herzen denkt sie durchaus majestätisch. Gleichwohl wird ihr Ringen zukunftsweisend. An der Schwelle zur Jahrtausendwende ist ihre oft einsame Reise zur Selbstbestimmung nach wie vor für viele Frauen Motor, die Grenzen des Systems zu erweitern.

Die Politik der Gefühle

„Der Baum muss endlich fallen,
Er hat sich überlebt;"[1]

Die Entscheidung, Rudolfs Erziehung gegen die Einstellung von Sophie und Franz Joseph selbst zu übernehmen, war nicht nur eine psychologische Rettungsaktion des Kindes, sondern gleichzeitig das politische Vermächtnis der Mutter an den Sohn. Der militaristisch orientierte Gondrecourt, der bis zur Intervention der Kaiserin die Erziehung des Kronprinzen überwacht hatte, wurde 1865 von dem liberalen Oberst Latour abgelöst, was in den Augen der Erzherzogin bereits fast als revolutionär eingestuft wurde.[2] Ab nun wählte Latour ganz im Sinne der Kaiserin liberal denkende, bürgerliche Lehrer für den Kronprinzen aus, die oft aus ärmlichen Verhältnissen stammten und großes pädagogisches Geschick an den Tag legten.[3] Toleranz in Glaubenssachen und Nationalitätenfragen, Volkssouveränität, Bildung und Wissenschaft waren inhaltliche Grundlagen der didaktischen Konzepte und spiegelten auf positive Weise die Vielfalt der Monarchie wider.

Diese Neuorientierung entsprach ganz den politischen Bekenntnissen der Mutter. Für den Sohn bedeuteten sie in der Fortsetzung die Opposition zum Hof und zum andersdenkenden Vater. „So gütig der Kaiser gegen seine Bediensteten und gegen das Volk war, so hart und unerbitterlich konnte er sich gegen seinesgleichen, gegenüber Familienangehörigen und Leuten zeigen, die ihm gesellschaftlich näher standen."[4] Diese Unbarmherzigkeit bekam auch Rudolf oft genug zu spüren. Bald verband Vater und Sohn, derart gegensätzliche Charaktere, nichts anderes mehr als die Leidenschaft zur Jagd.

Rudolf entwickelte sich als Thronfolger und Hoffnungsträger für das Reich zu einem aufgeschlossen denkenden Mann, der, sensibel wie Elisabeth, den Anforderungen nicht gewachsen war, und schließlich 1889 den Freitod wählte. Somit konnte auch er als Mann jenen

Reformgeist nicht umsetzen, für den schon seine Mutter als Frau gekämpft hatte. Das politische Erbe von Vater und Großmutter sollte Rudolfs Tochter Elisabeth übernehmen. Ihre Opposition zum Kaiserhaus war eine konsequente. Sie brüskierte und schockierte nicht nur jene Schicht, die sie verabscheute und aus der sie stammte, sie verließ sie. Ihre unebenbürtige Heirat mit Otto von Windisch-Graetz setzte sie konsequent auch gegenüber ihrem strengen Großvater, Franz Joseph, durch. Sie verzichtete damit auf ihre Thronfolgerechte. Nachdem sich die Ehe als unglücklich entpuppte, führte sie einen jahrelangen Scheidungskrieg, heiratete den sozialdemokratischen Abgeordneten Dr. Leopold Petznek und trat schließlich selbst der Partei bei. Damit war auch äußerlich ihre Position klargestellt. Als „Rote Erzherzogin" brach sie alle Brücken zur Aristokratie ab. Im Alltag aber blieb sie trotz ihres politischen Bekenntnisses der aristokratischen Abstammung treu. Die Mobilität ihres Personals war bemerkenswert. Die Gräfin duldete weder Widerspruch, noch war sie leicht zufriedenzustellen. Ihre oft harte Willkürherrschaft wandte sie ebenso auf ihre Kinder an. Unerbittlich auf Pünktlichkeit bedacht, verweigerte sie in dem Moment eine „Audienz", in dem sich ihr Sohn um Minuten verspätete, selbst wenn er aus dem fernen Afrika angereist kam.[5] In Elisabeth waren die Samen, die der Vater und die Großmutter gesät hatten, aufgegangen. Durch die veränderte politische Situation fand sie jedoch auch andere Rahmenbedingungen, die es erleichterten, dem aufgeschlossenen Erbe Rechnung zu tragen.

Ihre namensgleiche Großmutter hingegen focht Jahrzehnte davor den eigenen politischen Kampf. Ihre persönliche Unabhängigkeitserklärung mündete in eine politische: ihrem Engagement für den Ausgleich mit Ungarn. Kontinuierlich verstärkte sie die ungarischen Kontakte in ihrer engeren Umgebung. Ganz im Sinne ihrer persönlichen Revolte zum Wiener Hof, ersetzte sie sukzessive ihre Hofdamen. Sie wählte Ungarinnen zu ihren engsten Vertrauten. Dabei standen deren Fähigkeiten und nicht deren Abstammung im Vordergrund. Gute körperliche Kondition, Reiten und intellektuelle Aufgeschlossenheit waren ihr wichtiger als Standeszugehörigkeit. Dies beinhaltete eine klare Brüskierung des Hofadels, was noch durch die Tatsache verschärft wurde, daß sie im ungarischen Gödöllö ihre zweite Residenz ausbaute. Graf Gyula Andrássy wurde ihr wichtigster Vertrauter. Er tat alles für seine Heimat. Klar schrieb er dies an Ida Ferenczy: „Ich fühle gegen wenige Menschen überhaupt etwas, für mein Vaterland bin ich bereit immer alles zu tun,– auf einzelne Menschen zu denken, habe ich keine Zeit."[6] Elisabeth war eine der wenigen, an die er dachte und der er in tiefster Verehrung zugetan war.

Anhand des Einsatzes für Ungarn verwirklichte die Kaiserin kurzfristig die Idealvorstellung einer Herrscherin, sie sagte: „Die Größe einer Herrscherin besteht darin, alles in ihrem Lande zu kennen, denn ihr Interesse an Dingen und Schicksalen erweckt Sympathie und Liebe."[7] Durch ihre starke Befürwortung der ungarischen Forderungen, durch ihre Hartnäckigkeit gegenüber Franz Joseph und durch ihre Kooperation mit Andrássy erreichte Ungarn schließlich sein Ziel. Die habsburgische Monarchie wurde zum österreichisch-ungarischen Doppelstaat. Zweifelsohne hatte der Erfolg ihrer Bemühungen auf politischer Ebene eine Schwächung der Zentralgewalt nach sich gezogen und auf persönlicher Ebene ein Nachgeben des Kaisers gegenüber seiner Frau mit sich gebracht. Indirekt deklarierte die Kaiserin mit ihrer Befürwortung des Ausgleiches ihre antiabsolutistischen Ideen und machte Franz Joseph zu einem konstitutionellen Herrscher. Der neue Dualismus Österreich-Ungarn trug jedoch gleichzeitig zu einer Benachteiligung der anderen Kronländer bei. Nichtsdestoweniger war mit der Verfassung von 1867 eine liberale Ära eingeleitet worden, in der Kultur und Wirtschaft aufblühten.[8] Daß Elisabeth mit ihrem Engagement für Ungarn auch der Krone diente, war Bestandteil der Entwicklung. Franz Joseph konnte seine, wenngleich auch veränderte Macht behalten.[9] Ab 1867 war man in Ungarn bereit, die Wunden, die Franz Joseph während der Revolution geschlagen hatte, langsam zu vergessen und seine „väterlich sorgende Figur" zu unterstützen.

Elisabeth hatte anhand des Ausgleiches einen Sieg davongetragen. Ihr politisches Engagement erschöpfte sich jedoch im Moment der Realisierung. Zu genau erfaßte sie die Verführungen und Grenzen der Umsetzungsmöglichkeiten, zu weit war sie in ihren Einstellungen vom Machbaren entfernt, zu radikal wären die Konsequenzen für sie selbst gewesen. Vielleicht fehlte ihr auch der Mut. Bezüglich eines politischen Engagements bezog sie eine analysierende Position, die, wie so oft, die Skepsis in den Vordergrund stellte: „Überhaupt ist das Ganze ein solcher Selbstbetrug! Die Politiker glauben, die Ereignisse zu führen und werden immer davon überrascht. Jedes Ministerium hat seinen Fall schon in sich, gleich vom ersten Augenblick an. Die Diplomatie ist nur dazu da, um von den Nachbarn irgendeine Beute zu ergattern. Aber alles was auch geschieht, geschieht von selbst, aus innerer Notwendigkeit und Reife, und die Diplomaten konstatieren nur die Tatsachen."[10]

Trotz der Erfahrung von eigener Durchsetzungskraft, trotz ihres Sieges über Franz Joseph in der Frage des Ausgleiches mit Ungarn verzichtete sie in der Folge auf aktive politische Beteiligung, zu skeptisch stand sie den politischen Bedingungen und Möglichkeiten gegenüber und zu grundsätzlich war diesbezüglich ihre Kritik. Zudem war sie der Auffassung: „... man muß auf die Tat verzichten. Nur das Ungeschehene ist das Ewige ..."[11] „Herrlicher als jede Tat ist das Ungeschehene. Es ist der Zustand der Wahrheit im Paradies des ewigen Bestehens, während die Tat die Vertreibung daraus in die Vergänglichkeit (ist)."[12] Wie ähnlich klingen diese Sätze zu Sprüchen des Laotse, wo es heißt: „Bleib ohne Tun – Nichts das dann ungetan bliebe. Nimmst du das Reich, sei ständig ohne Geschäft! Denn wer beschäftigt ist, ist unzulänglich, das Reich zu nehmen."[13]

Tatsächlich macht die Faszination Elisabeths über die Zeiten eben die extreme und oft paradoxe Mischung von Engagement und ungelebten Potentialen aus. Tun und Nichttun, Widersprüchlichkeiten und Ambivalenzen kennzeichnen ihr Leben, durchziehen es wie Wellen, die manchmal leicht an den Strand plätschern und dann wieder kraftvoll über weite Landstriche hereinbrechen, um alles mit sich zu reißen. Unberechenbar und dennoch systematisch in ihrer regelmäßigen Bestimmtheit.

Anläßlich der Krönung in Ungarn im Jahre 1867 dankten Adel und Volk nicht nur dem Krafteinsatz ihrer neuen Königin, sondern huldigten der Frau. Die Liebe, die sie Land und Leuten entgegenbrachte, wurde ihr nun stürmisch-leidenschaftlich zurückgegeben. Was Franz Joseph von der Kaiserin immer erwartet hatte, Länder

nicht mit Waffen, sondern mit Liebe zu erobern, als Königin der Ungarn erfüllte sie ihm diesen Wunsch. Als Königin, nicht als Kaiserin
stellte sie sich ihm an die Seite. Die Krone der Kaiserin hatte sie in
ihrer jugendlichen Naivität erhalten, um die Krone der Königin hatte
sie sich verdient gemacht. Sie war der Dank für eine Leistung. Als
durch die Krönungsamnestie fast alle Emigranten zurückkehren
konnten und das Krönungsgeschenk Ungarns, fünfzigtausend Gold-
dukaten, von den Majestäten den Witwen und Waisen der ehemaligen Kämpfer gegen Österreich gespendet wurde,[14] da schienen sich
die alten Revolutionswunden zu schließen. Der wenig geliebte Kaiser erhielt anläßlich des Krönungsaktes nur mit Hilfe der Königin
einen neuen Status. Die Liebe und die Achtung des ungarischen
Volkes und seiner Vertreter galt Elisabeth, Franz Joseph war persönliches Beiwerk.

Bei der Krönung handelte es sich nicht nur um einen politischen
Formalakt, hier herrschte nicht nur Repräsentation, hier regierten Gefühle. Wie immer, wenn sie etwas tat, hatte Elisabeth ihr Engagement
ernst genommen. Sie hatte nicht nur mühevoll die ungarische Sprache erlernt und zu einer Perfektion gebracht, sondern auch einen engen Kontakt mit dem Land und seinen Leuten aufgebaut. In Ungarn
liebte sie wirklich. Pußta und Pferde, heißblütige Verehrer – hier fand
sie, wenn auch nur kurzfristig, was sie suchte, sich jedoch immer wieder verbot: Lust, Sinnlichkeit und Macht.

Elisabeth konzentrierte ihre Bedürfnisse nach körperlicher Ekstase
nicht ausschließlich auf den Mann, sondern legte sie auf den Rücken
der Pferde. Hier war ihr die Befriedigung gewiß, hier blieb sie Herrin
und konnte sich dennoch hingeben. In der Verschmelzung zwischen
Pferd und Reiterin, im Rhythmus der Bewegung löste sich die Landschaft im Geschwindigkeitsrausch auf, erotisierte sich der gesamte
Körper. Das konnte stundenlang währen. Elisabeth war für ihre ausdauernden Reitausflüge bekannt. Sie liebte Pferde und besaß ein ungewöhnliches Geschick, mit ihnen umzugehen. Sie experimentierte
mit den verschiedensten Reitformen. So ließ sie beim Springen die
Zügel aus, um damit dem Pferd keine Hilfe mehr zu geben,[15] was
eine vollkommen neue Art des Umganges beinhaltete. Sie trainierte
ehrgeizig und wandte sich auch der hohen Kunst der Spanischen

Hofreitschule zu. Sie übte so lange, bis sie alle Finessen der sonst nur
Männern vorbehaltenen Kunst beherrschte. Ihr gelang es, nicht nur
wilde Pferde, die sich anderen widersetzten, zuzureiten, sondern auch
Vollblüter für die schwierigsten Stücke zu dressieren. Als Frau eroberte sie sich die Reitkunst nicht nur aus adeliger Langeweile heraus, sondern brachte es bei dieser männlichen Domäne zu einer ungewohnten Professionalität. Dies war um so bemerkenswerter, als sie
im Damensitz ritt, was ein zusätzliches Körpergeschick erforderte. Als
Spitzensportlerin hätte sie zu anderen Zeiten Pokale errungen, als
Kaiserin wurde sie mit ihren Leistungen kaum ernst genommen,
dafür aber bewundert. Bewunderung gegenüber der Frau half oft den
Mangel an Respekt gegenüber der Person und ihrer Leistung zu ent-
schuldigen.

In Gödöllö professionalisierte Elisabeth nicht nur ihre Reitkunst, hier baute sie ein Gegenreich zum Wiener Hof auf, in dem sie selbst die Regeln bestimmte. Ihre besondere Vorliebe für Zigeuner und Zigeunerinnen war jedoch bald bis nach Wien gedrungen. Oft ließ sie eine ganze Gesellschaft in ihr Schloß kommen, bewirten und reichlich beschenken. Da bei derartigen Diners sich in der Folge die Einrichtung als etwas dezimiert erwies, und das eine oder andere Stück die Besitzerin gewechselt hatte, versuchte Franz Joseph die Freizügigkeit seiner Frau zu unterbinden. Er blieb jedoch bei seinen Interventionsversuchen erfolglos. Gödöllö lebte nach seinen eigenen Gesetzmäßigkeiten, und so war zum Leidwesen des Kaisers um das Schloß eine bunte Kolonie des singenden Volkes unter der Schutzherrschaft der Kaiserin entstanden.[16]

Ein anderes, sichtbares, aus dem Ausgleich mit Ungarn resultierendes Ergebnis war die letzte Tochter, Marie Valerie. Auch als „Ausgleichskind" tituliert, war sie die Folge der Politik der Gefühle. Sie wurde 1868 in Ungarn nur zehn Monate nach der Krönung geboren und ist ein Beweis der Elisabeth stets abgesprochenen Mutterliebe. „So liebt man nur einmal im Leben", sagte sie über die Gefühle zu ihrer Tochter.[17] Bei Valerie holte sie all das nach, was sie bis jetzt bei den anderen Kindern auf Grund der Umstände vernachlässigt hatte. Marie Valerie wurde Stütze, Vertraute und Augapfel der Kaiserin. Den Anforderungen, die die Gesellschaft an die Kaiserin stellte, nämlich in erster Linie Mutter zu sein, entsprach Elisabeth, wo sie selbst wählte. Sie verweigerte sie, wo sie dazu verpflichtet wurde.

Als bayerische Emigrantin hatte Elisabeth den österreichischen Hof nur vorübergehend als die ihr zugeordnete Wohnstätte akzeptiert. Sich heimatlos fühlend zog sie weiter. Von Wien nach Gödöllö und von Gödöllö nach Korfu. Schließlich begann sie, auch diese Insel gegen ständig neu zu bestimmende Ziele und Orte auszutauschen. Wechselnde Wahlheimaten machten sie zu einer Kosmopolitin, die nationale Zugehörigkeiten sprengte.

Das Charaktermerkmal der Auflehnung teilte Elisabeth mit vielen ihrer Geschwister. Der älteste, Ludwig, verweigerte eine standesgemäße Ehe und heiratete die unebenbürtige Schauspielerin Henriette Mendel. Karl Theodor, zwei Jahre jünger als Elisabeth, opponierte gegen das adelige Nichtstun und setzte allen Vorurteilen der Familie und der Umgebung zum Trotz sein Medizinstudium durch. Als Unterstützung seiner geistigen Bedürfnisse wird es gewiß Elisabeth gewesen sein, die veranlaßte, daß er immer wieder in der Wiener Burg wohnen konnte, wo er in Ruhe für seine Arbeit leben und zudem noch engen Kontakt zu seinen einschlägigen Kollegen pflegen konnte.[18] Mathilde, die man mit dem Stiefbruder des Ex-Königs von Neapel, dem Grafen Trani, verheiratet hatte, machte mit ihrer Schwester Marie in Rom Furore, indem sie durch ihr unkonventionelles Benehmen auffiel. Die beiden Schwestern, ausgemachte Schönheiten, vergnügten sich dabei, mit zahlreichen männlichen Begleitern auf ausgedehnten Ritten durch die nähere Umgebung der Stadt ihr langweiliges Dasein zu erhellen.

Marie liebte es zudem, ohne Hut auszureiten, an Volksfesten teilzunehmen und sich im Pistolenschießen zu üben.[19] Ihren Mut hatte sie diesbezüglich bereits unter Beweis gestellt. Als die italienische Freiheitsbewegung auch Neapel erreichte und die Truppen Viktor Emanuels 1860 den Hof in die Flucht trieben, suchte dieser in der Festung Gaëta Schutz. In der Provinz Caserta gelegen, war dieses 15.000 Einwohner und Einwohnerinnen zählende Städtchen nur zehn Meilen von Neapel entfernt und mit einer starken Mauer umgeben. Hier erwies sich Marie im Gegensatz zu ihrem zögernd-zaudernden Mann als tatkräftige Verteidigerin der letzten Reste der Monarchie. Mit knöchelfreiem Hosenrock, hohen Stiefeln, weitem Mantel und ihrem Federhut schritt sie durch „den Hagel der Geschosse, und häufig stand sie hoch aufgerichtet auf den Wällen der Festung, in ihrer Hand die Flagge mit den bourbonischen Lilien im weißen Felde".[20] Dieses für eine Frau untypische Auftreten verschaffte ihr allseits Bewunderung, die sich durch ihre weibliche Fürsorge den verwundeten Soldaten gegenüber oft bis zur heißen Verehrung steigerte. Die extremen Bedingungen während der Belagerung motivierten sie zu Höchstleistungen. „Es waren aufregende Stunden, welche die Herrscherin inmitten jener oft rauhen und vulgären Männer verbrachte. Ihre heroische und romantische Natur brachte sie dazu, die Gesellschaft jener Personen von einer primitiven und barbarischen Vitalität der der heuchlerischen Höflinge, die sie umgaben, vorzuziehen."[21] Nicht zu-

letzt durch ihren Mut und ihre Einsatzbereitschaft wurde die Festung
drei Monate lang gehalten.

Neben den abenteuerlichen Extremverhältnissen, die die liberal
denkende Marie sicherlich bei ihren ungewöhnlichen Aktionen her-
ausforderten, mögen Stolz- und Ehrbewußtsein eine ähnliche Rolle
gespielt haben wie bei Eugénie von Frankreich. Als diese 1870 die
französische Krone verteidigte, sagte sie: „Es ist nicht der Thron, den
ich verteidige, es ist die Ehre." [22] Ebenso wie Eugénie verlor auch
Marie den Kampf. Nach der Niederlage kam die Verbannung. Das
königliche Paar fand sein Exil in Rom, und Marie wurde in ganz Europa als „Heldin von Gaëta" gefeiert. Ein ganzes Zimmer war mit
teils sehr kostbaren Geschenken angefüllt, die sie von den vielen Verehrern und Verehrerinnen erhalten hatte.[23] Auch die Pariser Arbeiter

Abb. 10: Marie, Königin von Neapel, geb. Prinzessin in Bayern
(1841–1925)

ließen es sich nicht nehmen, der Monarchin zu gratulieren.[24] Die weibliche Heldin, die Frau, schien die politischen Gegensätze zwischen Monarchie und Arbeiterschaft aufzulösen.

Wie ihre Schwester Marie blieb auch Elisabeth Gefahren gegenüber furchtlos. Als sie zusammen mit Franz Joseph anläßlich einer Ausstellung in das kaiserfeindliche Triest fuhr, stand sie immer auf der Seite, von der die Gefahr kommen konnte. Für sie schien es „leichter, sein Leben für jemanden einzusetzen, als das Kreuz des täglichen Lebens für ihn zu tragen".[25] Persönlichen Mut in politischen Fragen zeigte auch die Kaiserin von Frankreich zu den unterschiedlichsten Anlässen. Als Eugénie zusammen mit Napoleon III. in den kalten Jännertagen des Jahres 1858 in die Oper fuhr, explodierte plötzlich eine Bombe. Die Fenster der umliegenden Häuser zerbarsten. Die Gaslampen erloschen. Bomben waren damals noch etwas Neues. Diese verfehlte jedoch ihr Ziel. Nur ein paar Schritte vor der Freitreppe der Oper verließen Eugénie und Napoleon III. die Kutsche. Sie standen inmitten einer Tragödie. Überall lagen Tote oder Verwundete. Die Schreie waren herzzerreißend – auch die Majestäten leicht verwundet. Es wurde berichtet, daß „der Kaiser, in diesem Momente ganz entmutigt zu sein schien, während die Kaiserin eine bewunderungswürdige Unerschrockenheit und Ruhe bewahrte".[26] Energisch, wie es ihrem Temperament entsprach, hatte Eugénie den Kaiser vorwärtsgedrängt bis sie schließlich, Blut auf den Gewändern, ihre Loge erreichten und dort mit tobendem Applaus empfangen wurden.[27] Schon früher bemerkte Eugénie: „Ich ziehe vor, auf der Straße ermordet zu werden. Ich habe nicht mehr mein kaltes Blut."[28] Die Bilanz des Anschlages war traurig. Es hatte 104 Verletzte und sieben Tote gegeben.[29] Es zeigte sich, daß die neuen, technisierteren Formen der Anschläge auf das System nicht nur die vermeintlichen Tyrannen trafen, sondern bereits die Zivilbevölkerung.

Der Attentäter Felice Orsini, ein Aristokrat mit altrömischem Gesicht, wollte den Kaiser töten, weil er sein Versprechen, Italien zu befreien, nicht gehalten hatte. Weder Bombe, Revolver und Dolch machten es ihm möglich, seinen Plan durchzuführen. Er wurde festgenommen. Eugénie setzte sich für seinen Freispruch ein. Sie stellte sich damit in direkte Opposition zum Rat. Sie kämpfte für Aufgeschlossenheit und verlor trotz der Unterstützung Napoleons III. gegen die politischen Kräfte. Als die Hinrichtung durchgeführt wurde, mußte die Regierung 6000 Mann aufbieten, um Ordnung zu halten.[30] Eugénie verstand sich nicht nur als Kaiserin, sondern auch als Politikerin. Sie hatte den Sozialutopisten Fourier gelesen, dessen Werke um 1840 erschienen waren.[31] In seinem Kampf gegen die Klassengesellschaft war er überzeugt, daß die Freiheit der Menschen durch die Befreiung der Frau zu erlangen sei. 1877 formulierte Eugénie weitsichtig: „Je mehr die Zivilisation fortgeschritten ist, desto oberflächlicher, und desto leichter zerstörbar ist sie, man muß sich keine Illusionen machen, die Fragen, die sich heute stellen, sind viel mehr sozialer Natur als politischer."[32] Es war bekannt, daß die Kaiserin am Hof eine wichtige, meinungsbildende, aber nicht unumstrittene Instanz darstellte. Nach dem Attentat setzte sie Napoleon III. im Falle seines Todes zur Regentin ein. Vor allem in den sechziger Jahren wirkte sich dieser Schritt bereits aus, da Napoleon infolge seiner zahlreichen Krankheiten und der medikamentösen Behandlung bei seiner Arbeit oft eingeschränkt war. Als Napoleon 1870 seine letzte Schlacht focht, übernahm Eugénie in Paris gänzlich die Regierungsgeschäfte.

Die Kaiserin Frankreichs verstand Politik in einem weiten Sinne. Durch ihre maßgebliche Unterstützung des Baus des Suezkanals konnten Orient und Okzident symbolisch miteinander verbunden werden. Selbstverständlich spielte bei ihrem Engagement auch die verwandtschaftliche Verbindung zu Lesseps eine Rolle. Als der Kanal 1869 in ihrer Anwesenheit eröffnet wurde, führte ihre Yacht die Schiffe, die den Kanal hinunterfuhren, an. So huldigte man der Kaiserin und ihrem Einsatz. Auch Franz Joseph war zu diesem Festakt angereist und oft an ihrer Seite zu sehen.[33] Ein Jahr nach diesem Triumph war das französische Kaiserreich jedoch zu Ende und für Eugénie das Exil angesagt.

Das 19. Jahrhundert war eine Zeit der großen Auf- und Umbrüche. Attentate waren in Mode, es gab keine Krone, die vor ihnen sicher gewesen wäre. Schon 1800 versuchte man Napoleon Bonaparte zu töten. 1801 wurde der Zar von Rußland erdrosselt. 1840 war Königin Viktoria, 1849 Kaiser Wilhelm Ziel eines Attentates, und 1853 entkam Kaiser Franz Joseph nur knapp einem Anschlag. Was in der Alten Welt für Unruhe sorgte, nahm auch die Neue Welt nicht aus. 1865 wurde Präsident Lincoln getötet. Bis zum Ende des Jahrhunderts stieg die Zahl der Attentate auf 47.[34]

Die zweite Hälfte des Jahrhunderts sah oft Gegensätzlichkeiten nebeneinanderstehen. Während hier Königreiche fielen, entstanden dort neue. 1866 war im erst acht Jahre jungen Rumänien Carol I. zum König gekrönt worden. Er stammte aus dem deutschen Geschlecht der Hohenzoller. Ihm zur Seite stand die rheinländische Elisabeth zu Wied. Auch sie sah sich als Mittlerin zwischen den Welten. Als gebürtige deutsche Prinzessin war sie durch die Krone nach Südosteuropa gelangt. Hier bemühte sie sich nun aktiv um den Austausch beider Kulturen. Sie „wollte der Menschheit dienen, aber nicht vom Thron herab, sondern in ihrer Nähe an ihrem Herzen, in ihrem Leiden, wie eine treue Schwester"[35], sagte sie.

Eines ihrer wesentlichen kulturellen und politischen Vorbilder war die Großfürstin Helena Pawlowna in St. Petersburg. Sie war die Schwägerin des Zaren Nikolaus I. Schön, klug und geistreich, förderte sie nicht nur die Künste, sondern befreite bereits 1859 die Leibeigenen auf ihren eigenen Gütern, so daß der Zar meinte, wenn sie nicht so jung wäre, müßte man sie zum Staatsminister machen.[36] Dies brachte ihr die Titulierung „Madame Egalité" oder die „Rote Tante des Zaren" ein.[37] Als politische Ratgeberin spielte sie sowohl für Nikolaus I. als auch für dessen Nachfolger Alexander II. eine wichtige Rolle.[38] Ihrer Anregung verdankte das erste Konservatorium in St. Petersburg seine Entstehung.

Die rumänische Königin sah sich, auf diesem Einfluß aufbauend, ganz in deren Tradition. Als Künstlerin – sie dichtete – förderte sie vom Lied bis zum Wort jegliche Volkskunst. In ihrer monarchisch-feudalen Umwelt verstand sie sich als sozialistische Insel.[39] Ihr Einsatz galt dem Weltfrieden, der Völkerverständigung, dem Weltvegetarismus, sozialem und humanitärem Engagement, der Frauenbewegung und der Bildung – immer auf der Spur nach der Einheit des Seins.[40] Sie war aristokratisch und demokratisch zugleich.[41] Ganz im Sinne Nietzsches, den sie gelesen hatte, war sie ebenso von einer wertvollen Führerschaft der Herrschenden zur Höherentwicklung des Menschengeschlechtes überzeugt wie von der republikanischen Staatsform, denn diese „ist die Einzig rationelle; ich begreife immer die törichten Völker nicht, daß sie uns noch dulden".[42] Diese Auffassung vertrat auch Elisabeth. „Ihr lieben Völker im weiten Reich,/ So ganz im Geheimen bewundre ich euch:/ Da nährt ihr mit eurem Schweisse und Blut/ Gutmütig diese verkommene Brut!"[43] Im Gegensatz zu ihrer Thronverwandten vermachte Elisabeth diese Botschaft jedoch, ohne sie in der Realität zu verwirklichen, an die Nachgeborenen, die „Zukunfts-Seelen", wie sie sie nannte. Nicht nur politische Ähnlichkeiten bestimmten die Freundschaft der beiden Königinnen. Die sonst so menschenscheue Elisabeth hatte zu Carmen Sylva eine herzliche Beziehung. Mit ihr fühlte sie sich verwandt, mit ihr konnte sie wichtige Einstellungen und Gedanken teilen, hier fand sie Verständnis, ihr widmete sie ein langes Gedicht.[44]

Derartige Beziehungen spiegelten die vielfältigen Ausdrucksformen aufgeschlossener Ideen in den obersten Kreisen wider. Auffällig dabei war, daß die strengen Rollenfixierungen viel eher von den weiblichen als den männlichen Repräsentanten aufgebrochen wurden. Frauen stellten sich den Veränderungen und nahmen sie auch auf. Die Kritik an den autoritären Strukturen beinhaltete gleichsam eine Kritik an den patriarchalen Gegebenheiten. Hier fanden Frauen Gemeinsamkeiten, aus denen heraus sich die Frauenbewegung des 19. Jahrhunderts entwickelte. „Wir (Frauen) verstehen uns untereinander viel besser, als alle Männer sie je verstehen werden", sagte Carmen Sylva.[45]

Sowohl Elisabeth als auch Eugénie und Carmen Sylva hatten, jede in ihrer Geschichte, oft im Grenzland des Erträglichen um das Überleben gekämpft. Sie waren mit harten, undurchdringlich scheinenden Mauern konfrontiert, hatten darunter gelitten und dagegen Kritik entwickelt. Das Unverstandensein durch männliche Gegenüber war allen eine gute Vertraute. Nicht ohne Grund war Carmen Sylva überzeugt, daß Männer Tyrannen seien.[46] Als sie die Heirat des Thronerben von Rumänien mit einer Bürgerlichen unterstützte, stieß sie damit in weiten Kreisen auf derartige Feindschaft, daß man sie als verrückt einstufte. Der Versuch, die Kluft zwischen Dynastie und Volk zu verringern, wurde in der Folge durch eine Negativpropaganda verhindert. Die Wogen schlugen derartig hoch, daß sich ihr eigener Mann, Carol I., genötigt sah, Carmen Sylva, als sie von ihrer Überzeugung nicht Abstand nehmen wollte, vom Hof zu entfernen und nach Italien zu schicken.[47] Ihr unfreiwilliges Exil währte drei Jahre. Lähmungen an Armen und Beinen, schwere Depressionen und Selbstmordgedanken waren die Begleiterscheinungen dieser Gewaltmaßnahme.[48] „Es wird uns nichts erlassen, denn Geschlechter müssen zahlen, und Geschlechter müssen büßen, endlos, bis gesühnt des Unschuldigsten Schuld!"[49] Mit diesen Gedanken versuchte sie den Preis, den die Herrschaft fordert, zu erklären. Nach der Rückkehr folgte Carmen Sylva ihrem Beschluß: „Ich schweige wie eine Sphinx. Niemals mehr sage ich, was ich denke",[50] und stürzte sich ab nun noch mehr in ihre künstlerischen und mäzenatischen Betätigungen.

Eugénie erlebte nach ihrer Liebesheirat eine ähnliche Enttäuschung. Napoleon III. hatte bereits bald nach der Hochzeit seine Liebesaffären wieder aufgenommen und Eugénie damit schwer gekränkt. Die Achtung, die sie dem Kämpfer für Liebe und Freiheit entgegenbrachte, war der Enttäuschung über den Mann gewichen. Elisabeth schließlich knüpfte in erster Linie das für sie als unauflösbar erachtete Band der Ehe an Franz Joseph, nicht aber das Verstandensein. Die Zusammenkünfte mit dem Ehemann waren oft durch beiderseitiges Schweigen geprägt. Franz Joseph liebte die Konversation, Elisabeth liebte inhaltsreiche Auseinandersetzungen. So antwortete sie oft nur sehr leise auf Fragen, und Marie Valerie mußte dann die Sätze noch einmal laut wiederholen.[51] Franz Joseph kränkte die Verschwiegenheit seiner Frau, und Elisabeth schwieg, weil sie fürchtete, daß er sie in ihren Meinungen kritisieren oder ihren Plänen gegenüber Schwierigkeiten machen würde.[52] So verband die beiden kaum noch etwas, und über das Verhältnis von Elisabeth zu den Männern blieb nur der Satz: „Sie haßte die Menschen und die Männer im Besonderen."[53]

Alle drei Herrscherinnen waren aus der Heimat aufgebrochen. Eugénie aus Spanien, Carmen Sylva aus dem Rheinland, Elisabeth aus Bayern, um neben ihren Männern eine neue Heimat zu finden. „Auf dem Auswandern ruht der Fluch ewiger Heimatlosigkeit"[54], kommentierte Carmen Sylva dieses Faktum. Was einerseits eine schwierige Situation für die Frauen darstellte, wurde andererseits zur Herausforderung. Als Exilantinnen spiegelte ihnen die Fremde die eigene Fremde. Aus diesen Spannungen heraus war das Auswandern nicht nur ein lokales, es führte sie auf weitere Wanderschaften und zur Notwendigkeit, die Suche in das eigene Selbst zu verlagern.

Als Kämpferinnen für weibliche Selbstbestimmung fanden sowohl Eugénie als auch Carmen Sylva und Elisabeth an der einsamen Spitze von Staaten wenig Unterstützung bei den gekrönten Ehemännnern oder der engeren Umgebung. Sie mußten Vorbilder in den weiten Gefilden des Zeitgeistes aufspüren. Soziale, politische und feministische Ideen arbeiteten gemeinsam an neuen Formen des Zusammenlebens. Es entstanden Utopien und Träume, die nach Umsetzung verlangten.

Elisabeth, Eugénie und Carmen Sylva nahmen in unterschiedlicher Weise die Herausforderung an. Sie entwickelten verschiedene Strategien, der weiblichen Selbstdefinition nachzuspüren. Die Melancholie war ihnen dabei eine gewohnte Begleiterin. Sie stürzte sie in Verzweiflung und half ihnen dennoch, sich immer wieder der Metamorphose auszusetzen. Es waren Gratwanderungen der Selbstbehauptung vor den Abgründen patriarchaler Machtansprüche. Ein Hilfsmittel kam hier vor allem Eugénie und Elisabeth zugute: die Schönheit!

Schönheit als Schutz und Schirm

> „Tag und Nacht das tiefste Schweigen –
> Glücklich, wer nur sich gehört!"[1]

 W as Frauen nicht mit Klugheit oder politischem Kalkül erreichen konnten, das vermochten sie oft mittels ihrer Schönheit. Auch Was der Stammbaum fehlen ließ, das gelang der Frau. Eugénie, die „Aufsteigerin aus der Fremde", und Elisabeth, die „Jungfrau aus der Provinz", eroberten durch ihr Aussehen. Natürlich gab es unmittelbare Vorbilder in diesen aufbrechenden Zeiten des 19. Jahrhunderts. Eines der markantesten war Lola Montez. Die spanische Tänzerin, die mit ihren kaum dreißig Jahren den alternden König Ludwig I. von Bayern zu jugendlichen Liebesschwüren bewegte, machte nicht nur in München, sondern in ganz Europa Furore. In Bayern wurde sie zu einer Skandalfigur und war sicherlich auch in der Kindheit Elisabeths bei Tisch Gesprächsthema der Erwachsenen.

Als Lola Montez, alias Eliza Gilbert, 1846 in München landete, hatte sie bereits viel gesehen und erlebt. Von Irland minderjährig mit einem Ehemann von zu Hause nach Indien entwischt, war sie, von diesem enttäuscht, neuerlich geflohen und nach Europa gelangt. Als alleinstehende, dem Ehemann entflohene Frau hatte sie keinerlei gesellschaftlichen Rückhalt. Sie löste das Problem, indem sie ihre Persönlichkeit veränderte. Ein neuer Name – Lola Montez – und ein neuer Beruf – Tänzerin – sollten ihr Zutritt in die Künstlerinnenszene verschaffen. Ihr schwarzes Haar und ihre blau leuchtenden Augen machten sie rein äußerlich zu einer markanten Erscheinung. Viel zentraler als diese Attribute war jedoch ihre Persönlichkeit. Auf der Bühne eine mittelmäßige Darstellerin, spielte sie im Leben eine glanzvolle Rolle. Als sie, wegen ungebührlichen Verhaltens bereits aus zahlreichen anderen Städten ausgewiesen, München betrat, kam sie in eine Stadt, in der vieles verboten war: übereiltes Gehen, schnelles Reiten und sogar das Tabakrauchen auf der Straße.[2] Kirche und

Staat wachten streng über die Sittlichkeit der „bayerischen Hochebene".

Theatralisch mit schwarzem Kleid und einer Dogge durch die Straßen schreitend, mußte Lola Montez hier besonders auffallen. Ihr skandalöser Ruf war ihr bereits vor ihrer Ankunft vorausgeeilt. Als Frau hatte sie sich gegen die männliche Obrigkeit mit einer Peitsche zu Wehr gesetzt. Mit Peitsche und Zigarette als Symbol weiblichen Nonkonformismus ließ sie sich malen. Sie stilisierte sich selbst zu dem, was sie sein wollte: die „schwarze Lola", die den erloschenen Vulkan Ludwigs wieder zum Glühen brachte[3] und ihm, Ludwig, in der Folge nach heutigen Preisvorstellungen über 4,5 Millionen Mark für ihren luxuriösen Lebensstil entlockte.[4] Ihr Münchner Zwischenspiel dauerte jedoch nur bis zu den revolutionären Tagen des Jahres 1848. Dann mußte sie, verfolgt vom Haß und den Vorurteilen der Bevölkerung, König und Land verlassen. Ludwig, durch die persönliche Affäre ebenso erschüttert wie durch die politischen Begebenheiten, leistete in den revolutionären Geschehnissen von 1848 in der Folge Thronverzicht.

Lolas Auftritte beinhalteten ein klares politisches Vermächtnis. In ihren Memoiren schrieb sie: „Ich habe dem starken Geschlecht überall den Fehdehandschuh hingeworfen und ihm gezeigt, wie wenig Recht es hat, sich in moralischer Hinsicht über uns Frauen zu erheben. Ich habe den Frauen gezeigt, daß – wenn sie verständen, die Schwäche der Männer zu nützen, sie überall aufhören würden, das schwache Geschlecht zu sein. (...) Ich habe euch den Fehdehandschuh hingeworfen und werde mit euch kämpfen, solange ich lebe, in allen Lagen und unter jeder Form."[5] Ihr aus den Erfahrungen resultierendes Motto formulierte sie offen: „Ich liebe die Freiheit und hasse die Männer."[6]

Lola Montez definierte Freiheit klar in der Abgrenzung zu einem männlichen Machtsystem. Ihre Selbstbehauptung praktizierte sie zudem auch in der Ausnützung dieses Systems. Kluge Aktionen und bewußte Inszenierungen der Schönheit verfehlten ihr Ziel keineswegs. Lola Montez erbrachte den Beweis, daß fest geordnete Systeme nicht mehr die gewünschte Stabilität aufwiesen. Nicht nur die Revolution von 1848 hatte in München einen König um seinen Thron gebracht,

sondern auch eine Frau. Zusätzlich zu den klassenkämpferischen revolutionären Tendenzen beinhaltete die Emanzipation der Frauen und der Aufbruch für Freiheit und Selbstbestimmung eine Strömung, die die Herrschaft zunehmend in Gefahr brachte.

Interessant scheint beim Thema weiblicher Schönheit vor allem die Tatsache, daß die Wirkung oft erst dann in vollem Ausmaße eintritt, wenn Widerstand und Selbstbewußtsein eine unzertrennliche Verbindung miteinander eingehen. Elisabeth wurde nicht nur wegen ihrer körperlichen Vorzüge verehrt. Was sie zur überragenden Schönheitskönigin machte, war ihre Ausstrahlung. Die preußische Kronprinzessin Viktoria sagte zu ihrer Mutter, der Königin von England: „Die Kaiserin ist pikanter als alle Damen, die ich jemals gesehen habe."[7]

Ihr Ruf, die schönste Frau auf den europäischen Thronen zu sein, wurde zu dem Zeitpunkt unumstößlich, als sie 1865 ihr persönliches Manifest formulierte. Elf Jahre hatte ihr erster großer Unabhängigkeitskampf gedauert. Nun konnte sie auf zweierlei Erfahrung aufbauen. Zum einen, daß sie auf Grund von klaren Positionen siegen konnte, und zum anderen, daß sich der Sieg auf ihr Aussehen auswirkte. Ihre derart zum Glänzen gebrachte Ausstrahlung und Schönheit ermöglichten es ihr, ihre Macht noch besser zu benützen. Bewußt oder unbewußt, dies war der Augenblick, den Höhepunkt ihres Triumphes festzuhalten. Der bekannte Porträtmaler Winterhalter verhalf ihr dazu, indem er gerade zu diesem Zeitpunkt die berühmten Gemälde der Kaiserin anfertigte. Die langen Haare, immer schon Symbol für königliche Macht und zunehmend Metapher für weibliche Sinnlichkeit, legte er ihr offen wallend um den Körper. Auf dem zweiten Bild versinnbildlichte die aus Haaren geflochtene und mit Diamantsternen dekorierte Krone die Macht. Die Krone gehörte nicht mehr der Königin, sie war ein Teil des weiblichen Körpers geworden, sie gehörte der Frau selbst.

Elisabeth transferierte in der Folge die Schönheit durch einen eigens inszenierten Kult in die Ewigkeit. Zu bedrohlich erschien die Vorstellung, das Mittel von Anerkennung und Verehrung wieder zu verlieren – zu unbestimmt war die Möglichkeit, daß ihr Selbstbewußtsein allein den gleichen Triumph verschaffen könnte. Elisabeth benötigte Schutz nach außen. Es waren Anpassungen an ein konventionelles Weiblichkeitsbild, das den Körper in das Zentrum der Aufmerksamkeit rückte. Dies brachte sie in das Dilemma, hinter dem Schutz der Schönheit ihren Freiraum der selbstbestimmten Vor- und Einstellungen auszubauen und gleichzeitig damit auch ihr Körpergefängnis zu zementieren.

Mit einem harten Schönheitsprogramm versuchte sie, über ihren Körper das zu erlangen, was ihr über ihren kritischen Geist verweigert wurde: Liebe, Anerkennung und Achtung! „Elisabeth war in die Liebe verliebt, weil sie ihr das Lebensfeuer bedeutete. Sie betrachtete die Sensation, angebetet zu werden, als einen Tribut, der ihrer Schönheit zukam. Doch ihre Begeisterung dauerte nie lange, offenbar weil sie zu künstlerisch empfand, um ihre Sinne gefangen zu geben."[8] Sie konnte den Tribut an ihre Schönheit auch deswegen nicht lange ge-

Abb. 12: Boxende Frauen, 1887

nießen, weil die ihr geschenkte Anerkennung mehr auf das Außen als auf das dahinter verborgene Innen gerichtet war. Weil sie ihre Innenwelten im Schutzraum hielt, blieb sie damit einsam.

In ihrer Schönheitskonzeption jedoch war sie auf der anderen Seite durchaus unkonventionell. Sie verabscheute jegliche Künstlichkeit. Ihre Schminke war die Natur. Das Geheimnis eines schlanken Körpers war das Hungern und der Sport. Zu einer Zeit, da sportliche

Betätigung für Frauen verpönt war, absolvierte die Kaiserin in ihren Schlössern täglich an eigens für sie errichteten Turngeräten ihre Gymnastikübungen. Keulenschwingend, mit Hanteln operierend und in den Ringen schwebend, konnte die Kaiserin von Österreich die Welt wahrlich verkehrt betrachten.[9] Damit nahm sie schon vor hundert Jahren die breite Palette des modernen Fitneßtrainings vorweg. Der Effekt war bemerkenswert. Bei einer Größe von 1 Meter 72 bewahrte sie sich in Verbindung mit strengen Fastenkuren lebenslang ein Durchschnittsgewicht von 50 kg.

Den Tag begann sie mit einer kalten Dusche und einer anschließenden Massage. Ebenso liebte sie Olivenbäder, die ihrer Meinung nach die Geschmeidigkeit der Figur erhalten sollten. Einmal war das Öl jedoch fast kochend, und die Kaiserin entging nur knapp dem Tode einer christlichen Märtyrerin, wie ihre Nichte Marie berichtete.[10] In der Nacht schlief sie auf ihrem „Schönheitsbett", das mit Roßhaarmatratzen ausgestattet war und von dem sie jegliche Kopfkissen entfernt hatte.[11] Das entsprach zwar nicht den Vorstellungen einer kaiserlichen Schlafstatt, war nach orthopädischen Gesichtspunkten jedoch die beste Variante, die Nacht zu verbringen. Oft legte sie feuchte Tücher um die Taille, um ihre Schlankheit zu bewahren.[12]

Haare und Taille wurden zu den wichtigsten Eckpfeilern ihres Schönheitsprogrammes. Die Friseuse hatte durch ihre Erfindung einen neuen Stil kreiert. Die für die Kaiserin typische „Kronenfrisur" wurde ein Markenzeichen. Vielfach nachgeahmt, konnten sich Frauen mittels Imitation selbst krönen. Elisabeth widmete ihren Haaren täglich durchschnittlich drei Stunden. Während Frau Feifalik die sinnliche Fülle zu bändigen suchte, ließ sich die Kaiserin vorlesen. Die Haarpflege war durchaus keine verlorene Zeit und konnte derart zum Studium genützt werden.

Wurden die flutenden Haare durch Flechten gebändigt, zwang Elisabeth ihre Taille in ein Schnürkorsett. Durch die Etikette bereits in die sie einengende Rolle gesperrt, band sie sich nun selbst. „Beim Marschieren, beim Hungern, beim Turnen, beim Frisieren ist sie sich selbst eine erbarmungslose Zeremonienmeisterin."[13] Um ihre Schlankheit besonders zur Geltung zu bringen, ließ sie sich in ihre Kleider geradezu einnähen.[14] Somit schuf sich die sensible Frau, der viel unter die Haut ging, gleichsam eine zweite Hülle. „Unterröcke trug sie nie, und bei ihren frühen Spaziergängen im Sommer zog sie die Schuhe über die nackten Füße und trug das Kleid unmittelbar auf dem nackten Körper."[15]

Die Gewalt, die das System mittels seiner Repräsentanten und Repräsentantinnen gegen sie gerichtet hatte, wurde „von der Kaiserin selbst und gegen sich selbst geübt".[16] Die bewunderte Schönheitskönigin des 19. Jahrhunderts baute ihre Idealfigur auf eine latente Magersucht. Wo der weibliche Körper zum Inbegriff männlicher Ausbeutung und Verherrlichung wurde, gestaltete sie ihre Schlankheitsmanie zur Protesthaltung. Ein als gewalttätig empfundenes System wurde nun ebenso gewalttätig gegen sich selbst gerichtet. Das Opfer formte sich zur Täterin und war dabei insofern erfolgreich, als es zur Selbstdefinition schritt, um damit persönliche Freiheit und auch Anerkennung zu erlangen. Mit ihren Fastenkuren bewies sie sich und den anderen mehr Kontrolle über sich zu haben, als jene, die sie disziplinieren wollten. Die Willensstärke der Kaiserin war enorm. Ihr außergewöhnlicher Erfolg entsprach dem zunehmend alle Schichten der Gesellschaft durchdringenden Leistungsprinzip. Die Wirkung bestätigte ihre Arbeit. Hinfort stand ihre Schönheit im Mittelpunkt und nicht ihr Wesen.

Elisabeth verwandelte den Hunger nach dem Leben, den ihr ihre Rolle vorenthielt, in Fasten. Es war gleichsam ein stummer symbolischer Schrei der Verzweiflung und nichts anderes als das einfache Bedürfnis nach emotionaler Nahrung, die man ihr verweigerte. Der Körper sprach, was die Zunge nicht zu sagen wagte, aber er sprach zweideutig. Als Schönheitsideal wurde er von der Umwelt verherrlicht. Als Spiegel einer gewalttätigen patriarchalen Gesellschaft wurde er daher kaum wahrgenommen. Die Schönheit der schlanken Taille beinhaltete eine Protesthaltung, war eine Anschuldigung in verschlüsselter Form an das System, das Frauen verbot, das Leben ihren eigenen Vorstellungen entsprechend zu gestalten. Es war der Versuch der Frau, nach „eigenem Gesetz und Recht" zu leben.[17] Aber es blieb ein autoaggressiver Protest. Was Elisabeth individuell und indirekt durch ihr Hungern ausdrücken wollte, formulierten die Suffragetten direkt. Sie setzten den Hungerstreik bewußt als politisches Kampfmittel ein, um jenen Forderungen nach gleichem Recht Nachdruck zu verleihen, nach deren Erfüllung sich Elisabeth sehnte. Mit ihrem Schlankheitskult, mit dem strengen Selbstkasteiungsprogramm, verweigerte sie ihrem Köper die weiblichen Rundungen, näherte sich einem androgynen Modell und verließ die der Frau zugeschriebene Natur. Damit versuchte sie sich Zutritt zur männlichen Sphäre des Geistes zu verschaffen und sich den Weg zur Metaphysik zu eröffnen. Die Überstilisierung ihrer Weiblichkeit erlaubte es ihr, die in der Gesellschaft als männlich anerkannten Bedürfnisse zu leben. Durch die Manipulation an ihrem Körper verwandelte sie die Frau in eine hermaphroditische Gestalt. In Frauenkleidern drang sie in die Männerdomänen des Intellekts ein. Der Preis Elisabeths für ihren verschlüsselten Protest beinhaltete gleichzeitig Selbstentäußerung. „Oft komme ich mir vor, wie dicht verschleiert, ohne es zu sein, wie in einer innerlichen Maskerade: Im Kostüm einer Kaiserin."[18]

Indem sich Elisabeth unter den Schutz von Schirm und Schleier stellte, konservierte sie ein gewünschtes Bild für die Nachgeborenen, das sie auch durch Photographien nicht mehr zerstört haben wollte. Obwohl sie sich als bürgerliche Privatperson verstand, verweigerte sie ab den sechziger Jahren das Photo als Ausdruck eben dieser Privatheit. Sie verlängerte äußerlich künstlich ihre Jugend, hinter der sich die Reife der Frau jedoch unweigerlich fortentwickelte. „Ich will immer jung bleiben",[19] sagte sie, „wenn mich einmal die Zeit berührt hat, werde ich mich verschleiern, und die Leute werden von mir sprechen als von ‚der Frau, die einst war'."[20]

War das Verweigern der Photographie Garant für die zukünftige Erinnerung, wurde der Schirm Schutz vor den Blicken der Gegenwart. In seinem Schatten vollzogen sich jedoch weitere Metamorphosen. Der äußeren Erstarrung entsprach eine innere Bewegung. Hier schnitt sie sich weder vom Reifungsprozeß noch vom Tod ab. „Der Todesgedanke reinigt wie ein Gärtner, der das Unkraut jätet, wenn es in seinem Garten ist. Aber dieser Gärtner will immer allein sein und ärgert sich, wenn Neugierige in seinen Garten schauen. Deswegen halte ich den Schirm und den Fächer vor meinem Gesicht, damit er ungestört arbeiten kann …"[21]

Elisabeth verweigerte den anderen zu dem Zeitpunkt ihr Gesicht, ab dem sie mehrere Varianten eines Selbstbildes zu entwickeln begann. Einer Maske gleich trug sie ihre Schönheit zur Schau. Je nach Situation differierend, zeigte sie einen ihrer dahinter verborgenen Persönlichkeitsaspekte. „Wenn ich unter den Leuten mich bewege, so gebrauche ich dazu nur jenen Teil von mir, der mir mit ihnen gemeinsam ist (…). Ich verliere nichts dadurch. Es ist wie ein altes Kleid, das man von Zeit zu Zeit aus dem Schrank herausnimmt und auf einen Tag anzieht."[22] Je nach Umgebung wechselnd, bewegte sie sich auf diese Weise in einem bunten Kaleidoskop unterschiedlicher Affinitäten. Ihr Repertoire wies ein breites Spektrum auf. Trotz ihrer Köperaskese verband sich ihr leidenschaftliches Ich mit der Sinnlichkeit des ungarischen Volkes, mit dem Reiten oder dem Wandern. Trotz ihrer politischen Verweigerung wurde ihr oppositionelles Ich überall dort verstanden, wo es um politische Hoffnungen ging. Trotz des Gefängnisses, dessen Mauern sie auch immer wieder selbst aufrichtete, war sie Symbol für den Freiheitsdrang. Gerade wegen der Übernahme männlicher Werte verließ sie die engen Grenzen des Geschlechtskörpers und wurde zu einer Trendsetzerin des Aufbruchs. Gleichzeitig entwickelte sich ihr Schönheitskult zu einer Falle. Wie Carmen Sylva feinsinnig bemerkte: „Ihre strahlende Schönheit hat manche so hingerissen und berauscht, daß sie vergaßen, nach der noch viel schöneren Seele zu suchen und sich an diese zu wenden."[23]

Die Spannungen, die sich für Elisabeth aus ihrer Ich-Suche und den ständig wechselnden Persönlichkeiten entwickelten, formten immer wieder eine Distanz sich selbst gegenüber. „Je ferner wir uns selbst werden, desto tiefer sehen wir uns. Wie in einem Spiegel erblicken wir dann unser Schicksal",[24] sagte sie. Den äußeren Reisen entsprachen Reisen in die Innenwelten. Fremde und Distanz waren dabei wesentliche Formen des Ringens um Identität. „Selbstschöpfung und Fremdwerden",[25] zwischen diesen beiden Polen lag der Aufbruch der Jahrhundertwendefrauen. Elisabeth stellte diesbezüglich für ihre Geschlechtsgenossinnen bereits die Weichen. Ihre Selbstschöpfung ließ eine Doppelstrategie erkennen. Sie bewegte sich zwischen Anpassung und Widerstand, ging in Aktion und erlahmte oft wieder ob der als unveränderbar erfahrenen Umstände.

In der Anpassung an den gesellschaftlichen Kanon weiblichen

Seins akzeptierte sie das Schönheitsideal, ja trieb es sogar auf die Spitze. Hinter dem Schutzmantel der Schönheit, mit dem sich Elisabeth umgab, benützte sie die Schönheit, um dahinter die für Frauen als häßlich geltenden Eigenschaften des Intellekts auszubauen. Die latente Magersucht war zugleich selbstdiziplinierend und selbstbefreiend. Dem mittelalterlichen Asketentum ähnlich, wurde sie zu einer Form der Grenzüberschreitung. „So wiederholt sich die alte mönchische Dialektik von Entsagung und Wissen von Fasten und Vision im anorektischen Wahn."[26] Die teilweise Übernahme disziplinierender Maßnahmen und die selbsttätige Ritualisierung derselben vermochten auch hier die Übergangsexistenz der Kaiserin sichtbar zu machen. An der Trennungslinie zwischen „Fremd" und „Selbst" brachen sich räumliche und zeitliche Grenzen, erweiterte sie ihre Entfaltungsmöglichkeiten in neue Erfahrungswelten.

Die Kaiserin von Österreich war als Übergangsperson bereits eine Vertreterin bestimmter Aspekte der „Décadence". Die Briefe von Villers, die 1881 veröffentlicht wurden, zeigen deutliche Parallelen zu Elisabeths Lebenskrise und Identitätssuche. 1869 schrieb Villers, der stadtflüchtige, schrullige, kosmopolitische und schließlich misanthropische Bildungspoet: „Wir sitzen alle neben uns und sehen uns zu. Dann brauchte es einer Dreistigkeit, die das letzte Gefühl mitnähme."[27] Etwas weiter konstatierte er: „Von Jugend auf und mit den Jahren wachsend, geht meine Sehnsucht über alle Grenzen; ich kann mich mit den Umgebungen nicht in Einklang bringen, lebe ein ganz anderes Leben, als Sie sehen und bin ein solcher Künstler in dieser Narrheit, daß ich zwei Gespräche nebeneinander führe …"[28]

Elisabeth antizipierte die Strömungen ihrer Zeit. Weltflucht und Weltschmerz waren persönliche Erfahrungen, die als Modeerscheinungen kultiviert wurden und die auch an ihr nicht spurlos vorübergingen. Mit ihrem Leid und mit der Sehnsucht der Überwindung des Schmerzes ging sie auf Reisen. In der ständigen Distanz umgab sie sich in der Folge mit einem Geheimnis und wurde damit zum Ziel vieler Hoffnungen. Eine Erinnerung zeichnet sich immer auch durch Undeutlichkeit aus. Hier können all die Träume Halt finden, die die Realität verweigert. Elisabeth wurde und wird zur Projektionsfläche der Betrachtenden. Dort, wo sie sich zu entziehen sucht, macht sie sich für die Nachgeborenen unentbehrlich. Gerade wegen des starren Bildes, das sie von sich entwarf, ist sie wegen der dahinter geheimnisvoll schillernden, bewegten Persönlichkeitsvielfalt Anlaß verschiedenartigster Interpretationen.

Ihr Jugend- und Schönheitskult aber entwickelte sich für die Frauen des 20. Jahrhunderts zur fast allumfassenden Norm. Bulimie und Anorexie werden zu einem ständig wachsenden Krankheitsbild. Elisabeths Schönheit ermöglichte ihr nicht nur Freiheit, sondern trug selbstzerstörerische Züge. Den Models am Laufsteg vergleichbar, balancierte sie bereits zwischen Selbstverleugnung und Selbstverwirklichung.

Androgyne Wahlverwandtschaften

> „Doch naht vielleicht im Lauf der Zeit
> Die Schwesterseele
> Dann ziehet Kreise, mächtig weit,
> Der See zur Stelle"[1]

Die Schwesterseele war diejenige, die manchmal in die Innenwelten Elisabeths blicken konnte und durfte, ohne sich erschreckt vor den dortigen Tiefen abzuwenden. Mit ihrem Blick ließ sich Elisabeth fassen, mit ihr teilte sie ihre Einsamkeiten, nach ihr suchte sie. Durch selbstgewählte weibliche Solidargemeinschaften schützte sie ihre Innenwelten. Bei Frauen fand sie oft jenes Verständnis, welches ihr Franz Joseph nicht geben konnte. Während er in seiner idealisierten Liebe zu ihr stets ihr erster Anbeter blieb, betrachtete er die Frau, die hinter der Schönheit auf ihn wartete, mit kontinuierlicher Ignoranz. „Ihre Wolkenkraxlerei", wie er ihre Interessen abwertend nannte, waren seinem nüchternen Geist zu fremd, um daran Anteil nehmen zu können. Der ehelichen Einsamkeit stand nichts im Wege. „Weder gegenseitiges Interesse, noch liebevolle Besorgnis untereinander, noch auch die geringsten Zeichen von Zärtlichkeit gab es"[2], stellte Kronprinzessin Stephanie diesbezüglich fest, und Marie Valerie klagte über die Atmosphäre zu Weihnachten. „Steif und kühl geht man von Tisch zu Tisch, speist dann in peinlicher Ungemütlichkeit und ist froh (...) wenn man den heiligen Christabend wie jeden anderen beschließen kann."[3]

Es war demnach kein Wunder, daß Elisabeth derartig eisigen Stimmungen zu entkommen suchte. Wesentlicher Zufluchtsort für sie war immer wieder Possenhofen, und hier im besonderen die Mutter und die Schwestern. Hier konnte sie sich stärken und erholen. Die Umgebung wirkte auf sie oft wie ein Heilmittel. Glaubte man sie am Wiener Hof krank und niedergeschlagen, so veränderte sich ihr Zustand schlagartig, wenn sie die Grenze der Monarchie überschritt.

Am Starnberger See angekommen, war sie kaum wiederzuerkennen. Hier verbrachte sie im Hotel Strauch, das seit 1900 ihren Namen trägt, vierundzwanzig Sommer. Ihre Gefolgschaft bestand aus ca. fünfzig Personen und achtzehn Pferden.[4] Im ersten Stock mußte ein Turnsaal errichtet werden, dessen Boden mit zwölf Zentimeter dicken Matratzen ausgelegt war.[5] Neben ihrem obligaten Gymnastikprogramm unternahm sie ausgedehnte Spaziergänge, ritt durch die Landschaft und traf sich dazwischen zu gemeinsamen Träumereien auf der Roseninsel mit ihrem Cousin Ludwig II. „Zur Ruhe begab sie sich dann auf ein Stündchen in eine zwischen zwei Bäumen des Pfarrgartens befestigte Hängematte.“[6]

Vater Max glänzte durch Abwesenheit und erschien nur bei wesentlichen Gelegenheiten. Das soziale Zentrum in Possenhofen war die Mutter. Ludovika ruhte wie ein Pol im Durcheinander ihrer Kinderschar. „Ich habe diese schöne ruhige Zeit mit Dir so genossen, liebe Mini“, schrieb ihr Elisabeth nach einem ihrer zahlreichen Aufenthalte, „war so glücklich, so viel mit Dir sein zu dürfen, daß ich heute einen wahren Katzenjammer habe.“[7] Speziell den unangepaßten Töchtern gegenüber brachte Ludovika zwar mütterliche Liebe auf, jedoch, einem eher traditionellen Weiblichkeitsbild verhaftet, nicht immer Verständnis. So war zum Beispiel das Fechten für sie empörend und der Unterricht in Latein und Stenographie völlig verrückt.[8] Bei der Wahl der Ehemänner hatte Ludovika stets ein entscheidendes Wort mitgesprochen. Sie ging diesbezüglich auch leicht in Verteidigungshaltung über, wenn die Töchter ihr ihre Sorgen mit den bei weitem nicht zufriedenstellenden Gefährten anvertrauten. „Sie waren alle gute Männer, aber meine Töchter waren ihnen nicht immer bequeme Frauen“,[9] war eine ihrer Schlußfolgerungen.

Elisabeth pflegte vor allem in den sechziger und siebziger Jahren die Beziehung zu ihren Schwestern Helene, Marie, Mathilde und Sophie. Ihr Zusammengehörigkeitsgefühl wurde durch ihre äußere Ähnlichkeit noch unterstrichen. Groß und schlank, alle mit einer engen Taille und dichten Haaren ausgestattet, paßten sie sich auch über die Frisur an Elisabeth an. Traten sie im Quartett auf, so symbolisierten sie eine „Demonstration gemeinsamen Einverständnisses“.[10] Die Ereignisse um die Königin von Neapel, Marie, schmiedeten sie besonders zusammen. Ihr heldinnenhaftes Auftreten in Gaëta hatte Marie zudem plötzlich über die Grenzen hinweg berühmt gemacht. In ihrem römischen Exil erwartete sie jedoch in dem klerikalen Klima nach dem abenteuerlichen Leben die Depression. Wie froh mußte Marie gewesen sein, als sie in ihrer Schwester Mathilde 1861 eine persönliche Unterstützung an ihrer Seite erhalten hatte. Man hatte Mathilde kurzerhand mit dem Stiefbruder ihres Mannes verheiratet, um der einsamen Ex-Königin im fremden Land eine Stütze zu geben. Obwohl auch sie „in diese Ehe hineingejagt"[11] worden war, wie Elisabeth zynisch kommentierte, konnten Marie und Mathilde doch in der Folge eine Notgemeinschaft unbefriedigter Ehefrauen bilden. Sie rauchten, während die Zofe Wache stand, da es als unschicklich galt, sich in den Boudoirs der Zigaretten zu erfreuen,[12] und ließen sich von den schönen Römern umschwärmen.

Im Schutz dieser weiblichen Solidargemeinschaft wagte Marie sogar noch einen weiteren Schritt. Sie nahm sich das Privileg, das sonst nur Männern gestattet war, und suchte bei ihren Verehrern die sinnliche Liebe, die ihr der eigene Gatte nicht gab. Als sich bei Marie die Folgen davon einstellten, und Franz II. kaum als Vater in Frage kommen konnte, verabsäumte die Familie nichts, um den Skandal zu verheimlichen. Unter dem Vorwand der Krankheit und der Erholungsbedürftigkeit kehrte Marie 1862 nach Bayern zurück. Hier wurde Rat gehalten und beschlossen, über ihre Schwangerschaft Stillschweigen zu bewahren. Hinter Klostermauern gebar sie ein Mädchen, das unter strengster Verschwiegenheitspflicht dem Vater überlassen wurde. Marie war nicht mehr bereit, nach Rom zurückzukehren, sondern geneigt, dem gesellschaftlichen Gefängnis das der Klostermauern vorzuziehen. Da damit sowohl das Ansehen der Wittelsbacher als auch der bourbonischen Dynastie auf dem Spiel stand, versuchte man sie zu überzeugen, zu ihrem Gemahl zurückzukehren.

Marie war ihrer Schwester Elisabeth in vielen Belangen ähnlich. „Die Welt ist verrückt", sagte sie, „es gibt keine Möglichkeit, sie zu heilen. Jede Generation wiederholt die Fehler der vorhergegangenen Generation und hält sie für aufsehenerregende Neuerungen."[13] Elisabeth selbst war eine herbe Ehekritikerin und sagte: „Man weiß nicht, warum die Frauen ihren Männern untreu werden! Die Antwort ist einfach: weil sie ihnen treu bleiben müssen. Dieses Gesetz fordert direkt dazu auf, weil es als Gesetz gilt (...)."[14] Trotz derartiger Worte war Elisabeth aktiv an Maries Entschluß, zu ihrem Mann zurückzukehren, beteiligt.

Die allseitigen Bemühungen, die Ehe von Marie zu retten, führten dazu, daß Franz sein Mitverschulden einsah, sich seine Phimose operieren ließ, und die österreichische Kaiserin ihrer Schwester im Falle der Rückkehr zu ihrem Mann ein besonderes Geschenk versprach. Als Marie in Rom ankam, mußte sie beim Anblick des Präsentes mehr als erstaunt gewesen sein. Elisabeth hatte ihr ein prunkvolles Ehebett gesandt.[15] Die Kuriosität war bald Mittelpunkt diverser Kommentare – jedoch: die Versöhnung funktionierte, und Marie brachte endlich, 1869, im Alter von 28 Jahren ein Mädchen zur Welt. Als die kleine Maria Christina jedoch kurze Zeit darauf starb, war damit auch die Ehe zu Ende. Ex-König und Ex-Königin verließen Italien. Der eine, um am Starnberger See sein Exil aufzuschlagen, die andere, um ein unstetes Wanderinnenleben zu führen und ansonsten bis zu ihrem Tode im Jahre 1922 als Gast ihres Neffen, des Sohnes ihres Bruders Karl Theodor, in München zu verweilen.

Ein bereits bekanntes Dilemma Elisabeths bildete sich anhand Maries Geschichte noch einmal ab. Die Kaiserin litt unter den Käfigen der Konvention, flog fort und durchschnitt doch nie ganz den Faden, der sie mit ihr verband. Ihre Erkenntnisse scheiterten oft an der Durchführung, und Elisabeth litt an den daraus entstehenden Konsequenzen. Elisabeth war keine Revolutionärin, dies hätte eine radikale Veränderung in der Gegenwart bedeutet. Sie war eine Revoltierende, die immer wieder auf halbem Wege steckenblieb und die Endgültigkeit ihrer Entscheidungen fürchtete. Daher nahm sie Zuflucht in Idealwelten. Hier, jenseits von Moral und Gewissen, war sie absolut. Darin lag ihr persönliches Leiden an der realen Welt. In der Bewältigung – im Trotzdem – verbarg sich aber auch ein ungeheures Potential. Sie legte die Möglichkeit den Widerstand bis ans Ende zu führen, als Hoffnung in die Hände der „Zukunfts-Seelen". „Die Seele der Völker ist das gemeinsame Unbewußte in jedem Einzelnen", sagte sie. „Was jeder von uns nicht weiß, das wissen die Mengen. Wenn die Bäume blühen oder Früchte tragen, so tun sie es nach denselben Gesetzen, nach welchen die Völker prosperieren."[16] Zu ihrer Zeit blieb Elisabeth von der Menge unverstanden.

Während sie sich immer wieder hinter der unnahbaren Schönheitsmaske verbarg und mit Mauern schützte, suchte sie gleichzeitig nach Identifikationsmöglichkeiten mit ihrer Weiblichkeit. Bei ihrem gebrochenen Selbstbild war dies keine einfache Sache. Schon während ihrer ersten großen Abwesenheit vom Wiener Hof legte sie, ganz der Bildergalerie Ludwigs I. folgend, eine Photosammlung schöner Frauen an. Die österreichische Diplomatie war aufgefordert, aus Paris, London, St. Petersburg oder Konstantinopel für die Kaiserin eine Schau schöner Frauen zusammenzustelllen.[17] Bei diesen Orientierungsversuchen war die Auswahl bunt gemischt und zeigte das breite Spektrum weiblicher Selbstdarstellung. Die freizügige Pariser Lebewelt war dabei ebenso vertreten wie die Angepaßte aus guter Gesellschaft. Natürlich fehlte Lola Montez, als Inbegriff der weiblichen Revolte gegen Rollenzwänge, nicht.

Schönheit war für Elisabeth auch ein wichtiges Kriterium bei der Auswahl ihrer Hofdamen. Ganz im Sinne eines Affronts gegen die aristokratische Subkultur suchte sie ihre Begleiterinnen weniger gemäß ihrer Abstammung, sondern gemäß deren körperlichen oder geistigen Vorzügen aus. Somit führte sie neue Kriterien ein und unterwanderte auf diese Art den ausgeprägten Wiener Standesdünkel. Sie verschärfte ihren Protest gegen diesen noch durch die Tatsache, daß ihre Wahl auf ungarische Damen fiel. Das unterstrich ihre Vorliebe für dieses Kronland, und ihre Wahl erhielt dadurch eine politische Dimension.

Lili Hunyády, Ida von Ferenczy, Marie Festetics und schließlich Irma Sztáray wurden ihre Vertrauten, die ihr in tiefster Liebe und Zuneigung ergeben waren. Irma Sztáray meinte: „Ich fühlte die Nähe einer großen und guten Seele, die mich ermutigte, ja erhob (...) Ich fühlte ihre sieghafte Macht, und schon hier, bei unserer ersten Begegnung, gab ich ihr meine ganze Seele zu eigen, kraft jener unwiderstehlichen Anziehungskraft der Seelen, die nach höheren Regionen streben."[18] Die Beziehungen konnten zärtlich und intim sein und der oft in Schwermut versinkenden Kaiserin Stütze und Wärme geben.

Elisabeth war sich der Notwendigkeit der emotionalen Zuwendung in Gestalt weiblicher Gefährtinnen sehr wohl bewußt. Wenn Ida Ferenczy nicht in ihrer Nähe war, schrieb sie ihr ganz offen, um ihre Wertschätzung zu zeigen: „Entbehre sehr unsere lieben, langen Gespräche in den lila Zimmern (…) Habe jetzt niemanden, der mich einschläfert, und wahrlich kann ich auch abends schwer einschlafen."[19]

Der Dienst, den die Hofdamen bei Elisabeth leisteten, entsprach dem weiblichen Ideal der Fürsorge. Vor allem bei Ida Ferenczy und Irma Sztáray entwickelte sich die Liebe fast zu einer Selbstaufopferung. Nach ihrem Tod schrieb Ida Ferenczy an Katharina Schratt, sie habe eine „Wahlschwester" verloren: „Ich Unglückliche, habe in Ihrer Majestät a l l e s verloren!!"[20] Nach der Ermordung Elisabeths legte die Treue bis zu ihrem eigenen Tode die Trauerkleidung nicht mehr ab. Sie lebte zurückgezogen in der Gloriettegasse und behielt auch das spanische Hofzeremoniell bei. Ihre Geheimnisse hütete sie, Memoiren verweigernd. Nur einmal im Jahr fuhr sie nach Babád zu ihrem Neffen.[21] Auch Irma Sztáray lebte nach den Ereignissen in Genf zurückgezogen und pflegte nun anstatt der Kaiserin ihre Mutter.[22]

Für Elisabeths Begleiterinnen war der Dienst nicht immer leicht. Vor allem in der Phase der großen Reiseleidenschaft der Kaiserin klagte Marie Festetics: „Sevilla ist schön und interessant, doch wenn ich sehe, wie Ihre Majestät lebensüberdrüssig und müde ist – habe ich keine Freude daran. Bis jetzt wußte ich nicht, wie schwer es ist, seine Pflicht zu erfüllen."[23] Zudem machten sich Querelen untereinander auf dem engen Schiff nachteilig bemerkbar, denn diese Frauenfreundschaften entbehrten keineswegs der Konflikte. „Unsere Frauen sind abscheulich zueinander und hassen sich – doch vor Ihrer Majestät sind sie immer liebenswürdig zueinander (…) Die Friseurin ist der Luzifer am Schiff – als Baronin läßt sie sich titulieren."[24]

Wirkte die Friseuse auf Marie Festetics wie eine Teufelin, so war sie für die Kaiserin eine der wichtigsten Personen im Tagesablauf geworden. Das Frisierritual schmiedete sie täglich mindestens drei Stunden zusammen. Fanny Angerer war von ihr im Theater entdeckt worden, wo sie mit der ihr eigenen Kunst die berühmte Schauspielerin Gabillon frisierte.[25] Elisabeth hatte sie direkt vom Theater, von ihren „Schwestern auf der Bühne"[26], wie sie sagte, abengagiert. Ab nun frisierte sie eine wirkliche Königin, die ebenso Theater spielte wie die falschen auf der Bühne.

Als Fanny Angerer, die Tochter eines Friseurs mit der Gage eines Universitätsprofessors, von ihrer Majestät persönlich an den Wiener Hof gerufen wurde, kam dies einer märchenhaften und ungewöhnlichen Karriere gleich. Ihre Kunst stilisierte nicht nur Elisabeth zu dem, was sie für die Zukunft sein sollte, sondern sie bescherte auch der Künstlerin eine unumstößliche Position am Hof. Als sie zudem auf Intervention von Elisabeth gegen die Hofordnung einen bürgerlichen Beamten heiraten durfte, löste dies zusätzlich Eifersüchteleien und Rivalitäten unter den Hofdamen aus.[27]

Fanny Angerer, verheiratete Feifalik, avancierte im engen Kreis Elisabeths nicht nur zu einer machtvollen Person, von deren Gunst und Laune sogar die Kaiserin selbst abhing, sondern auch zu ihrem Double. Durch den engen Kontakt zu ihrer Majestät übernahm das einfache Mädchen aus dem Volk bald nicht nur die von ihr selbst kreierte Frisur, sondern auch die noble Haltung ihrer Arbeitgeberin. Dies hatte zur Folge, daß sie Elisabeth oft, vor allem im Ausland, an ihrer Statt promenieren schickte, um sich auf diese Weise in aller Ruhe inkognito zu amüsieren.

Mit der Wahl von Fanny Feifalik als Friseuse demonstrierte Elisabeth nicht nur ihre Durchsetzungskraft am Hof, sondern förderte auch persönlichen Aufstieg. Mit diesem Akt setzte sie die Durchlöcherung des Standesdenkens fort und unterstützte ein individuelles Leistungsprinzip. Wie zielsicher Elisabeth ihre Entscheidungen traf, zeigte die Tatsache, daß Fanny Feifalik mit der Kreation der berühmten „Steckbrieffrisur" der österreichischen Kaiserin zu ihrem persönlichen Markenzeichen verhalf. Elisabeth war durch die Kunst ihrer Friseuse, einem Mädchen aus dem Volk, gleichsam von diesem gekrönt worden. Die Kunstfertigkeit der Hände banden die Pracht der Natur. Elisabeth war so königlich, daß die Krone sogar ihrem Körper eigen wurde. Kritisierte sie auf der realen Ebene dieses Symbol der Macht, so transformierte sie es auf der übertragenen Ebene als integralen Bestandteil in ihre Person. Über alle Zeiten hinaus sichtbar, für die Zukunft unumstößlich festgehalten, war der Beweis erbracht, daß die dynastische Krone der Kaiserin durch die Krone der künstlerischen Leistung abgelöst worden war. Die neue Rezeptur des bürgerlichen Zeitalters hatte auf höchster Ebene Eingang gefunden.

Wie zentral Selbststilisierung im Kontext der Machtausübung ist, zeigt Jahrzehnte später der sagenhafte Aufstieg der Episodendarstellerin Eva Duarte. Durchschnittlich attraktiv, entfaltet sie ihre charismatische Ausstrahlung zu dem Zeitpunkt, als sie sich zu ihren Machtwünschen bekennt und beschließt, die Frau an der Seite des Diktators Perón zu werden. Ihr optisches Styling ist auch hier das Werk eines Haarkünstlers. Die einfache, im Nacken zusammengebundene Frisur von Julio Alcaraz verschafft ihr das unverkennbare Gütezeichen der Evita Perón.[28] Ihre unbeugsame Kraft, gepaart mit der bewußten Einsetzung der medialen Wirkung ihres Körpers, verhilft ihr dazu, ein weibliches Idol des 20. Jahrhunderts zu werden.

Elisabeth dehnte ihre „Wahlschwesternschaft", wie sie es nannte, auf viele Personen aus. In ihrer Nichte Marie fand sie eine weitere treue Bündnispartnerin. Marie, die Tochter ihres Bruders Ludwig und der Schauspielerin Henriette Mendel, erfüllte drei wesentliche Kriterien, um die Gunst der Kaiserin zu erlangen. Marie entsprang einer unstandesgemäßen Ehe, sie war jung und schön und sie konnte gut reiten. Elisabeth bevorzugte Außenseiterinnen. In Marie sah Elisabeth jene Fähigkeiten, über die sie selbst verfügte, die jedoch durch ihre frühe Ehe behindert worden waren. Marie glich ihr in vielem wie ein Spiegelbild. Sie hatte ein wildes Temperament und war spartanisch wie ein Junge erzogen worden. Der tägliche Eimer kalten Wassers fehlte auch hier keineswegs im Abhärtungsprogramm.[29] Sie ritt leidenschaftlich, focht, schwamm, turnte und liebte das Toben.[30] Noch stand sie im Stadium zwischen jugendlicher Freiheit und weiblicher Bestimmung. Eben zu diesem Zeitpunkt trat Elisabeth in ihr Leben. Beim ersten Treffen sagte Elisabeth: „Oh, welch eine kleine Bohnenstange!"[31]

Als Elisabeth Marie zu ihrem Schützling erkor, war sie eine reife Frau und ihre Nichte im besten Teenageralter. Sie lud sie nach Ungarn ein, beschenkte sie mit Kleidern und verwöhnte sie mit Zuneigung. Gleichzeitig formte sie sie und machte sie auch zu ihrem Werkzeug. Die Anbetung war ihr sicher. „Ach, wie habe ich diese strahlende Frau geliebt, die mich zu schätzen und für mein Wohl zu sorgen schien! Ich war kein sentimentales Kind, aber jede Faser meines Herzens zitterte ihr entgegen. Sie bezauberte mich, beherrschte meine Phantasie und flößte mir mit ihrem Taktgefühl Selbstvertrauen ein“,[32] sagte Marie.

Selbstvertrauen war auch eine der wichtigsten Vorausetzungen, um im Kampf mit den vielen neuartigen Herausforderungen, die in der Umgebung Elisabeths auf sie warteten, bestehen zu können. Elisabeth forderte bedingungslose Solidarität. Im Gegenzug schenkte sie großzügige Förderung. Natürlich löste die Beziehung allgemeinen Tratsch und Neid aus. Sie war vor allem für Männer eine Gefahr, wie Graf Esterházy deutlich bemerkte, als er Marie warnte: „Als meine Frau werden Sie weit glücklicher sein, denn als Vertraute der Kaiserin.“[33] Tatsächlich gefährdeten die weiblichen Beziehungen Elisabeths ein auf Männerbünde aufgebautes System, das Frauen zu vereinzeln suchte. Sie reagierte darauf als liebende Eifersüchtige mit einem Ausschließlichkeitsanspruch. Gleichzeitig ließ sie sich in keinster Weise von den Beziehungen zu Frauen abbringen.

Wenn eine Frau von ihr gewählt wurde, dann bedrohten Ehen nicht nur die persönliche Verbindung, sondern auch die Souveränität und Handlungsfreiheit der Betroffenen. Somit versuchte Elisabeth konsequent, sie zu verhindern oder gezielt auf die Wahl des Zukünftigen einzuwirken. „So kann eine Frau aus unserer Welt nur einen Einfaltspinsel als Mann brauchen. Laß den Geist von außen kommen“,[34] empfahl sie ihrer Nichte. Aus eigener Erfahrung wußte sie, daß männliches Bevormundungsstreben stets bereit war, den weiblichen Freiheitsdrang einzuschränken. Dies gefährdete somit ihre Frauenbeziehungen. „Frei sollen die Frauen sein“, sagte Elisabeth, „sie sind oft würdiger, es zu sein, als die Männer.“[35]

Als sich der von Elisabeth für Marie gesuchte Gatte wider Erwarten als besitzergreifend erwies, Marie ihn zudem mehr aus Gehorsam der Tante gegenüber denn aus Liebe genommen hatte, war nicht nur die Vertrautheit der beiden Frauen gefährdet, sondern auch die Ehe. Beides zerbrach schließlich. Die Frauenfreundschaft scheiterte an der vermittelnden Rolle, die Marie bei der Verbindung von Kronprinz

Rudolf zu Mary Vetsera gespielt hatte.[36] Elisabeth sah die Interventionen ihrer Nichte als Verrat der Frau an der Frau und gewährte Marie nach dem Selbstmord ihres Sohnes nicht einmal eine Erklärungsmöglichkeit. Der Bruch war ein endgültiger. Marie war ab diesem Zeitpunkt eine vom Kaiserhaus Verbannte. Sie ließ sich scheiden und verließ Österreich. In dieser schwierigen Lage, in der sich nicht nur der Hof, sondern auch ihre Förderin von ihr abwandte, zeigte sich, daß Marie genügend Selbstvertrauen erworben hatte, um ihren eigenen Weg zu gehen. Auch das hatte Marie von Elisabeth gelernt, und vielleicht war die Freundschaft gerade in dem Moment gescheitert, in dem Marie sich von Elisabeth löste und ihren eigenen Weg gegangen war?

Elisabeths Beziehungsbrüche konnten ebenso radikal sein wie die Freundschaft intensiv. Ähnlich den Schwierigkeiten, die sie mit ihrer Nichte hatte, ergaben sich auch mit ihren Schwestern Vertrauensprobleme. Mit Marie, der Heldin von Gaëta, mit der sie in den sechziger Jahren ein äußerst inniges Verhältnis pflegte, kam es in den siebziger Jahren zu einem Zerwürfnis. Elisabeth nahm zu diesem Zeitpunkt in England an zahlreichen Jagden teil. Ein kongenialer Partner war dabei ihr Pilot Bay Middleton. Mit ihm teilte sie den gleichen Hunger nach wilden Reitabenteuern. Dies erregte naturgemäß Aufsehen in den höfischen Kreisen. Als ausgerechnet ihre eigene Schwester Marie die kursierenden Tratschereien über ein mögliches Verhältnis der Kaiserin mit dem Reitkünstler dem Kronprinzen Rudolf mitteilte, trübte dies nicht nur das Verhältnis zwischen Mutter und Sohn, sondern auch das Verhältnis der Schwestern zueinander.[37] Das Vertrauen konnte nicht wiederhergestellt werden. Elisabeth war „außerordentlich gütig, solange sie nicht beleidigt wurde, begegnete sie jedem mit herzlichster Anteilnahme".[38] Fühlte sie sich jedoch hintergangen, so reagierte sie unversöhnlich. Die Probleme mit der eigenen Familie kränkten sie. In ihren Gedichten verarbeitete sie die Ereignisse: „Ahnet nichts vom bitt'ren Leide, blühend im Familienschoss."[39]

Elisabeth war durch ihre Heirat zur Kaiserin geworden. Ihre neue Rolle entwickelte sich auch bei den Frauenbeziehungen innerhalb der eigenen Familie zu einem Störfaktor. Neid ließ sich kaum vermeiden, und sie wußte es: „O ja! gewiß! Man ist der Kaiserin sehr ergeben. Vielleicht muß ich noch Gott danken, Kaiserin zu sein: sonst ginge es mir schlecht. Man liebt die Kaiserin hauptsächlich, weil man ihr zuliebe selbst etwas sein kann."[40] Unverständis war ein Faktum, auf das sie immer wieder stieß. Als ihr Cousin Ludwig 1886 tot im Starnberger See gefunden wurde und die Familie an seinen Wahnsinn glaubte, sah sich Elisabeth mit ihrer gegenteiligen Meinung isoliert. Für die Kaiserin gab es bei den Frauenfreundschaften keine wirklichen Sicherheiten, wohl aber ein ständiges Bedürfnis danach.

Der Suche nach ihren Seelenschwestern entsprach die Suche nach ihrer Weiblichkeit. Elisabeth behielt zu ihrem Körper ein ambivalentes Verhältnis. Einerseits schob sie ihn in den Vordergrund, indem sie den monatlichen Zyklus enttabuisierte, ihre Menstruation öffentlich machte und deswegen auch ungeniert Veranstaltungen absagte.[41] Andererseits kasteite sie ihn, um ihn möglichst schlank zu erhalten. Der Körper erhielt männliche und weibliche Facetten. Sie unterstrich dies, indem sie sich in Gödöllö manchmal zum Vergnügen in Hosen kleidete und auch ihre Nichte Marie dazu ermunterte, es ihr gleich zu tun.[42]

Dabei stand sie nicht alleine. In Paris wogte eine neue Welle des Transvestismus durch die Stadt, die weite Kreise zog. Man imitierte das andere Geschlecht – starre Zuordnungen kamen ins Wanken. Auch jenseits der Pyrenäen herrschte der Zeitgeist. Eugénie war, noch bevor sie nach Paris zog, bereits in Spanien ungewöhnlich provokant in die Arena geritten. Eine Zigarette im Mund, statt dem Fächer eine Peitsche in der Hand, im Gürtel einen Dolch, überreichte sie dem Torero seinen Preis. In Frankreich erfand die Kaiserin zusammen mit der Frau des österreichischen Botschafters, Pauline Metternich, immer neue Amüsements. Sie verkleideten sich als Männer und fuhren auf dem Deck eines Pferdeomnibusses durch Paris.[43] Pauline Metternich rauchte obendrein zudem noch Zigarren und trank darüber hinaus Alkohol.

Eugénie ging noch weiter. Sie ließ ihre Kleider kürzen,[44] zeigte zum Aufruhr ihrer Umgebung Fuß und ermöglichte es sich ab nun, nicht nur geistig, sondern auch körperlich weitere Schritte zu machen. Damit eröffnete sie einen zwar umstrittenen, aber dennoch neuen

Abb. 13: Stierkämpferinnen, 1887

Weg in der Damenmode. Um die Sache der Frauen auch formal zu unterstützen, verlieh sie Mlle. Bonheur als erster Frau 1865 das Kreuz der Ehrenlegion. Rosa Bonheur war Malerin und brüskierte die Welt nicht nur durch die Tatsache, daß sie ihr Metier ernst nahm, sondern auch dadurch, daß sie kurze Haare trug und sich in männlichen Hosen gefiel.[45] Die hohe Auszeichnung verfehlte ihre Wirkung keineswegs, und selbst die „L'Opinion Nationale", ein Blatt, das sonst zur Opposition neigte, schrieb: „Wir klatschen mit beiden Händen Beifall. Unsere Zivilisation beginnt wahrhaftig zu begreifen, daß Frauen eine Seele haben. Und die Unterschrift unter die Urkunde beweist, daß Frauen auch Verstand haben, selbst wenn sie auf dem Throne sitzen."[46] Daran bestand tatsächlich kein Zweifel. Eugénies Offenheit für die bahnbrechenden Leistungen der Frauen zeigte sich auch in ihrer Freundschaft zu Ethel Smyth. Diese war Komponistin, Suffragette und Schriftstellerin, trug ebenfalls Hosen und radelte munter zu ihrer Eugénie, die auch als Ex-Kaiserin ihre mäzenatische Rolle weiterführte.[47] Während die Frauen zu männlichen Accessoires wie Zigarette oder Hose griffen, um mit dieser Geste offen die damit verbundenen männlichen Rechte in Anspruch zu nehmen, gerieten auch Männer zunehmend in Geschlechtsrollenkonflikte. Ludwig II., König von Bayern, hegte eine besondere Neigung zum Femininen. Seine Vorliebe für Wohlgerüche und süße Weine, sein Schönheitskult und nicht zuletzt das Kräuseln seiner glatten Haare zeigten sein Anderssein. Schließlich sprengte er mit seiner Homosexualität radikal einen gesellschaftlichen Sittenkodex. Als Einzelgänger, und als solcher gegen die herrschende Moral verstoßend, litt er unter seinen Neigungen und legte sich strenge Sanktionen auf. „Alles Schlechte erlöscht durch den Königswillen. Die neuen Höhen sind im Geiste erstiegen. Schonung geboten, bei schwerer Strafe und zu folgenden Gewissensbissen."[48] Ludwigs Förderung von Richard Wagner entsprach nicht nur seinem stark ausgeprägten musikalischen und poetischen Charakter, sondern beinhaltete gleichfalls eine in die Kunst überhöhte erotische Beziehung zu dem Seelenfreund. Seinem „Geliebten, einzigen Freund", wie er ihn in seinen Briefen ansprach, wollte er „treu bleiben bis in den Tod".[49]

Das 19. Jahrhundert bot vielerlei Herausforderungen. Im Zeitalter der Entzauberung der Welt durch zahlreiche technische Errungenschaften, im fortgesetzten Glauben an Rationalität und Leistung, wuchs die Sehnsucht nach unbedingten Gefühlen. Konnte die Liebe nicht in die Wirklichkeit geholt werden, ließ man sie in die Träume fliegen. Elisabeth und Ludwig standen an oberster Stelle des Staates als Repräsentationsfiguren unausgelebter und teilweise verbotener Leidenschaften. Ludwig wurde zum Märchenkönig, Bauherrn und Kunstförderer, um die an der Wirklichkeit zerbrechenden Sehnsüchte zu retten.

Elisabeth ging einen anderen Weg. Sie erkannte die Problematik der Kompensation: „Die Kunst", sagte sie, „ist nur die Schöpfung unserer Sehnsucht nach der Existenz, wie sie uns sein sollte; sie entsteht aus unserem Heimweh nach dem einzigen Vaterland und ahnt dessen Formen."[50] Da die Kunst „nur der Abglanz des inneren Lebens" war,[51] baute Elisabeth in erster Linie an ihrem Selbst. Ihre Selbstverliebtheit war Antwort auf das persönliche Scheitern am Konzept der romantischen Liebe. Sie hatte es als schmerzhaft empfunden, die Liebe zu Franz Joseph sterben zu sehen. „Die Lieb ist dumm, die Lieb ist blind",[52] sagte sie in einem ihrer Gedichte. Die Erfahrung hatte ihr gezeigt, daß die Liebe für Männer und Frauen unterschiedliche Möglichkeiten bereithielt. Für Frauen war sie Anforderung zur Ausschließlichkeit, für Männer ermöglichte sie es, die Ehefrau neben der Geliebten zu haben. „Der die Liebe stets gemieden, Wahrlich! der hat klug gehandelt",[53] sagte sie und zog die Konsequenz. Sie nahm Abstand von der ausschließlichen Ausgerichtetheit weiblicher Sehnsüchte auf den Mann und dessen Befriedigungsmöglichkeiten und konzentrierte sich auf sich selbst. Wesentliche Unterstützung bot ihr dabei die Lektüre. Ihre Liebe zur Antike, zu Griechenland im besonderen, lebte sie nicht nur in der Errichtung der Hermesvilla in Wien und dem Achilleon auf Korfu aus, sondern vor allem in der intellektuellen Auseinandersetzung mit der Epoche. In Constantin Christomanos, ihrem griechischen Vorleser, hatte sie dafür einen kongenialen Partner gefunden. Sein ungewöhnliches Aussehen – er hatte einen Buckel – betrachtete sie weniger als Abnormität, sondern vielmehr als glückbringendes Zeichen. Vor allem lebte auch Christomanos seine als weiblich verstandenen Teile. „Alles an ihm wirkte gesucht (…) Er verstand sich frauenhaft auf Stoffe, auf Farben, auf Blumen; schwelgte in Lila, in Perlgrau irisierenden Abtönungen."[54] In dem zwanzigjährigen Philosophiestudenten fand die Fünfzigjährige einen Seelenfreund und einfühlsamen Weggefährten.

Eine Sternstunde für beide. „Sie lehrte mich das Bild meiner selbst in mir erkennen (…) Sie hat mir die Geheimnisse gezeigt, die in den Bergen und in den Wellen liegen, die inneren Verbindungen zwischen Menschen und Rosen und Träumen empfinden lassen."[55] Wenn er zu ihr sprach, antwortete sie oft nur zu sich selbst, auf eine Frage, die sie sich gerade gestellt hatte.[56] In diesem Gegenüber, jener feinen Mischung zwischen weiblich und männlich, jenem romantischen Schwärmer und räumedurchkreuzenden Philosophen fand sie einen blanken Spiegel. Vielleicht war er Pan, der wiedergekehrte Gott der Hirten, ungewöhnlich in Gestalt und außergewöhnlich im Sein. Christomanos begleitete Elisabeth ab 1891 auf ihren Reisen, immer in Bereitschaft, der schnellen Wanderin zu folgen und dabei die Sätze des Buches nicht zu verlieren, die er ihr vorlas. In ihren Gemeinsamkeiten stiegen sie zu den alten Göttern und Göttinnen des Olymp in das Heimatland ihrer Seelen.

Die Beziehungen der österreichischen Kaiserin gestalteten sich immer wieder konfliktreich. Während das weibliche Ich die schon seit Jahrhunderten dafür bereitgestellten Liebeskonzepte zunehmend ablehnte und sich selbst zuwandte, entwickelte das männliche Ich hinter dem Schutz der weiblichen Schönheit intellektuellen Professionalismus und sportliche Spitzenleistungen. Die Androgynität der Kaiserin entsprach dabei nicht nur der neuen Mode, sondern ebenso ihren Vorlieben. Bei der Wahl ihrer Kontaktpersonen oder Vorbilder suchte sie nach ähnlichen Persönlichkeitsbrüchen. Bei vielschichtigen Charakteren fand sie Parallelen zu ihrer eigenen Identität, die sie in Resonanz bringen konnten. Jenseits menschlicher Leidenschaften und Konflikte aber wußte sie: „Es gibt noch etwas anderes als die Eifersucht und das Heldentum, und das sind die Weiden."[57]

Seelenverwandtschaften –
Kaiserin des Mythos

> „Ob Jahrtausende geschwunden,
> Ob entflohen nur Sekunden,
> Trennung gibt's nicht mehr, noch Zeit!"[1]

Dort, wo sich die Bäume über der Straße treffen, wollte Elisabeth sich selbst begegnen und Trennungen aufheben. Die Wege, die sie beschritt, entwickelten sich zu Flügen in die Zeitlosigkeit. Im Mythos fand sie die vielfältigsten Möglichkeiten der Selbsterkenntnis. Wie im magischen Bewußtsein der Name und das Ding in einer Einheit geborgen sind, so fallen im Mythos das Symbol und das Symbolisierte zusammen.[2] Elisabeths Auswahl ihrer mythologischen Vorlieben und Vorbilder reflektierte die Kaiserin selbst. Im Mythos erfolgt ein Erklärungsversuch der Welt und der menschlichen Existenz. Die grundlegende psychologische Funktion des Mythos ist die Entlastung des Individuums durch die Möglichkeit, einen Identitätswechsel durchzuführen.[3] Die intensive Beschäftigung der österreichischen Kaiserin mit den antiken Mythen entsprach demnach nicht nur einer Modeströmung des 19. Jahrhunderts, sondern beinhaltete den Versuch, mittels Identifikation mit mythologischen Gestalten der als Bedrohung empfundenen Entfremdung ein wirksames Heilmittel entgegenzusetzen. Die Identifikation mit bestimmten Figuren ermöglichte ihr zudem, einen persönlichen Schutzraum zu errichten.[4]

Gemäß Ranke-Graves beruht das Studium der Mythologie auf der Baumlehre und auf der Beobachtung der Natur und deren Abläufe.[5] Für Elisabeth war der engste Vertraute ihres Lebens, ihr bester Freund, ein alter Baum. Er stand in ihrem Garten in Gödöllö, und sie sagte über ihn: „Er weiß alles, was in mir ist und was in der Zwischenzeit geschieht, solange wir uns entfernt sind; er wird es niemand sagen."[6] Schweigen und Verständnis, dadurch fühlte sie sich unterstützt. Elisabeth verehrte jedoch nicht nur diesen einen Baum. Wo im-

Abb. 14: Statue Elisabeths
im Garten des Hotels „Kaiserin
Elisabeth" in Feldafing /
Starnberger See

mer sie sich gerade aufhielt, boten ihr Bäume Entspannung, und sie
suchte in ihrem Schatten Erholung. Als sie während eines ihrer Aufenthalte im österreichischen Salzkammergut, in Gmunden, auf einer
Anhöhe in Baumgarten eine alte, hundertjährige Linde entdeckte,
setzte sie sich kurzentschlossen darunter und tankte Kraft.[7] Derartige
spontane Aktionen charakterisierten die Kaiserin, ihre Baumleiden-
schaft war jedoch ein verbreitetes Phänomen des 19. Jahrhunderts.
Carmen Sylva liebte Bäume ebenfalls. Vom Wald fühlte sie sich oft
besser verstanden als von den Menschen.[8] Die Menschen fanden sie
immer zu stürmisch oder zu wild, der Wald nie.[9] „Mich singen der
Wald und das Lied zur Ruh",[10] so lautete ihre Devise, und dementsprechend wählte sie sich auch ihren Namen – Carmen – das Lied
und – Sylva – der Wald.

George Sand war ebenfalls einer zutiefst romantischen Baummystik verbunden, die auch zu ihrem durchaus politisch-ökologi-
schen Aufruf zur Rettung des Forêt de Fontainebleau im Jahre 1872
führte.[11] In ihren zahlreichen Pastoralen wurden die Bäume, wurde

91

die Natur als Gesamtes zu einer Art machtfreiem Raum, in dem die Gesetze und Konventionen der Menschen nicht galten und wo Ungleichheit und Geschlechterdifferenz aufgehoben waren.[12] Der Baum war nicht nur Sinnblid des Lebens, er wurde nicht nur Symbol einer Zivilisationskritik, er war auch Inbegriff der menschlichen Freiheit und Selbstbestimmung. Dies zeigte sich in den zahlreichen Freiheitsbäumen, die während der Februarrevolution von 1848 überall in Frankreich gepflanzt wurden.[13]

Auch für Elisabeth erhielt die Natur in diesem Sinne einen besonderen Stellenwert. Sie wurde zudem Voraussetzung für ihre mythologischen Abenteuer. Elisabeth konnte kaum an einem Berg vorübergehen, ohne ihn zu besteigen. Ihre ausdauernden Spazierläufe, die oft bis zu acht Stunden dauern konnten, waren intensivste Naturerlebnisse. „Man muß auch schweigen wie die Blumen. Denn ein großer Teil der Schönheit und des Wesens jener unsterblichen Geschöpfe ist, zu schweigen."[14] Während sie sich auf ihren Wanderungen derart ihren Philosophien hingab, keuchte neben ihr die „Hofdame, hinterdrein ein Lakai. Wenn die Kaiserin ihr rasendes Tempo einschlug, warf sie alle Augenblicke bald den Mantel, bald die Jacke, dann den Shawl oder den Pelz ab, und der Lakai mußte die einzelnen Kleidungsstücke, wie sie die Kaiserin auf die Erde fallen ließ, aufheben und ihr nachschleppen."[15]

Ihre Gipfelstürmereien hinterließen mannigfaltige Zeugnisse. Zahlreiche Gedenkstätten erinnern an den Aufenthalt einer vorüberwandernden Kaiserin. Die Elisabethkapelle auf dem Schneeberg wurde in 1800 m Seehöhe ebenso versteinertes Sinnbild der flüchtigen Gestalt wie das Elisabethbründl im Lainzer Tiergarten, die Elisabethpromenade entlang der Gasteiner Ache oder die Kaiserin-Elisabeth-Ruhe auf dem Leopoldsberg. Nicht zuletzt beinhalten diese Gedenktafeln und -plätze eine reminiszente Verewigung. Unvergeßlich ruft sie sich an den verschiedensten Orten ihrer Reisen ins Gedächtnis, bleibt dort in Zukunft gegenwärtig, wo sie zu Lebzeiten nur vorüberschritt.

Neben den Bäumen und Bergen, dem Sitz der Götter und Göttinnen, liebte Elisabeth das Meer: „Dieses große Rauschen des Meeres ist die eigentliche Lebensatmosphäre unserer Seele. Dann erst beginnt sie zu singen",[16] sagte sie. Um dieses Singen der Seele zu vernehmen, verließ sie die Landwege und begab sich auf See. „Das Meer ist mein Beichtvater, den ich täglich aufsuchem muß. Es macht mich wieder jung, weil es alles Fremde von mir nimmt und mir seine Gedanken gibt, welche die einzige unsterbliche Jugend sind. (…) Von ihm kommt alle Weisheit her."[17] Sie fühlte sich dem Meer verwandt. Den Wellen ähnlich, beinhaltete auch ihr Wesen ein ständiges Auf und Ab. „Ja, launisch ist das teure Meer."[18] Das Meer symbolisiert die ständige Metamorphose. Tod und Wiedergeburt spiegeln in seiner Tiefe die Ewigkeit. „Das Meer ist wie eine große Mutter, an deren Brust man alles vergißt",[19] sagte sie zu Christomanos. Im Meer fand Elisabeth jenen Teil der Geborgenheit, den sie bei der realen Mutter manchmal vermißte. Hier sah sie auch ihr Ich gespiegelt, denn: „Das Leben ist wie das Meer: In den Wellen der Erscheinungen besteht seine Ewigkeit und in den Tiefen seiner Rätsel leuchtet sein Wert."[20] Immer wieder mit eigenen Begrenzungen konfrontiert, versuchte Elisabeth in der oft meditativen Versenkung in Zeitlosigkeit einzutreten und sich dennoch weiterzubewegen. „Der Wechsel ist der Reiz des Lebens. Es ist damit wie beim Meer",[21] so lautete einer ihrer zentralen Wahlsprüche. Ihm blieb sie ein Leben lang treu.

Ihre zahlreichen Leidenschaften blieben daher stets nur Stationen zu etwas Neuem. Reiten – Reisen – Dichten – Denken! „Unser Ziel ist zugleich der Weg zum Ziel, während wir es darüber hinaus suchen und an ihm achtlos vorübergehen. Sehen Sie, man hält mich für selbstsüchtig, aber ich habe wirklich keine Zeit, an mich zu denken (…)."[22] Immer dann, wenn sie zu lange zu verweilen drohte, setzte sie sich erneut in Bewegung. Die Melancholie war eine beständige Mahnerin, zu neuen Ufern aufzubrechen. Oft fand sie nur in der äußersten Ruhelosigkeit Momente des ersehnten Innehaltens. Die Ruhelosigkeit war dabei durchaus nicht nur ein persönliches Vergnügen der österreichischen Kaiserin, sondern ein Phänomen der Zeit. So heißt es in der „Winterreise", die von Schubert vertont wurde: „Und ich wandre sonder Maßen ohne Ruh und suche Ruh."

Gleichzeitig war der Dauerlauf Elisabeths durch die Zeiten ein Wettlauf um Glückserlebnisse. Trotz ihrer Körperaskese war sie ständig auf der Suche nach der körperlichen Ekstase. Da die Sexualität ihr anscheinend nicht das Gewünschte zu bringen imstande war, ergab sie sich der Geschwindigkeit des Gehens. Hier konnte sie über den Körper, diesen bis zum Äußersten fordernd, zu intensiven Gefühlen gelangen. Körperekstase erreichte sie nicht nur beim Gehen, sondern ebenso durch das hautnahe Erleben der Naturgewalten. So ließ sie sich beim stärksten Unwetter auf ihrem Schiff an Deck festbinden, um auf diese Weise Wind und Regen ausgesetzt zu sein. „Man sah, wie sie im Sturme gleichsam auflebte, daß ihr Auge bewundernd an dem wechselvollen Farbenspiele hing, das sich ihr ringsum bot (…)."[23]

Was sie Menschen verweigerte, da die mit ihnen verbundenen Enttäuschungen immer wieder schmerzhafte Erinnerungen zurückließen, gewährte sie den Elementen: radikale, uneingeschränkte Hingabe, die sie in Ekstase versetzte. Dann erst begannen die wahren Reisen. „Je länger ich in ihrer Nähe weile, desto mehr belebt sich in mir der Gedanke, daß sie zwischen zwei Welten steht",[24] meinte Constantin Christomanos. Es waren jedoch viele Welten, zu denen sie Zutritt begehrte und fand.

In ihrem Suchen war sie unersättlich. Ganz der Mode der Zeit entsprechend, bot ihr die Antike ein schier unerschöpfliches Schatzhaus. Schon König Ludwig I. von Bayern war durch und durch ein philhellenischer Monarch gewesen. Ganz München erhielt diesbezüglich seine Prägung. Da ihm selbst das „i" in der Schreibweise von Baiern zu deutsch erschien, ließ er es durch ein „y" ersetzen und machte orthographisch Bayern zu dem, was es bis heute ist.[25] In Wien zeigten die neuerrichteten Ringstraßenbauten des ausgehenden 19. Jahrhunderts ebenfalls die starke Ausrichtung an griechischen Gestaltungsformen. War man modern, dachte man antik.

„Ah, wie gern hätte ich im alten Rom geherrscht! Die Kaiserinnen vergangener Tage wußten noch, was Tiefe des Lebens und der Liebe ist! (…) Jene Frauen herrschten über wahre Männer, und ich beneide noch die geringste unter ihnen",[26] sagte Elisabeth. In ihrem Herzen lehnte sie die Krone in Wirklichkeit nicht ab. Sie dachte durchaus herrschaftlich und fühlte ein persönliches Sendungsbewußtsein, war sie doch ein „Sonntagskind". Da sich die Zeiten geändert hatten und sie ihre Form des Herrschaftsverständnisses allenthalben in der Realität nicht mehr finden konnte, verlagerte sie ihr Reich in die Phantasiewelt.

In der griechischen Mythologie konnte sich die Sehnsucht Elisabeths entfalten, in der griechischen Landschaft mit ihr Kontakt aufnehmen. In den neunziger Jahren ließ sich die Kaiserin eine Villa auf Korfu bauen, die sie im letzten Lebensjahrzehnt gleichsam als Brücke zur anderen Welt gestaltete. Die Villa „glich einem Museum mit all seinen Schätzen an Statuen und kostbaren Andenken von all den verschiedenen Reisen Mamas", sagte ihre Tochter Marie Valerie. „Die Vereinigung des pompejanischen Stils mit allem modernen Luxus und Bequemlichkeit, elektrischer Beleuchtung, herrlichen Baderäumen verleiht einen eigenartigen Reiz."[27] Auf Korfu fühlte sie sich weniger fremd als in Wien, weil sie hier selbst vollkommen die Gestaltung ihres Heims übernommen hatte. Viele der Statuen waren antik, einige hatte sie aus dem Besitz des Fürsten Borghese erstanden. Er war bankrott gegangen, „und so mußte er seine Götter veräußern (…)". So waren „selbst Götter käufliche Sklaven des Geldes"[28], kommentierte sie ironisch die Unsicherheiten des Reichtums. Die Villa selbst lag auf einer Anhöhe über dem Meer. Nur vom Schiff aus konnte man diesen kleinen griechischen Olymp erreichen. Der erste, der die Kaiserin und ihre Gäste empfing, war ihr „lachender Philosoph", wie sie ihn nannte. Ein aus Marmor gehauener Delphin! Briefpapier, Besteck, Geschirr, ja sogar Wäsche der Kaiserin zierte der Delphin.[29] Überall war er zugegen, doppeldeutig bedeutsam.

Der Delphin galt im Altertum als Symbol und Attribut von Neptun, aber auch als heiliges Tier des Apoll. Artemis, nicht nur als Göttin der Jagd, sondern auch als Herrin des Meeres verehrt, wurde in ihrem zweiten Namen Delphinia gerufen.[30] Ständig zu Hilfe bereit, brachte der Delphin Aphrodite nach ihrer Geburt an Land. Zum Dank für seine Hilfe bei der Suche nach seiner Geliebten erhob Poseidon den Delphin als Sternbild in den Himmel. Mit dem Delphischen Orakel verbunden, kündete er jedoch auch von der Zeit, bevor sich der männliche Apoll der Weissagekraft der weiblichen Pythia bemächtigt hatte. Der göttliche Delphin beschützte und geleitete die Seelen ins Jenseits.[31] Sowohl im Altertum als auch im Christentum war der Delphin Mittler zwischen den Ober- und den Unterwelten.

Zudem bezeichnet „Delphys" den gewölbten Leib einer schwangeren Frau.[32] Damit wird Delphi selbst zum Ursprung allen Lebens. Diese Zuschreibung erhielt sich bis in die frühchristliche Kunst, wo Christus mit ihm gleichgesetzt wird. So bewahrten sich Relikte der heidnischen animistischen Göttlichkeitsvorstellungen bis in die christliche Periode. Der Delphin galt als heilig. Er war ein Tier, das der Mensch nicht töten durfte.[33] Wie verletzte Rudolf diesen Respekt, indem er, ganz seiner Jagdleidenschaft folgend, auf hoher See nach den dem Schiff folgenden Delphinen schoß.[34]

Als Säugetier lebt der Delphin im Meer, verbindet das Erdelement mit dem Wasser und erhielt durch seine Erhebung zum Sternbild darüber hinaus eine kosmologische Rolle. Auf einem Vasenbild in der Eremitage, das in St. Petersburg zu sehen ist, reichen die gegensätzlichen Kräfte des geistigen Apoll und des sinnlichen Dionysos einander in Delphi die Hand.[35] Damit wurde die Verbindung zwischen den Welten hergestellt, dem Delphin als Mittler dabei nicht zufällig eine göttliche Rolle zuerkannt. Als Symbol der königlichen oder göttlichen Macht durchzog er Darstellungen und Zeiten.[36]

Auf Korfu ließ Elisabeth den Delphin mit einer Krone zum Symbol der gesamten Anlage werden. Mit diesem Zeichen verwirklichte sie ihr mythologisches Reich. Der Delphin erwartete sie bereits an der Schwelle, er führte sie über die weiten Meere des Geistes, der Poesie und der Träume über die Stufen hinauf in andere Bereiche. Sie verlieh ihm ihre Krone. Vielleicht sah sie sich als kaiserliche Mittlerin zwischen den Welten oder selbst als Göttin?

Neben dem Delphin verehrte Elisabeth die Möwe, ja glaubte sogar daran, selbst dieser verzauberte Meeresvogel zu sein. Sie war überzeugt, nach ihrem Tode in eine Möwe verwandelt zu werden, über die weiten Flächen des Ozeans zu schweben oder auf einer Klippe zu nisten.[37] Als Möwe erst würde sie frei sein. „Eine Möve bin ich von keinem Land,/ Meine Heimat nenne ich keinen Strand,/ Mich bindet nicht Ort und nicht Stelle;/ Ich fliege von Welle zu Welle"[38], dichtete sie in ihrem poetischen Tagebuch. In ihrer Lyrik nahmen die Möwen einen zentralen Stellenwert ein. Sie sah sie als ihre Verwandten, „Die Möven, die sind meine Schwestern, die fühlen dasselbe wie ich."[39]

Wie beim Delphin stellt das Meer als Lebensraum einen wichtigen Bezugspunkt für diesen Vogel dar. Die Möwe folgt den Schiffen, verläßt dabei jedoch nie endgültig das Festland. Die Küste aber ist eine magische Zone. Hier kann der Kontakt zwischen den Reichen hergestellt werden. Hier treffen sich Land und Meer im kurzen Augenblick eines Wellenschlages, hier verbinden sich Welten. Die Möwe lebt nicht nur zwischen Meer und Land, sondern zieht ihre weiten Kreise durch die Luft. Damit durchbricht sie eine zusätzliche Grenze, wird, ebenso wie der Delphin, Verbindung zum Äther.

So zentral Delphin und Möwe für die österreichische Kaiserin als Symbole für ihre Grenzüberschreitungen und Grenzverbindungen waren, so wichtig war der Schwan für ihren Cousin, König Ludwig II. Er ließ ihn überall abbilden, benannte Neuschwanstein nach ihm, setzte ihn über Eingänge, auf seine Schreibgarnitur, seinen Waschtisch und sogar sein Wappen. Schließlich ließ er sich als Schwanenritter in einem von einem Schwan gezogenen Kahn herumrudern. Mit dem Schwanenkult stand er in einer langen Tradition. Schon seinem Vater war der Schwan ein wichtiges Symbol geworden. Tatsächlich geht seine Bedeutung bis in die mittelalterlichen Mysterienkulte zurück. Es gab sogar eigene Schwanenorden.

Für Ludwig II. und sein Verständnis von Königtum wurde der Schwan das höchste Prinzip der Reinheit und die Grundlage seiner Herrschaft.[40] Ludwig verstand sich, dem Vorbild Frankreichs folgend, als Sonnenkönig, verband dieses Prinzip jedoch mit der Kraft des Mondes. „Der Mond war sein Gestirn, in dessen Silberlicht dünkte die Natur wunderbar geheimnisvoll, zum Träumen und Sinnen geeignet. In seinem Schlafzimmer zu Hohenschwangau schien ein künstlicher Mond auf sein Bett (…)"[41] Als Sonnenkönig und Mondprinz fand Ludwig seine weltumfassende Idee vom idealen, allumfassenden Gott-König jedoch nicht in der Politik verwirklicht, sondern in einer in die Kunst transzendierten sakrosankten Idee. Ihr widmete er als ein großer Bauherr und Kunstförderer des 19. Jahrhunderts seine ganze Regentschaft. An ihr zerbrach sein reales Königtum.

Vergleicht man die Ähnlichkeit von Ludwigs Vorliebe für den Schwan und dem darauf aufbauenden göttlichen Verständnis des Königs mit Elisabeths Delphin, so drängt sich eine Parallele im Verhältnis zu ihrer kaiserlichen Rolle auf. Auch hier mag sich durchaus ein sakrosanktes Sendungsbewußtsein anknüpfen. Eine Unterstreichung dieser These ergibt sich bei den Gestalten des klassischen Altertums, die Elisabeth verehrte. Da sie davon ausging, „die Erde gibt dir, was dir gleich",[42] mögen ihr unsterblicher Held Achill und ihr verehrter Gott Hermes auch wesentlichen Aspekten ihrer Persönlichkeit entsprochen haben. Unsterblichkeit ist nicht nur ein Aspekt ihrer ewigen Jugend und ihres Schönheitskultes, sondern auch Bestandteil ihrer Einbettung in mythologische Gestalten und Figuren. Immer wieder zog es die Kaiserin in andere Welten. So wurde die Flucht aus der einen Wirklichkeit zur Möglichkeit des Zutritts in eine andere. Nicht zufällig wählte Elisabeth Achill zu ihrem Lieblingshelden. „Er hat nur seinen eigenen Willen heilig gehalten und nur seinen Träumen gelebt, und seine Trauer war ihm wertvoller als das ganze Leben",[43] sagte sie. Sie benannte ihre Villa auf Korfu, das „Achilleon", nach ihm, ja sie weihte ihren ganzen Palast dem „sterbenden Achill".[44] Für sie symbolisierte er die griechische Seele, die Schönheit der Landschaft und der Menschen.[45] Was ihr Franz Joseph nicht zu geben vermochte, suchte sie in der transzendierten Liebe zu Achill zu erlangen. „Es währte mein Gefallen nie lang dem Erdensohn",[46] dichtete sie und wandte sich der Seelenbrautfahrt mit Achill zu. Achill wurde ihr der „Herrlichste", Vorbild und Geliebter zugleich.

Im Kampf um Troja war er der schnellfüßige Held, der alle anderen an Tapferkeit überragte. In Mädchenkleidung aufgewachsen, Männer und Frauen liebend, war er jedoch nicht nur ein guter Krieger, sondern zudem äußerst gebildet. In den verschiedenen Erzähltraditionen verschmelzen zahlreiche Aspekte zu einer umfassenden Persönlichkeit. Phönix hatte ihn in der Redekunst unterwiesen, der Kentaure Cheiron in der Heilkunde und der Musik. Achilleus war Heiler, Sänger und Künstler.

Bei Homer erschien er unter den Griechen als der tapferste und schönste. Er war maßlos in seiner Leidenschaft und doch gutmütig im Innersten. Gegen Freunde war er zärtlich, ebenso kaltblütig aber entledigte er sich seiner Feinde. Sein Kampfgeist und Todesmut entsprangen aus der Trauer über den Tod seines geliebten Patroklos. Aus Rache schleifte er den im Zweikampf getöteten Hektor mehrmals um die Stadtmauern von Troja, um auf diese Weise Genugtuung zu erlangen. „Er war stark und trotzig und hat alle Könige und Traditionen verachtet und die Menschenmassen für nichtig gehalten, gut genug, um wie Halme vom Tode abgemäht zu werden",[47] so lautete Elisabeths Berurteilung und Rechtfertigung. Achills heldenhafte Tat, die in Wirklichkeit bereits die ganze Brutalität moderner Kriegsführung beinhaltete, mußte in der Erzählung Homers durch seinen Tod gesühnt werden. Auch diese Seite liebte Elisabeth an Achill, denn damit identifizierte sie sich. Hier konnten ihre eigenen Todessehnsüchte Anker nehmen. Sie lebte dabei ihre ganze eigene Menschenverachtung aus und konnte sich den Akt der Tötung heroisch verbrämt zumindest auf theoretische Weise zugestehen. Vor die Wahl zwischen einem kurzen, aber ruhmreichen Leben und einem langen, aber unbedeutenden Leben gestellt, hatte Achill ersteres gewählt.[48] Achill starb zwar als Held, doch er war gleichzeitig Mörder. In der Sage wurde er zum Vertreter eines Sieges Griechenlands über Troja. In den Zeiten der großen ökonomischen Umstrukturierungen der Antike, die Homer in seinem Epos beschrieb, konnte dies nicht ohne einen dafür zu zahlenden Preis erfolgen. Der Dank für das Opfer Achills war seine Verehrung. Dort, wo kriegerische Expansion, basierend auf Tod, diesen als legitimes Mittel der Herrschaftserhaltung versteht, wird der Held geboren. Homer deutet das Ende Achills nur an. Nach seinem Tode war er, einer anderen Erzählversion entsprechend, Richter der Schatten, einer anderen wiederum folgend, wohnte er auf Leuke, der Insel der Seligen an der Mündung der Donau. In Sparta und Elis wurde er sogar als göttlich verehrt.

Schon vor dem Trojanischen Krieg gab es jedoch in Griechenland einen Achilleus-Kult.[49] Als solcher kann Achilleus als der alte pelasgische „Heilige König" verstanden werden, der zum „lippenlosen" Orakelheroen bestimmt war.[50] Als Sohn der Meeresgöttin war er der leuchtende Geist des zunehmenden Jahres. Sein Gegenspieler erscheint unter den Namen Hektor, Paris, Apollon oder Memnon. Letzterer, der Sohn der Efeugöttin, symbolisiert den Geist des abnehmenden Jahres. Achilleus und Memnon töten einander wechselseitig zur Winter- und Sommersonnenwende. Im Kampf erliegt der

König immer seiner Fersenwunde.[51] Unbefleckt von homerischen Rachegelüsten, beinhaltet diese Tötung eine sakrale Handlung, wird Grundlage zur Wiedergeburt. Wer einem Mythos dient, dient auch seinen Einzelheiten. Hier erhält jedes Detail Gewicht und läßt neue Deutungsmöglichkeiten entstehen. Achill wurde nicht nur zum Seelengeliebten der Kaiserin, in Achilleus fand sie auch Identifikationsmöglichkeiten für sich selbst. Da Elisabeth an Seelenwanderung glaubte, schließt sich mit dem von ihr verehrten Achill nicht nur der Kreis zur homerischen Tradition, sondern findet in älteren Traditionen eine Rückbindung zur These des Glaubens an die persönliche Auserwähltheit der Kaiserin. Dieser mag bis hin zu einem göttlichen Selbstverständnis verstanden worden sein. Achilleus war ein Sakralkönig. Der Delphin galt als heilig, sie krönte ihn. Somit bestehen durchaus Analogien in der mythologischen Einbettung eines königlich-kaiserlich verstandenen Lebens. Was in der Wirklichkeit nicht mehr aufrechterhaltbar schien, wurde auf einer anderen Ebene um so bedeutsamer. „Wenn diese ganze Existenz nur provisorisch ist, wozu braucht man Beständigkeit suchen?" fragte sie, und zog den Schluß: „Man muß Gleiches durch Gleiches unschädlich machen."[52] Da auch Achilleus als homöopathischer Heiler angesehen wurde, versuchte Elisabeth sich mit Hilfe der Mythologie von den krankmachenden Wirklichkeiten zu heilen. Achilleus sehnte sich nach Ruhm und Ehre. Er wollte mehr als nur Mensch sein. Er wollte sich durch seine Taten unsterblich machen. Der Krieger wurde getötet, um als Held dieses Ziel zu erreichen. In dieser Funktion erhielt er seinen Ewigkeitscharakter und die gewünschte Unsterblichkeit.

In der Zeit der großen politischen und ökonomischen Umwälzungen des 19. Jahrhunderts wird Elisabeth durch ihre Ermordung, analog zu ihrem Vorbild Achill, selbst zu einer den Tod überdauernden mythologischen Gestalt. Der Preis, den sie für die Beibehaltung der zwar theoretisch kritisierten, aber praktisch nie aufgegebenen Rolle als Kaiserin zahlte, war ihre Ermordung durch Lucheni. Elisabeth starb als Repräsentantin für ein Reich, das sie nicht wirklich bewohnte. Ihr Tod, zum Martyrium stilisiert, vergab der republikanisch Denkenden nicht nur die persönlichen Verfehlungen gegen das Herrschaftssystem. Als Märtyrerin wurde sie zur letzten Glorifikation des obsolet gewordenen monarchischen Verständnisses. Ihr dramatischer Tod sicherte ihr ein unglaubliches Nachleben. Das Gegenstück zum männlichen Heldentum Achills ist die weibliche Märtyrerinnenrolle Elisabeths. Im „Sisimythos" verlieh ihr die Legende Ewigkeitscharakter. Elisabeth wurde zu dem, womit sie sich identifizierte: zu einer mythologischen Figur.

Bei ihren mythologischen Abenteuern folgte Elisabeth ihrer Devise: „Forsche nimmer und vertrau!"[53] In der Ausstattung des Achilleions jedoch überließ sie nichts dem Zufall. Die Stufen zur Villa mußte man, an drei Terrassen vorbei, hinaufsteigen um, am Gipfel angekommen, die Oberwelt zu vergessen. In ihren „hängenden Gärten" und künstlichen Grotten, deren Wirkung noch mit Lichtspielen und Spiegelreflexen verstärkt wurde, trat man in das Reich der Feen und Nymphen ein. Das Peristyl, die Säulenhalle, wurde Elisabeths neuer Olymp.[54] Im Musengarten erhoffte sie sich Anregung und Inspiration. Im Norden des Peristyls stand die Statue der Lichtfee Peri, die dort auf einem Schwan über die Wellen zu gleiten schien. Sie war ein Wesen der Feenwelt, das sich vom Reich der Finsternis abwandte, um dem Licht zuzustreben. Zu ihr kam die Kaiserin jeden Morgen und Abend.[55] „Aus jedem Winkel dieser Zimmer strahlten singende Traurigkeiten hervor. Überall Farben ohne Namen, Nuancen wie verhauchende Düfte, verdunkelte Golde aus vergesssenen Zeiten, erloschene Lichter."[56] Die Zimmer waren mit Fresken reich dekoriert, die Möbel zeigten herrlichste Mosaikarbeit, und die Polsterung der Stühle war so prunkvoll wie unbequem.[57] Da Elisabeth sich jedoch ständig in Bewegung befand und sich nie setzte, war es ihr einerlei, ob sie bequem oder unbequem waren.[58]

In diesem Reich wanderte Elisabeth auf und ab, versenkt in die Weite der Mythologie und ihre Gedanken. In ihr wurden andere Wirklichkeiten sichtbar, hörbar, lebendig. Constantin Christomanos, ihr griechischer Begleiter, konnte sich auf diese feinen Töne einschwingen und ihr in diese Bereiche folgen, wenn er sagte: „Sie hat die Eigenschaft, durch ihre bloße Anwesenheit das Ewige aus den Dingen an die Oberfläche zu bringen, wie hervorzuzaubern, als ob sie jetzt seit langem in der Vereinsamung ihres dunklen Lebens nur darauf gewartet hätten, aus sich selbst herauszutreten. So habe ich immer die Empfindung, eigentlich erst durch sie das wirkliche Wesen der Dinge zu erkennen."[59] Doch auch in diese idealisierte Welt drangen immer wieder die Beschwernisse der Wirklichkeit ein. Baron Nopcsa klagte: „Es zieht bei Türen und Fenstern, der Luftzug ist so groß, daß es die Menschen fast hinauszieht, da das Haus auf einer Anhöhe liegt und von keiner Seite geschützt ist."[60] Es gelang Elisabeth nur in Ansätzen, ihren Traum des Paradieses auf Erden zu realisieren. „Entsetzlich viel Gelsen sind hier, die den Menschen fast auffressen, und die Hunde machen einen derartigen Spektakel, daß man die ganze Nacht nicht schlafen kann",[61] klagte ihre Hofdame Marie Festetics über ihren Aufenhalt im Achilleion.

Das Achilleion erschien zumindest kurzfristig Elisabeths Sehnsüchte gestillt zu haben. „Ein bleibend' Nest zu bauen ... Für mich - gibt's kein Revier",[62] sagte sie und verließ diesen Ort in der Folge, um ihn gegen das einzig Dauerhafte, das Weiterwandern, zu tauschen. Vielleicht tat sie dies, weil es einfach ihrer Wandervogelnatur entsprach, vielleicht auch nur, weil die vielen Insekten, die durch das elektrische Licht angezogen wurden,[63] mit der alltäglichen Lästigkeit zu sehr ihr Märchen gefährdeten.

Trotz der realtiv kurzen Zeit ihrer Korfu-Ära hatte sich Elisabeth auf der Insel nicht nur intellektuell mit der hellenistischen Mythologie auseinandergesetzt und damit einen Teil ihrer Persönlichkeit erweitert, sie erkor Griechenland auch zu ihrer Zukunftsheimat.[64] Dies entsprach sowohl ihrer individuellen Vorliebe als auch einem politischen Weitblick. Die österreichische Monarchie bot ihr keine Sicherheit mehr. Sie rechnete ständig mit ihrem Zerfall und hatte gut vorgesorgt. Ihr Vermögen, und es war zu beträchtlicher Größe angewachsen, war sicher in der Schweiz angelegt. Äußerlich löste sich Elisabeth in den letzten zehn Jahren immer mehr von fixen Orten, wählte die ständige Fremde, ergab sich dem Wechsel. Immer wieder ließ sie den Anker lichten, um auf diese Weise die Reisen in die eigenen Seelenlandschaften anzutreten.

Wesensverwandtschaften –
Literatur im geheimen

„Nicht war es Irdischen beschieden,
Den freien Geist zu fesseln lang;"[1]

Die Vielfalt der Persönlichkeitsstruktur von Elisabeth läßt sich
am leichtesten anhand ihrer Vorlieben aufzeigen. Der Rahmen des
höfischen Lebens, wie er sich Elisabeth präsentierte, blieb ihr immer
zu eng. Es war nicht nur die Enttäuschung durch Personen, die sie
ständig zu neuen Ufern trieb, sondern ihr starker Hang, in imaginierte Welten vorzudringen. „Sie kehre heim in jene Regionen, wo
ihr verwandte schön're Seelen wohnen",[2] sagte sie über Titania, die
ihr poetisches Double darstellte. Titania war die Feenkönigin aus
Shakespeares „Sommernachtstraum". Um zu den „schönen Seelen"
zu gelangen, unterwarf sich Elisabeth einer gedanklichen Metamorphose. Sie wurde selbst Königin der Feen, der Träume und der Phantasien. Wie Titania aber streichelte sie dabei den Eselskopf der „Illusionen, den wir unaufhörlich liebkosen".[3] Bücher und intellektuelle
Betätigung boten ein weites Feld für Grenzüberschreitungen. „Ich lese
sehr viel", sagte sie, „ganz ohne System, wie ja mein ganzes Leben
auch ohne System ist, von heute auf morgen."[4] Dennoch war gerade
die Wahl der Lektüre bezeichnend für die Einstellungen der Kaiserin
und von daher durchaus systematisch. Die antiken Mythen beschäf-
tigten sie ebenso wie die Klassiker und die romantischen Werke des
19. Jahrhunderts. Neben ihrer Lektüre, die französische, ungarische
und englische Werke umfaßte, betätigte sie sich zudem als Übersetz-
zerin.[5] Wie bei jeder ihrer Leidenschaften betrieb sie auch die intellektuelle Betätigung mit der ihr eigenen Intensität, denn „Willenskraft
muß siegen!"[6] Daß die Lektüre zum Aufbau weiblichen Selbstwertes
beitrug, hatte schon Marie von Ebner-Eschenbach erkannt, als sie
schrieb: „Als eine Frau lesen lernte, trat die Frauenfrage in die Welt."[7]
Die Zeit verhielt sich dem zunehmenden weiblichen Bildungs-

hunger gegenüber durchaus ambivalent. Oft begegnete man ihm sogar geradezu feindlich, und schreibende Frauen wurden einfach als „Blaustrümpfe" abgewertet. Selbst der Bruder Elisabeths, der gegen das adelige Nichtstun sein Medizinstudium gesetzt hatte, verhielt sich den gleichen weiblichen Bestrebungen gegenüber abwertend, indem er sagte: „Ach die Weiber! Auch die gescheiteste diskutiert ohne Logik."[8] Mit der Vorliebe, sich bei ihren ausgedehnten Spaziergängen vorlesen zu lassen, um die Zeit möglichst gut zu nützen, stieß Elisabeth bei ihm ebenso auf wenig Verständnis. Karl Theodor hätte dies nie gewagt. Zu sehr fürchtete er die soziale Kontrolle der Umgebung. Als sie ihn bei Tische einmal fragte, warum er sich nicht in fremden Sprachen vorlesen lasse, antwortete er: „Man würde ja glauben, ich sei verrückt geworden."[9] Elisabeths Selbstbewußtsein war diesbezüglich ausgeprägter als das ihres Bruders. Dies zeigte sie deutlich, indem sie ihm antwortete: „Macht das etwas? Ist es denn nicht genug, wenn man selbst das Bewußtsein hat, es nicht zu sein?"[10]

Die intensive Lektüre, der sich Elisabeth zeit ihres Lebens widmete, diente einerseits der Horizonterweiterung, anderseits aber auch der Selbsttherapie. Sie benützte Bildung und Sprachstudium als Schutzschild gegen die Depression. „Es ist so heilsam, sich mit etwas recht Schwerem plagen zu müssen, um darüber die eigenen Gedanken zu vergessen",[11] sagte sie. Ex-Kaiserin Eugénie hatte das gleiche Heilmittel für sich entdeckt, um über den Schmerz des Soldatentodes ihres Sohnes in Südafrika hinwegzukommen. „Alles vergeht, Jugend, Schönheit, Fröhlichkeit, aber glücklicherweise bleibt das intellektuelle Leben, dorthin kann man sich flüchten."[12]

Bildung macht frei. Im Reich der Ideen ermöglicht sie grenzenlose Wanderschaften. Für den weiblichen Lebensalltag hielt sie Hilfsmittel zur Bewältigung von Konflikten bereit. Letztendlich verhalf sie Elisabeth zum Ausbau ihrer Vorstellungen und zur Begründung ihrer Meinungen. Gleichzeitig entsprach Bildung für Frauen immer auch einem an männlichen Vorstellungen ausgerichteten Kanon. Weibliche Orientierungshilfen und Vorbilder waren selten. Elisabeth durchblickte diesen Widerspruch zwischen Freiheit und Einschränkung in Form der Übernahme fremddefinierter Vorstellungen genau, wenn sie sagte: „Aber was die sogenannte Bildung anbelangt, so bin ich dagegen. Je weniger die Frauen lernen, desto wertvoller sind sie, dann wissen sie alles aus sich selbst heraus. Was sie lernen, lenkt sie eigentlich nur auf einen Abweg ihres Inneren, sie verlernen dadurch ein Stück ihrer selbst, um anstatt dessen Grammatik oder Logik unvollkommen sich anzueignen."[13] Sie war der Überzeugung, daß die Frauen wohltätiger wirken könnten, „wenn sie wie die Bäume wären, frei von jeder Fessel und Verkrümmung unter dem offenen Himmel".[14] Diese Einstellung entsprach ganz dem Ideal von Rousseau, nach dem sich das Individuum unabhängig von der gesellschaftlichen Verformung in der Natur entwickeln sollte. „Zivilisation sind die Tramways, Kultur die schönen freien Wälder. Zivilisation ist Belesenheit, Kultur sind die Gedanken. Die Zivilisation beansprucht jeden einzelnen Menschen für sich und gibt alle in einen Käfig hinein",[15] gab Elisabeth dieser Überzeugung Ausdruck. Während sie sich dennoch keineswegs der Bildung verschloß, versuchte sie auf der anderen Seite durch ihre Naturbetrachtungen auch die sie dort erwartende Weisheit miteinzubeziehen. So experimentierte sie mit der Verbindung von Zivilsation und Kultur.

In der Wahl bestimmter Autoren oder Autorinnen zeigte sich vor allem das persönliche „Minderheitenprogramm" der Kaiserin. Sie bevorzugte den Nonkonformismus, die Extremen, die Querdenkenden. Hier spiegelten sich deutlich ihre Ambivalenzen und Extravaganzen, die auch ihr Umfeld wahrnahm. „In dieser Frau wohnt Gott und ein Dämon zugleich",[16] sagte ihre Nichte über sie. Wenn Elisabeth eine besondere Vorliebe hegte, so schwang sie sich zu den ungewöhnlichsten Aktivitäten auf. Da sie ein starkes Interesse an dem hebräischen Dichter des Mittelalters Jehuda ben Halevy entwickelt hatte, ließ sie sich die Adresse des Wiener Philologen und Dichters Seligmann Heller geben. Er galt als Spezialist und war ein Wiener Original aus Nordböhmen. Sein umfangreiches Terzinenepos nahm sich Ahasverus zum Inhalt, mit dem er tief in die hebräische Mystik eingedrungen war. In seiner kleinen Wohnung in der Vorstadt schlief er zwischen Büchern, Folianten und Lexikas, die bis zur Decke reichten, auf einem schmalen Diwan. Als Gelehrter war er bei den Scholastikern ebenso zu Hause wie bei den Mystikern und im Sanskrit. Elisabeth stattete ihm kurzerhand einen Besuch ab. Die Kaiserin erhielt von dem Professor nicht nur einen ausführlichen Vortrag über die Mystik, sondern in der Folge auch eine Halevy-Übertragung, die der Kaiser selbst anfertigen ließ und seiner Frau unter den Weihnachtsbaum legte.[17]

Besondere Wertschätzung hegte Elisabeth für George Sand. Dieser französischen Kämpferin für die Freiheit mußte sie sich in vielen Belangen ähnlich fühlen. „Frei sollen die Frauen sein; sie sind oft würdiger, es zu sein, als die Männer. Als bestes Beispiel haben wir die George Sand",[18] sagte sie. Und George Sand schrieb: „Ich habe nicht das Glück erobert, das nicht von dieser Welt ist, aber die Freiheit."[19] Als Elisabeth geboren wurde, war George Sand bereits 33 Jahre alt und hatte ihren Mann verlassen, um in Paris zusammen mit ihren zwei Kindern das Leben einer Schriftstellerin zu führen. Zu diesem Zweck änderte sie ihre Identität. Sie verwandelte kurzerhand die weibliche Aurore in den männlichen George. Dieses Pseudonym sollte ihr den Eintritt in die männlich dominierte Welt des Schreibens erleichtern. Sie zog Hosen an, um sich auf diese Weise in die billigen Reihen des Theaters vorzuwagen und sich damit die den Frauen verbotenen Räume anzueignen. Damit hatte sie eine Grenze überschritten, ein Tabu gebrochen, jedoch eine nie gekannte Bewegungsfreiheit erreicht. Von sich sprach sie in männlicher Form.[20] Mit Hilfe der Hosen konnte sie sich der Rolle, Sexualobjekt der Männer zu sein, entziehen und als Subjekt Anerkennung finden. Diese Zweiteilung der Identität gebar Ängste und Verunsicherungen, aber beinhaltete auch eine Chance der Bewußtseinserweiterung. Aus ihr entstanden die Themen und Verarbeitungsformen für ihre zahlreichen Werke.

Innerhalb kürzester Zeit wurden ihre Bücher zu Bestsellern. Sie schrieb unablässig. Ihren Roman „Indiana" beendete sie nach zwei Monaten.[21] Bereits sechs Monate danach erschien das nächste Buch. Für George Sand war die Arbeit „gut und heilsam".[22] An ihre Tochter schrieb sie: „Die Arbeit bleibt einem immer, wie ein rauher, aber treuer Freund (...) ich habe wirklich erst zu leben begonnen an dem Tag, an dem ich für meinen Unterhalt sorgte."[23] Da sie untertags wenig Ruhe fand, schrieb sie hauptsächlich in der Nacht. Kaffee und Zigaretten benützte sie als Kampfmittel gegen die Müdigkeit.

Sie gehörte zu den bestbezahlten Schreibenden der Epoche. Gu-

stave Flaubert, Heinrich Heine, Frédéric Chopin, Alfred de Musset
oder Franz Liszt zählten zu ihren Freunden oder Liebhabern. Lieben
und Arbeiten, zwischen diesen zwei Polen bewegte sich ihr Leben.
Die Konventionen achtete sie wenig und verstieß leidenschaftlich gegen gesellschaftliche Regeln. Nach dem frühen Tod ihres Vaters war
sie zwischen den erzieherischen Händen der schauspielenden Mutter
und der adeligen Großmutter hin- und hergependelt. Die Großmutter hatte in der Enkelin ihren toten Sohn gesehen, ihr Burschenklei-
dung angezogen und Aurore sogar mit seinem Namen Maurice gerufen. Gleichzeitig hatte sie versucht, aus dem Mädchen eine
adäquate Erbin für ihre Güter zu machen. So behinderte sie den
Drang des Kindes zum Umhertollen und zur Ungebundenheit. Selbst
Wißbegierde war bekämpft und unterdrückt worden.[24]
    Aurore schwankte infolgedessen nicht nur zwischen zwei sozialen
Klassen, der der adeligen Großmutter und der der unstandesgemäßen Mutter, sondern auch zwischen Weiblichkeit und Männlichkeit. Widersprüchliche Anforderungen in der Erziehung charak-

terisierten, ebenso wie bei Elisabeth, ihre Jugend. Das weibliche Rollenklischee war brüchig geworden. Der Handlungsspielraum von George Sand und Elisabeth konnte sich zwar durch die Übernahme männlicher Verhaltensweisen erweitern, brachte die Frauen jedoch damit zunehmend in Konflikte.

Die sozialen Spannungen der Zeit spiegelten sich im Leben der Frauen wider. Aurore machte sich über den Adel lustig und unterstützte Arbeiterschriftsteller auf ideelle und materielle Weise.[25] Alias George, opponierte sie mit ihren öffentlichen Auftritten in Hosen gegen das übliche Weiblichkeitsverständnis und schockierte weite Kreise der Gesellschaft. Ihr Ruf drang über alle nationalen Grenzen, sie galt als Verkörperung weiblicher Genialität und Gefährlichkeit. Der Ausdruck des „George-Sandismus" sollte Frauen abwerten, die ihrem skandalösen Leben nachzueifern suchten.[26] In der Revolution von 1848 beteiligte sie sich aktiv am Geschehen. Sie war gleichzeitig Republikanerin, Kritikerin des klerikalen Katholizismus und christliche Deistin.[27] Sie bekannte sich zum Sozialismus, später zum Kommunismus, schrieb mystische Bücher und feministische Kampfschriften. Vor allem aber war sie Utopistin.[28]

Zerrissen zwischen unterschiedlichen Anforderungen sozialer und geschlechtsspezifischer Natur, eroberte sie sich einen Platz und definierte ihre Rolle neu. Viele Strömungen des 19. Jahrhunderts vereinigend, war sie ebenso Romantikerin wie Feministin. Bei allem aber blieb sie immer auf der Suche nach der Liebe. Derartige Einstellungen verbanden die Schriftstellerin mit der Kaiserin. Während George Sand jedoch in die Gegenwart stieg, um mit ihrem schriftstellerischen Werk und eigenem Leben selbstbestimmte Handlungen zu setzen und ihre Gesellschaftskritik in die Welt hinauszuschreiben, hielt Elisabeth ihre Ansichten vor der breiten Öffentlichkeit geheim. „Suche keinen Trost von aussen, schliess dein Herz vor andren zu",[29] sagte Elisabeth. Somit brachte sie sich oft um das Verstandensein, ersparte sich dabei aber mögliche Kritik. Um ihren Einstellungen Aktionen folgen zu lassen, hätte es radikaler Schritte bedurft. Elisabeth zog nie die letzte Konsequenz. Trotz ihrer ständigen Abwesenheit vom Hof blieb sie im Gegensatz zu George Sand, die ihren Mann verließ, doch noch Ehefrau von Franz Joseph. Ihre kritischen Ansichten über die

Monarchie und den Adel, die sie in ihren Gedichten formulierte, hielt sie geheim. Die Ähnlichkeit Elisabeths mit der Gedankenwelt von George Sand war offensichtlich. In ihrer Lebensweise unterschieden sich die beiden Frauen jedoch grundlegend. Elisabeth blieb Sympathisantin der Revolutionärin Sand. Ihre Kritik formulierte sie im geheimen, ihre Theorie vermißte die praktische Anwendung.

Während Elisabeth ihre Vorbilder im intellektuellen Geist Europas fand, fiel es ihr in ihrem Umfeld schwer, ein Netz gleichwertiger Gesprächspartner und -partnerinnen aufzubauen. Wesentliche Unterstützung, bei ihren Bemühungen, lyrische Ausdrucksformen zu pflegen, erhielt Elisabeth jedoch von ihrer Throngefährtin Carmen Sylva. Die rumänische Königin kannte den Kampf um das Wort aus eigener Erfahrung. Mit neun Jahren hatte sie bereits Gedichte geschrieben, mit zwölf Jahren sich an der ersten Novelle versucht.[30] Der Tod einer Freundin und der Tod ihres Bruders öffneten auch ihr gleichsam die Tore zu den inneren Welten. Konsequent wandte sich Carmen Sylva erst nach dem Tod ihrer kleinen Tochter der Prosa und der Lyrik zu. Sie mußte sich ihren Schmerz geradezu wegsingen, „sonst hält die Brust mir nicht – sonst muß das Herz zerspringen".[31]

Weder ihr familiäres Umfeld noch die nähere Umgebung oder die europäischen Fürstenhöfe hatten die dichterischen Ambitionen ernst genommen. Ihre Mutter war geradezu dagegen gewesen, sie hielt künstlerisches Talent für einen Fluch. „Eine Fürstin", sagte sie, „darf sich nicht mit Literatur oder Musik beschäftigen. Gewiß, sie darf eine Protektorin der Künste sein, aber es ist ihrer unwürdig, sie selber auszuüben."[32] Diese Auffassung prägte Carmen Sylvas Jugend, in ihrer Ehe erhielt sie als Königin von ihrem Mann ebenfalls wenig Unterstützung, ja ihre künstlerischen Aktivitäten am Hof wurden Carol I. sogar manchmal zuviel.[33] „Es ist gerade, als sollte meine Kunst umgebracht werden",[34] sagte sie. Es war jedoch nicht die Kunst alleine, die die Königin liebte. Dichten war für Carmen Sylva ein Anliegen. Mit dem Wort war das ganze Wesen der Königin verknüpft. Die Worte zu verlieren hätte bedeutet, sich selbst nicht mehr zu finden. Todesmutig wehrte sie sich. Die Feder erhielt ihr das Leben, wie sie sagte.[35]

Ab 1880 veröffentlichte Königin Elisabeth unter ihrem Pseudonym Carmen Sylva. In ihrer Jugend waren Märchen verpönt gewesen und die Phantasie bekämpft worden. Sie sollte durch Geometrie und Algebra zum Leben geführt werden.[36] Als späte Antwort auf diese Verbote sammelte sie nun Sagen und Märchen des rumänischen Volkes und trug durch deren Veröffentlichung wesentlich zur Erhaltung eines Kulturschatzes bei. Ihr Engagement wurde international zum Vorbild, so auch für Frédéric Mistral, der sich für die Erhaltung des Provenzalischen stark machte.[37] Ihre Leistung wurde 1890 gewürdigt, indem man sie zur „Bardin von Wales" ernannte.[38] Mit ihren eigenen Gedichten erlangte sie den Ruf einer Dichterkönigin, aber auch den eines Blaustrumpfes. Dennoch sicherten ihr die Publikationen ein Einkommen, mit dem sie eine eigene Kolonie der Künste aufbauen konnte. In ihrer Sommerresidenz, im Schloß Pelesch, wurde gemalt, musiziert und gehandarbeitet. Hier herrschte ein Klima der wechselseitigen künstlerischen Inspiration, aber auch der sozialen Kommunikation. In den Sommermonaten bewirtete sie über 6.000 Leute. „Wer herkommt und sich einschreibt, wird zu Tische geladen, so daß alle Menschen bei ihrem König essen (…) All das zusammen macht, daß alle das Gefühl haben, daß ihnen das Schloß mitgehört."[39]

Da Carmen Sylva eine besondere Vorliebe für die Musik hegte, war es kein Wunder, daß die Bekanntschaft mit dem jungen Komponisten und Dirigenten George Enescu eine Sternstunde für beide wurde. Der gerade Siebzehnjährige traf kurz vor der Jahrhundertwende die erfahrene Mittfünfzigerin. Bis zum Ersten Weltkrieg verbrachte er jeden Sommer bei ihr in Pelesch. Hier erhielt er nicht nur musikalische Anregungen, sondern vor allem eine außergewöhnliche Persönlichkeitsschulung. Wie stark der Einfluß Carmen Sylvas auf ihr jugendliches „Seelenkind" war, zeigt seine erst lange nach ihrem Tod entstandene Oper „Oedipe". Hier verwendete Enescu einen wesentlichen Satz der Königin, der ihre zentrale Grundhaltung dem Leben gegenüber ausdrückte: „Der Mensch ist stärker als das Schicksal."[40]

Carmen Sylva empfand die Krone als humanitäre Verpflichtung. Da Kunst für sie Leben war, wurde diese Verpflichtung zum Kulturauftrag. „Immer helfen, helfen! Dazu sind die Reichen auf der Welt und alleine existenzberechtigt",[41] so lautete ihre Devise. Die Königin gründete Krankenhäuser, Selbsthilfevereine und Schulen. Sie ließ eine Blindenanstalt bauen, unterstützte die Weltfriedensidee von Bertha von Suttner und förderte die Esperantobewegung zum allgemeinen Verständnis der Völker. Vegetarismus war ihr ebenso Anliegen wie die Emanzipation der Frauen und die buddhistische Philosophie.[42]

Sie wollte stärker als das Schicksal sein, aber das Leben durchkreuzte immer wieder ihre Vorstellungen und raubte ihr oft die letzten Kräfte. „Es gibt nur ein Mittel des Lebens Unerträglichkeit zu vertragen: das ist rastlose Arbeit. Nicht Beschäftigung, sondern Arbeit, bei der man sich es sauer werden läßt."[43] Sie schrieb wie eine Dampfmaschine, „tausend Seiten in fünf Wochen (...)"[44] Im Sommer begann ihr Tag um drei Uhr morgens. Oft ging sie vor zwölf Uhr nachts nicht zu Bett. Kunst war ihr Therapie, aber auch Lebensform. Ihre Gedichte waren geradezu eine Flucht in die Öffentlichkeit. Sie wollte nichts anderes sein als eine „befreiende Zunge (...) die die Wahrheit sagen darf und damit auch anderen eine Last von der Brust nimmt".[45]

Als sich Carmen Sylva und Elisabeth Mitte der achtziger Jahre näher kennenlernten, fühlten sie sich sofort voneinander angezogen. Die Freundschaft ergab sich schon auf Grund ähnlicher Konstellationen in ihrem Leben. Beide Frauen fühlten sich unverstanden und immer wieder einsam. Gegenüber den Männern im allgemeinen skeptisch eingestellt und soziale Diskriminierungen sehr wohl analysierend, stießen sie bei ihren Ehemännern zudem auf Unverständnis, was ihre künstlerischen Neigungen betraf. Als Mütter hatten sie beide das Sterben eines Kindes erlebt – am Tod und am Leben gelitten. Beide Frauen kämpften jedoch in der Folge um eigene Ausdrucksformen, suchten in den Grenzen fremdbestimmter Zuweisungen selbstdefinierte Freiräume. Da die um sechs Jahre jüngere Carmen Sylva bereits zur Feder gegriffen hatte, wurde sie für Elisabeth, die gerade dazu griff, eine wesentliche Unterstützung. Während Carmen Sylva stärker als das Schicksal sein wollte, überließ Elisabeth sich ihm. „Mich kann man nie beeinflussen, weder zum Guten noch zum Bösen, denn ich überlasse alles meinen innerlichen Stimmen und dem Schicksal",[46] sagte Elisabeth. Zufall oder nicht, eben dieses Sichtreibenlassen hatte Elisabeth von Österreich zu Elisabeth von Rumänien, ihrer Namenskollegin, geführt.

Ebenso wie Elisabeth suchte auch Carmen Sylva über das Schreiben in ein Traumland zu gelangen.[47] Auch ihr fiel es manchmal schwer, sich wieder in der Wirklichkeit zurechtzufinden. „Ich verstehe weder die Welt noch mich selber. Ich lebe nicht in der Gegenwart, und kann meinen Weg zur Erde gar nicht zurückfinden."[48] Die weibliche Selbstfindung benötigte oft weite Reisen und Abwege, um sich zu entwickeln. „Was wir erst mit Hilfe des Todes tun können, sollten wir ganz allein und schon im Leben vollbringen",[49] sagte Elisabeth und tat, was sie im Anbetracht ihrer Situation für zielführend erachtete. Dem Vorbild Carmen Sylvas folgend, baute sie an ihrem literarischen Ich und begab sich in das Reich der Poesie.

Eine besondere Leidenschaft ergriff Elisabeth ab den achtziger Jahren für Heinrich Heine. Während sich George Sand stark mit männlichen Anteilen identifizierte, so waren für die Entwicklung des Mannes Heinrich Heine zwei Frauen wesentlich gewesen: seine Mutter und die Dichterin Rahel Varnhagen. In der Identifikation mit männlichen Aspekten ihrer Persönlichkeit konnte sich Elisabeth bei George Sand in ihren Hosenrollen wiederfinden und bei der Frau verstanden fühlen. In der Identifikation mit den weiblichen Aspekten ihrer Persönlichkeit konnte sich Elisabeth bei Heinrich Heine, ebenso wie bei Achill, in ein imaginatives Liebesverhältnis stürzen und sich auf Grund der gemeinsamen Gedankenwelt unterstützt fühlen.

1856 gestorben, galt Heinrich Heine bereits kurz nach seinem Tod als einer der wichtigsten Lyriker der Epoche. „Heine unterscheidet sich von den übrigen Dichtern dadurch, daß er das Scheinheiligtum haßt und sich in seiner Wahrhaftigkeit mit allen Eigenschaften und Fehlern zeigt",[50] sagte Elisabeth über den Poeten. In dieser Charakterisierung lag ihr eigenes Selbstporträt. Über die intensive Beschäftigung mit Heine gab sie sich die Möglichkeit, in den Zeitgeist einzutreten und darüber hinaus ihre Einstellungen zu legitimieren und auszubauen. „Alle Kraft der Menschenbrust wird jetzt zu Freiheitsliebe, und die Freiheit ist vielleicht die Religion unserer Zeit."[51] Dieser wesentliche Satz Heines konnte auch als Motto Elisabeths gelten. Heine versuchte der „selbstbewußten Freiheit des Geistes"[52] zu folgen. Darin fand Elisabeth in ihm einen Wesensverwandten.

Die Ähnlichkeiten beider lagen in zwei zentralen Bereichen: Im

Gefühl des Fremdseins und in der Suche nach dem Selbst. Elisabeth hatte Heine nicht gefunden, um in ihren Gedichten seine Epigonin zu sein, sondern um sich anhand seiner Botschaften in ihrem eigenen Fremdsein eine Heimat zu suchen. Heine, 1797 im Rheinland geboren, war „Außenseiter in einem mehrfachen Sinne des Wortes: existentiell als Jude, politisch als Demokrat, familiär als ‚Versager' gesellschaftlich als Künstler".[53] Dies alles konnte auch für Elisabeth gelten, mit der einzigen Unterscheidung, daß sie nicht jüdisch war, sondern weiblich. In ihrem Frausein war sie sich nicht nur Fremde, hier war sie auch die Andere. In dieser Verdoppelung akzentuierte sich nochmals verschärft die Dissonanz der Abweichung gegenüber der Norm.

Als Heine nach Paris übersiedelte, wurde er, ebenso wie Elisabeth in Wien, zum lokalen Auswanderer. Sein Körper reagierte auf die zahlreichen Konflikte mit Krankheiten, die bis zu Lähmungserscheinungen führten und ihn schließlich endgültig an das Bett fesselten. Das letzte Mal, daß er zu Fuß ausging, war im Mai 1848. In demselben Maße, wie die Revolution Rückschritte machte, machte seine Krankheit Fortschritte.[54] Somit war seine Krankheit nicht nur Spiegel seiner eigenen Geschichte, sondern auch der allgemeinen, wie er analysierend selbst festhielt. „Kranke Menschen sind immer wahrhaft vornehmer als gesunde; denn nur der kranke Mensch ist ein Mensch, seine Glieder haben eine Leidensgeschichte, sie sind durchgeistigt",[55] sagte er. Aus seiner „Matratzengruft", wie er sein Bett, an das er in der Folge gefesselt war, nannte, ließ er weiter kämpfend seine scharfen Worte in die Welt. Er bekannte sich zu einer Position zwischen den Religionen, Nationen und Kulturen.[56]

Elisabeths Krankheiten waren ebenso eine Reaktion auf die Umwelt. Ausschläge, Herzschwächen, Atemnot, Anämie, Husten – es gab viele Symptome und doch immer die gleiche Ursache. Der stumme Schrei, das laute Schweigen der Kaiserin überließ dem Körper seinen eigenen Ausdruck. Sie litt. „Auch das wird einmal ein Ende nehmen, umso besser wird die ewige Ruhe",[57] schrieb sie ihrer Tochter Marie Valerie. Was Heine durch seinen Kampf über das Wort ausfocht, verschloß Elisabeth in ihrem Inneren, hinter ihrem Schönheitsmythos oder, wie ihre Gedichte, in einer Kassette. So hielt sie die verschiedenen Ichs, obwohl sie sie entwickelt hatte und gut kannte, vor den anderen verborgen. Wo sie Bündnisse suchte und Nähe wünschte, schuf das Geheimnis Distanz. Selbst ihre nahe Vertraute Irma Sztáray klagte: „Wie hätten Fernstehende die Kaiserin verstehen sollen, wenn selbst ich, die ich täglich an ihrer Seite war, von dem heißesten Bemühen erfüllt, sie nicht nur zu lieben und bewundern, sondern auch zu kennen und zu verstehen, oft verwirrt dastand vor dem Phänomen ihrer Seele."[58]

Heinrich Heine war der Kaiserin in seiner Sensibilität besonders ähnlich. Seine Reizbarkeit unterwarf ihn einem ständigen emotionalen Wandel, der ihn in Spannung versetzte. Der große „Weltriß" ging mitten durch sein Herz, wie er klagte.[59] Der persönliche Schmerz wurde zum Weltschmerz, zum Motor von Poesie. „Aus meinen großen Schmerzen/ Mach ich die kleinen Lieder",[60] sagte Heine. „In meiner großen Einsamkeit, mach' ich die kleinen Lieder",[61] antwortete Elisabeth. Heine sang sich in seinen Liedern frei, mit Ironie ließ er die Tränen lachen, mit beißender Kritik versuchte er den Schmerz zu bewältigen, in seinem Außenseitertum eine Identität zu errichten. „Selbstdarstellung in ständig wechselnden Masken ist sein Lebenselement (…)."[62] Heine lebte in komplexen Seelenzuständen, scharfen Gegensätzen und Gemütsschwankungen, seine „Viel-Spältigkeit".[63] Es war der Durst nach Lebendigkeit, der nach außen drängte. Eugénie konnte sich diesbezüglich in die Subkultur der emotionalen Aufbrüche einreihen. „Ich habe eine Mischung fürchterlicher Leidenschaften", schrieb sie, „und alle sind sie stark: Ich kämpfe dagegen an, aber immer verliere ich und schließlich wird mein Leben eines Tages elendiglich in einem Wirrwarr von Passionen, Tugenden und Tollheiten enden."[64] In einem auf Disziplin und Gehorsam aufgebauten Staatswesen bestand mit derlei Bedürfnissen ständig die Gefahr, angegriffen zu werden.

„Wir leben am Rande eines Abgrunds von Not und Schmerz", sagte Elisabeth, „den die Lüge der menschlichen Gesellschaftsmoral gegraben. Es ist eine Kluft zwischen unserem jetzigen Zustand und jenem, in welchem wir uns befinden sollten. Eine Kluft bleibt immer eine Kluft. Sowie wir sie überschreiten wollen, stürzen wir ab und zertrümmern. Wenn der Abgrund mit menschlichem Weh und Leichen von Glück voll sein wird, wird man ungefährdet darüber hinschreiten."[65] Dieser Zustand existierte jedoch nicht, die Angst vor der Zertrümmerung begleitete sie. Sie suchte nach Antworten. Die Kaiserin fand in dem Dichter Heinrich Heine einen Seelenfreund. „Der schrille Ton der Dissonanz und die Lust an der Destruktion, das Amalgam aus Leiden und Empörung, die Suche nach Identität und die Angst vor ihr, die farbige Mischung von poetischem Genie und journalistischer Begabung, die artistische Gleichzeitigkeit von Traditionsaneignung und -überwindung in Religion und Philospohie und Politik",[66] das alles zusammen charakterisierte den Dichter.

Geschichte bedeutete für Heinrich Heine nur „eine maskierte Wiederkehr derselben Naturen und Ereignisse, ein organischer Kreislauf, der immer von vorne wieder anfängt".[67] Leben bedeutete für Elisabeth, in die Summe von Geschichten einzutreten. „Was an uns von Wert ist, bringen wir in das Leben mit unseren geistigen Vorexistenzen."[68] Diese trafen sich mit anderen. In der Beschäftigung mit dem Gedankengut vergangener Zeiten suchte sie eine Rückbindung an die damals Lebenden. „Das sind die Seelen, die aus einer verklungenen Zeit neuerdings auf die Erde gekommen sind, um die Träume früherer Menschen fortzusetzen, und die der späteren zu ahnen. Sie haben diese Träume aus dem Chaos hervorgezogen, wo sie vor Anfang aller Zeiten schwebten und nur darauf warteten, daß sie jemand erschaue. Auch die geistigen Dinge wollen geboren werden, um die Vollendung ihres Todes zu erreichen."[69] Somit spann sie in der intensiven Beschäftigung mit Heinrich Heine seine Träume weiter und schloß sich ihnen an.

Der aufkeimende Antisemitismus machte es in der zweiten Hälfte des 19. Jahrhunderts zu einer politischen Deklaration, sich für ein derartiges „Enfant terrible" wie Heine zu begeistern, um so mehr, wenn man, wie Elisabeth, an oberster Stelle des Staates stand. Sie bekam dies auch zu spüren, als es um die Aufstellung eines Heine-Denkmals in Düsseldorf ging. Natürlich unterstützte Elisabeth dieses Projekt nicht nur ideell, sondern auch materiell. Sie stieß mit ihrem Engagement nicht gerade auf Begeisterung, wie sie in einem Gedicht kommentierte: „Der solche Kritik über mich verhängt,/ der Arme bellt mir gut mit andern Hunden."[70] Aber auch die antisemitische Presse benützte die Gelegenheit, um gegen die Aufstellung zu agitieren. Der daraus entstandene Konflikt drohte sich zu einer Staatsaffäre zu entwickeln, und so nahm sie schließlich wieder von ihrer Spende Abstand.[71] Das Denkmal wurde nicht errichtet. Elisabeth ließ sich im Gegenzug dazu für Korfu ihr eigenes Heine-Denkmal anfertigen. Sie beschäftigte sich so ausführlich mit dem Werk des Dichters, daß sie bald als Heine-Expertin betrachtet werden konnte. Ihr Ruf drang bis zu einschlägigen Experten vor, und so wurde sie von einem Berliner Literaturhistoriker um ein Gutachten gebeten, in dem sie drei unveröffentlichte Gedichte des Meisters beurteilen sollte. Sie erkannte eines als unecht [72] und bewies damit ihren Professionalismus. Zu anderen Zeiten hätte sie vielleicht ihre Kompetenz in einem Beruf verwerten können und eine literaturwissenschaftliche Karriere gemacht. Zu ihrer Zeit wurde sie damit als Frau und Kaiserin höchstens als extravagant beurteilt.

Über die genaue Kenntnis des Dichters hinaus erkor Elisabeth Heinrich Heine zu ihrem persönlichen Meister und begann in seiner Tradition zu dichten. Mit dem Griff zur Feder knüpfte die Kaiserin, nun eine Frau um die Fünfzig, an ihre Mädchenzeit an. Schon damals hatte sie Lyrik geliebt und ihrem Bruder eine Ausgabe des zeitgenössischen Dichters Emmanuel Geibel unter den Christbaum gelegt.[73] Die eigenen Gedichte boten ihr zudem die Möglichkeit, mit ihrer jugendlichen Trauer fertigzuwerden. Mit ihren Gedichten versuchte sie den Liebeskummer und Tod eines jugendlichen Freundes zu verarbeiten. Später halfen die Verse der jungen Braut, ihre neue Situation zu bewältigen. Damals befand sich Elisabeth an der Schwelle zwischen Jungfrau und Ehefrau. Als sie 1885 wieder zur Feder griff, stand sie im Wechsel der Jahre. In den Grenzsituationen weiblicher Lebensläufe, an den Schwellen einschneidender Phasen macht sich der nächste Entwicklungszyklus bemerkbar. In veränderter Form und dennoch einer Spirale folgend, variierte sie alte Themen neu. „Alles Irdische vergessend,/ Keine Fernen mehr bemessend,/ Will ich freiheitstrunken flieh'n."[74] Wie ähnlich klangen die Verse, die Elisabeth nun schrieb, verglichen mit jenen, die sie als Sechzehnjährige verfaßt hatte: „Wie wollte ich begeistert loben,/ den Gott, den man die Freiheit nennt."[75]

Wesentliche Anregung, die Poesie ihres Gedankenlebens schriftlich festzuhalten, gab ihr ihre Tochter Marie Valerie.[76] Ebenso überzeugt, daß das Dichten für ihre Mutter eine Befreiung war, war Marie Valerie auch sicher „daß ihr Vater das Dichten affektiert fände".[77] Schreiben war demgemäß ein weiterer Akt Elisabeths, sich selbst zu bestimmen, gegen die Mißbilligung anderer die eigene Notwendigkeit sprechen zu lassen. Sie wurde dabei kaum ernst genommen. Das allgemein existierende Urteil über eine dichtende Herrscherin formulierte der Ehemann ihrer Nichte Marie: Die Kaiserin muß „viel Langeweile haben, um soviel zu dichten".[78] Für Elisabeth war Schreiben aber, ebenso wie für viele andere Frauen, kein selbstgefälliger Kampf gegen die adelige Fadesse. Es war Selbstausdruck und Selbsttherapie.

Ihre Schwiegertochter Stephanie formulierte dies deutlich: „So flüchte ich mich denn zu meiner Feder. Sie ist die alte Freundin und Vertraute all meiner Leiden in Zeiten der Trauer und Entmutigung, ihr vertraue ich die große Aufgabe an, die Wahrheit aufzudecken."[79] In der neuen Leidenschaft für die Poesie überließ sich Elisabeth nicht nur ihren Gefühlen, sondern auch einem anderen – Heinrich Heine. „Ich finde nie das Gesuchte, nie den verwandten Sinn",[80] stellte sie fest und wandte sich den Träumen zu. „Glück lebt nur in Phantasien."[81] Heinrich Heine wurde ihre männliche Muse, ja mehr noch, sie wurde sein Sprachrohr. Überzeugt, auf einer Seelenebene mit dem Verstorbenen verbunden zu sein, ließ sie sich die Gedichte von dem Meister einflüstern. Ihren größten Stolz, eine Dichterin zu sein,[82] stellte sie durch die fremde Urheberschaft aber gleichzeitig in Frage. Nicht Elisabeth selbst produzierte, sondern die Gedichte waren Resultat einer mystisch-erotischen Verbindung mit Heine. Es waren Seelenkinder, die ihr den Schmerz verarbeiten halfen, der sie in der Wirklichkeit immer wieder plagte. Es waren die Seelen generell, bei denen sie sich im Gegensatz zu den Menschen verstanden fühlte. Schließlich waren es auch die „Zukunfts-Seelen", an die sie ihr poetisches Tagebuch richtete und denen sie es vermachte.

Die Gedichte der Kaiserin standen zwar in der Tradition von Heinrich Heine, sie trugen jedoch fast ausschließlich autobiographische Züge. Somit akzentuierte Elisabeth gerade deren persönlichkeitsbezogenen Charakter und hob sich auch wieder von Heine ab.[83] Viele ihrer Gedichte kreisten, ganz im romantischen Sinne, um die Liebe und deren Vergeblichkeit. Sie waren voll Trauer und Wehmut, denn es war nicht nur weibliche Pflicht, zu lieben, sondern auch menschliche Sehnsucht. Durch die Erfahrung der verständnislosen männlichen Gegenüber gereift, formulierte sie im Widerspruch von Wirklichkeit und Wunschbild ihre Enttäuschung. In den Gedichten, die Elisabeth zwischen 1885 und 1888 schrieb, entwickelte sie andere Züge als die, die sie für die Öffentlichkeit mit soviel Sorgfalt von sich modelliert hatte. Hinter der Maske der Schönheit, die sie zu diesem Zeitpunkt bereits hinter den Schutz von Schirm und Fächer gestellt hatte, formulierte sie ihre Einstellungen.

Diese zeigten sie als republikanisch gesinnte Kritikerin der Monarchie. Ironisch und zum Sarkasmus neigend, persiflierte sie die höfische Gesellschaft. „Höhnen höchstens, jammern nie."[84] Mit dieser Einstellung lebte sie ihren Zynismus. Mit derartigen Kommentaren rüttelte sie jedoch nicht nur an den Grundfesten des adeligen Standes, sondern ebenso an ihrer eigenen Position als Kaiserin, von der sie trotz allen Leidens auch profitierte. Mit ihren Versen brach Elisabeth aus dem gedanklichen Käfig der Konventionen aus. Es glich einem Coming-out, bei dem sie jedoch auf halbem Wege stehenblieb. Die Entscheidung, die Gedichte zu Lebzeiten nicht zu publizieren, sondern sie gemäß ihrer Verfügung erst 1950 an die Öffentlichkeit weiterzuleiten [85], bedeutete, die Ambivalenz zwischen Anpassung und Widerstand nicht aufzulösen. Die Kaiserin von Österreich, die die Monarchie als überlebte Staatsform betrachtete, blieb Kaiserin, indem sie ihre Meinung wohlweislich vor einer breiten Öffentlichkeit geheimhielt. Als Titania, als Feenkönigin, wie sie sich in ihren Gedichten bezeichnete, gab sie sich zudem über die Gegenwart hinaus eine imaginierte Rolle, die der der Realität vollkommen ebenbürtig war. Obwohl sie die Monarchie gedanklich abschaffte, erhielt sie sich die Position der Königin sowohl zu Lebzeiten als auch darüber hinaus.

Das allgemeine Wissen über ihr dichtendes kritisches Ich verlagerte Elisabeth in die Zukunft. Ihr Mißtrauen der habsburgischen Zensur gegenüber war so groß, daß sie viel Sorgfalt und Mühe darauf verwandte, ihr politisches und künstlerisches Testament zu sichern. Ihre Nichte Marie und deren Cousine Henny Pecz waren dazu auserkoren, die Gedichte zu kopieren. Marie schildert die letzte Etappe dieser Arbeit, bei der sie in der Serviküche von Ida Ferenczy die unnötigen Blätter verbrannte. „Die Kaiserin saß vor einem Metallbecken, auf dessen Grund Spiritus mit einer Beimischung von Ambra brannte. (…) Sie hatte den Kopf in einem roten Seidentuch eingebunden, um die Haare vor Aschenstaub zu schützen und einen alten Waschmantel an."[86] In der Folge wurden die Abschriften vollkommen heimlich in mehrfacher Ausführung gedruckt,[87] in Kassetten verpackt und an diverse Personen verteilt. Die Schweiz sollte als Land der Freiheit und Demokratie Adressatin ihres Nachlasses werden. Im Schweizer Bundesarchiv in Bern wartete er schließlich auch bis zu seiner Veröffentlichung im Jahre 1984.

Elisabeth trat mit ihrer Verfügung zu ihren Lebzeiten nicht hinter dem selbst errichteten Schutzschirm hervor. Erst die Nachgeborenen sollten sie, die Dichterin und Gesellschaftskritikerin, wirklich kennenlernen. Der Zeit verheimlichte sie ihr anderes Gesicht, sie umgab sich mit dem Geheimnis. Damit verhielt sich die oft als egozentrisch wahrgenommene Kaiserin dem Reich gegenüber ungewöhnlich solidarisch. Sie schützte nicht nur die Dichterin vor der öffentlichen Kritik, sondern auch den Kaiser vor ihrer eigenen. Ihre Vorsicht war Rücksicht. Sowohl George Sand als auch Heinrich Heine gaben ihre Ansichten preis. Sie stellten sich der Gegenwart, begaben sich in Konflikte und wurden Vorbilder. Durch ihr Schreiben konnten sie sich trotz ihrer Positionen jenseits der Norm zumindest teilweise durch die Nähe zu Gleichgesinnten mit diesen solidarisch fühlen. Für Carmen Sylva bedeutete Veröffentlichen, aktiv die Verbindung mit anderen herzustellen. „Wenn ich nicht dächte, daß Veröffentlichen nichts weiter ist als sich mehreren Seelen anzuvertrauen, die oft tief mitempfinden können, weil alle Menschen weinen und alle Menschen leiden, und im Leiden alle Menschen gleich gesinnt sind und einander verstehen, so könnte ich alle die Schätze meines erfahrungs- und schmerzenreichen Lebens nicht auftun."[88] Elisabeth nahm sich diese Chance der Verbindung und erweiterten Solidarität. Wer sich nicht verständlich macht, muß sich unverstanden fühlen. Wer sich nicht in seiner Vielfalt zeigt, kann nur als Abbild gesehen werden. Die durch die Gedichte erzielte Selbsttherapie war demnach auch keine dauerhafte. Mit dem Tod ihres Sohnes Rudolf 1889 verlor sie jede Lust, sich weiter als Dichterin zu betätigen. Radikal beendete sie auch diese Phase, indem sie das künstlerische Ich als ihr Vermächtnis an die Zukunft in einer Kassette verschloß.

Auf der Suche nach neuen Zielen begab sie sich ab 1890 ständig auf Wanderschaft. Es war die Reise selbst, die sie fand. In der Folge richtete sie auch die Liebe, das scheinbare Ziel weiblichen Strebens, nicht mehr auf den Mann, sondern auf ständig wechselnde Sinneseindrücke. „Man soll (das Leben A.d.V.) an keinen fortgeben, sondern es leben in allen und mitrollen",[89] sagte sie und tat, was sie meinte. In den letzten zehn Jahren ihres Lebens ergab sie sich ganz dem Oszillieren der Reise. Noch mehr als bisher löste sie Fixierungen, kreierte sich selbst in den wechselnden Eindrücken von Erlebnissen und Naturbetrachtungen, ohne sie festzuhalten. „Jede schöne Gegend ist ein Gedicht Jehowas, und Jehowas Gedichte sind unerschöpflich an Schönheit und Mannigfaltigkeit u. Anzahl."[90] Die Hingabe Elisabeths gehörte von 1889 an der Poesie der Landschaft, der unausgesetzten Bewegung. Ihre Leidenschaft gehörte der Trauer und ihr Streben der Freiheit. Anhand ihrer Reisen wurden weitere Teile ihrer Träumereien Wirklichkeit.

Nomadin im Grenzland

> „Ja ein Schiff will ich mir bauen!
> Schönres sollt ihr nimmer schauen
> Auf dem hohen weiten Meer;
> ‚Freiheit' wird vom Maste wehen,
> ‚Freiheit' wird am Buge stehen,
> Freiheitstrunken fährt's einher."[1]

Wie weit müssen Frauen gehen, um bei sich selbst anzukommen? Entfernungen machen sensibel, sie öffnen neue Empfindsamkeiten. Die feinfühlige Kaiserin von Österreich entdeckte die Reise nicht nur als Flucht vor der sie einengenden Umgebung, sondern als Möglichkeit, sich selbst zu suchen. Hatte die erste Fahrt von Bayern nach Österreich die Braut dem Bräutigam zugeführt, so war damit vorläufig ihre Aufgabe festgelegt. Als Kaiserin hatte sie die Pflicht, als Repräsentationsfigur des Reiches durch die Präsentation ihres mildweiblich-majestätischen Lächelns den Herrschaftsanspruch der Zentralgewalt in die Kronländer zu tragen. Von der Frau erwartete man dasselbe wie von den Waffen – Eroberungen. Das neoabsolutistische Regime Franz Josephs nach der Revolution von 1848 verpflichtete Elisabeth als Bündnispartnerin. Die Repräsentationsreisen, die Elisabeth an der Seite ihres Mannes nach der Hochzeit unternahm, führten sie nach Italien, Böhmen und Ungarn. Aus der verträumten Hoffnungsreise der Prinzessin war die Eroberungsreise der Kaiserin geworden. Kein „Schritt ins Ungeschriebene, Ungeplante"[2] war auf diesen Reisen denkbar. Die Route war festgelegt, die Empfänge vorbereitet, alles diente dazu, die Wirklichkeit hinter einer Theaterkulisse verschwinden zu lassen. „Die Stereotypen der Huldigungsarchitektur bestätigen den Zentralismus des Staatsgebildes und verkünden die habsburgische Mythologie des Überall, der Übernationalität, jene Axiome des Vielvölkerreiches, die die symbolische Präsenz der kaiserlichen Ordnungsmacht für alle Teile des Territoriums fordern."[3]

Da das Reisen durch den Ausbau von Bahn- und Schiffsverkehr popularisiert worden war, benötigte der politisch gewünschte Effekt einer kaiserlichen Schaureise eine noch bessere Inszenierung. Nur mit der perfekten Überhöhung in Künstlichkeiten, nur mit dem Preis der körperlichen Distanz der Reisenden zur Welt, konnte das Verschwinden der Sensation des monarchischen Auftrittes gerade noch verhindert werden. Gleichzeitig wurde der weibliche Körper mehr denn früher zur Schau gestellt, nichts dem Zufall überlassen und die Inszenierung perfektioniert. Nur mit dem letzten Aufwand konnte auf diese Art und Weise über formale Erweiterung der inhaltliche Verlust der kaiserlichen Schaureise kompensiert werden.

Nicht überall war die Stimmung beim Empfang des Paares positiv. Wie brüchig die Inszenierungen herrschaftlicher Macht bereits waren, zeigte sich am deutlichsten in Norditalien. In Venedig waren große Teile der Bevölkerung vom Haß gegen die habsburgische Herrschaft erfüllt. Bei einem öffentlichen Empfang im November des Jahres 1856 verweigerten 100 von 130 geladenen Patriziern und Patrizierinnen ihr Erscheinen.[4] Als ob die ablehnende Stimmung sich der allgemeinen Spannungen entledigen wollte, zersprang auf einem für die Hoheiten festlich geschmückten Floß zu allem Übel noch eine gewaltige Kaiserkrone aus Kristallglas in tausend Stücke.[5] Noch schlechter war die Stimmung in Mailand. Trotz des Festschmuckes erklangen keine Jubelrufe der Bevölkerung. Als der Adel in der Oper, statt selbst zu erscheinen und den Majestäten zu huldigen, die Dienstleute in die Logen geschickt hatte,[6] wurde selbst die schönste Kulisse machtlos gegen den unüberhörbaren Protest der norditalienischen Städte.

Das Reisen, bislang weitgehendes Privileg des Adels, hatte durch die bürgerliche Konkurrenz die Besonderheit zunehmend verloren. Elisabeth selbst förderte diese Entwicklung. Schon anläßlich ihres fluchtartigen Aufbruches vom Wiener Hof zur Erholung auf die Insel Madeira setzte sie eigene Reiseakzente, die sich nun mehr am bürgerlichen Aufbruch orientierten. Der durch Krankheit bedingte Aufenthalt gab ihr jenseits der Pflicht den eigenen Blick zurück. Zwischen der Kaiserin und der Erfahrung der Welt durch die Reisende lag nur mehr die ärztliche Legitimation. Die Überlebensreise setzte sie in neue Verbindungen. In der Folge wurden ihre Reisen ein Mittel, sich zunehmend von ihrem Mann zu distanzieren. Durch ihr oft spontanes Verschwinden übertrat sie die Grenzen der offiziellen Räume, sie machte sich zur Reisenden außer Dienst und diente nur mehr sich selbst. Sie verließ das Zeremoniell, ja überholte es, indem sie sich selbst das Tempo gab. Jenseits der repräsentativen Anforderungen wurde das Reisen für sie zu Mittel und Möglichkeit, mit der Welt unvermittelt in Zwiesprache zu treten.

Das 19. Jahrhundert war eine Epoche des neuen Reisens. Obwohl nach wie vor teures Privileg einer Oberschicht, wurde es nun zunehmend von Bürgerlichen aufgegriffen. Die Suche nach Abenteuer, die Lust auf die Ferne, die Neugier, wissenschaftliche Expeditionen durchzuführen, oder einfach der Wunsch, mit dem Gewohnten zu brechen, das waren genügend Motive, um die Heimat zu verlassen. Schließlich beinhaltete das Reisen immer auch, das Denkbare des noch nicht Gedachten anzuregen. Die Bahn wurde nicht nur wichtigster ökonomischer Faktor weltumspannender Handelsbeziehungen, sondern Mittel, die Sehnsucht nach der Ferne zu stillen. In der Literatur erlebten Reiseberichte und utopische Abenteuergeschichten einen neuen Höhepunkt. Wer hatte sich in der zweiten Hälfte des 19. Jahrhunderts nicht gedanklich, Jules Verne folgend, in 80 Tagen um die Welt bewegt? Nicht nur Erwachsene, auch Kinder zog es in die Ferne. Kronprinzessin Stephanie berichtete in ihren Memoiren: „Auch rückten wir in unseren Zimmern Stühle hintereinander, um uns so Eisenbahnzüge vorzutäuschen, die uns in unserer Phantasie in weit entfernte, prächtige Länder führten."[7]

Für Frauen brachte das Reisen nun erstmals die Möglichkeit, gegen die engen Pflichten des weiblichen Alltags das Abenteuer der Welt zu tauschen. Diese Selbsterweiterungsreisen wurden oft von literarischen Aufzeichnungen begleitet. 53jährig verließ die Wienerin Ida Pfeiffer, nachdem sie die Aufgabe der Reproduktion erfüllt hatte, ihre Familie, um Berufsreisende zu werden. Sie war 1797 geboren und hatte in ihrer wohlhabenden Kaufmannsfamilie eine strenge Erziehung genossen. Wie ihre Brüder wurde sie einem Abhärtungsprogramm unterzogen und durfte sich als Lohn in Knabenkleidern bewegen.[8] Daher verachtete sie alle als weiblich geltenden Tätigkeiten und schnitt sich selbst in den Finger, um nicht Klavierspielen oder sticken zu müssen.[9] Der Vater hatte ihr versprochen, daß sie Offizier werden würde. Er hatte es jedoch versäumt, sein Versprechen einzulösen, und so wurde Ida Ehefrau. Auf diese Weise entkam sie ebenfalls dem elterlichen Heim. Neben der Erziehung ihrer Kinder studierte sie in der Folge Reiseberichte. Als sie 1842 ihre erste Weltreise begann und ihr Tagebuch nur zwei Jahre später zum Bestseller avancierte, war sie nicht mehr zu halten. Von Brasilien, China, Ceylon, Ostindien oder Persien brachte sie ihre Reiseberichte mit, von deren Ertrag sie gut leben konnte. Trotzdem zog sie das Wanderinnenleben dem trauten Zuhause vor, und so starb sie 1858 an den Folgen ihrer Reise nach Madagaskar.[10] In knapp 16 Jahren hatte sie 150.000 englische Meilen zur See und 20.000 Meilen zu Land zurückgelegt.[11] Als Frau hatte sie eine weitgehend männliche Domäne erobert.

Auch Lola Montez verwandelte sich nach ihrem gescheiterten amourösen Intermezzo mit König Ludwig I. in eine Nomadin. Von Australien über Asien zog sie ihre Tournee bis nach Amerika. Sie konnte sich, wahrscheinlich als eine der wenigen Frauen der damaligen Zeit, rühmen, Kennerin aller fünf Kontinente der Erdkugel zu sein.[12] In der neuen Welt durchreiste sie die Landschaft und erzählte zudem dabei von sich selbst. Sie verwandelte ihre Theatertournee in eine Selbstdarstellungsaufführung, indem sie Lesungen aus ihren Memoiren zum besten gab. In den selbstgestalteten Rollen spielte sie sowieso besser als in jenen, die fremden Köpfen entsprungen waren. Zu den Berichten über ferne Kulturen und Politik fügte sie die Rolle der Frau in der Gesellschaft. Ihre in Buchform publizierten „Lectures" wurden zu einem Stück frühfeministischer Literatur.[13] Sie trugen einerseits zu ihrem Lebensunterhalt bei, andererseits wurden sie Aufrufe an die amerikanischen Frauen, sich ihrer Rolle bewußt zu werden.

Durch ihre Reisen und durch ihre Lesungen gab sich Lola Montez eine dauerhafte Stimme. In ihren Memoiren machte sie sich nicht nur zur Legende, sondern auch zum Sprachrohr der weiblichen Freiheit und Emanzipation. Wedekind fand in Lola Montez jene Person aus der Wirklichkeit, die er in der Kunst als „Lulu" verewigte. Unweit von Grass Valley zeugt bis heute der fast dreitausend Meter hohe „Mount Lola" von der Bedeutung der „Dame in Schwarz". Lola Montez vervielfältigte sich durch ihre Reisen über die Welt, ihre Skandale machten sie zum Bürgerschreck und Faszinosum. Neben ihren glanzvollen Schaustücken der Selbstdarstellung war es aber vor allem ihre außergewöhnlich starke Persönlichkeit, die sie unsterblich in Erinnerung hielt. Im Königreich Bayern hatte sie nach der Krone gegriffen, die ihr nur ein Mann hätte geben können. Diese Insignien königlicher Macht hatten jedoch zu diesem Zeitpunkt bereits an Glanz eingebüßt und konnten zudem schnell wieder verlorengehen. Lola Montez krönte sich ohne männliche Hilfe. Als Schauspielerin, Schriftstellerin und Nomadin modellierte sie sich zum Leitbild des modernen Stars.

Elisabeth besaß bereits eine Krone. Sie schuf nun, ähnlich wie Lola Montez, ihre eigene Inszenierung des Aufbruches. In ihrem Reisefieber verließ die Herrscherin den kaiserlichen Rahmen. Sie übergab sich der Geschwindigkeit, indem sie die Reise der repräsentativen Funktion entkleidete. Ihr Fortsein gestaltete sie zu einem Dasein im Augenblick. Da sie den Weg und die Bewegung derart liebte, benötigte sie kein Ziel und gelangte dennoch dorthin. „Deshalb müssen wir nach Möglichkeiten trachten, wenigstens einige Augenblicke zu erretten, an welchen wir, jeder nach seiner Art, in unser eigenes Leben kommen können. Ich entdecke mich jedesmal neu, wenn ich in eine neue Atmosphäre gelange, die noch niemand eingeatmet und verbraucht hat (...) Wenn ich mich ganz allein in einer einsamen Landschaft befinde, von der ich weiß, daß sie nicht oft betreten wird, fühle ich, daß meine Beziehungen zu allen Dingen ganz verschiedene werden, als wenn auch andere Menschen dabei sind: nur an diesem Unterschiede erkenne ich mich selbst."[14]

Die Funktion des kaiserlichen Reisefiebers war damit klar erkennbar. Die Bahn oder das Schiff führten Elisabeth fort, um sie zu sich zurückzubringen. Immer wieder ließ sie den Anker lichten. Nur einen heftete sie unverrückbar in ihr eigenes Fleisch. Als Franz Joseph erfuhr, daß sich seine Frau tätowieren hatte lassen, war er zutiefst erschüttert und fragte seine Tochter Marie Valerie, ob sie über diese Tatsache schon geweint hätte.[15] Mit der Tätowierung, dem Zeichen ar-

Abb. 17: Lola Montez,
Bildnis aus der Schönheits-
galerie Ludwig I.

chaischer Körperlichkeit, das im europäischen Kulturkreis seit dem
18. Jahrhundert wieder bekannt wurde, folgte Elisabeth neben der
Reisemode einem anderen Trend. Der Impuls zur Wiederbelebung
des europäischen Hautstiches kam von den Reisen nach der Südsee.[16]
Durch die Fremden animiert, brachten Matrosen auf ihrem Körper
Tattoos nach Europa und auf ihren Schiffen sogar bemalte Häupt-
linge. Diese wurden in der Folge in der alten Welt als exotische Wilde
herumgereicht und auf Jahrmärkten bestaunt. Was dem sich selbst
dekadent fühlenden europäischen Menschen in der Person des tätowierten Südseefremden entgegentrat, war das Bild der ewigen Jugend, deren Anbruch man mit dem Beginn des bürgerlichen Zeitalters erhoffte.[17] Damit verbunden, entstand der Traum vom Paradies,
das unter Palmen und Sonne, abseits von der krisengeschüttelten Zivilisation, mit seinen Schätzen auf die Entfremdeten und Entmutig-
ten aus der Alten Welt wartete.
Der Mythos von der paradiesischen Südsee hielt sich durch das

ganze 19. Jahrhundert als eine Projektionsfläche für unerfüllte Wünsche und Träume. Sich tätowieren hieß, eine Aktie für das irdische Paradies zu erwerben. „Die Tätowierung unternimmt den verzweifelten Versuch, der Wahrheit des Traums vom irdischen Paradies Dauer zu verleihen; nicht etwa in der Meinung, daß sich dadurch bereits der Traum bewahrheitete, sondern um nach dem Verlust des Paradieses nicht auch noch den Traum von ihm zu verlieren."[18] Die Zeichen auf der Haut erlebten in der zweiten Hälfte des 19. Jahrhunderts geradezu einen Boom. Das Bürgertum weitgehend überspringend, erfaßte er sogar den Adel und die Königshäuser. Von der russischen Zarin über Kaiser Wilhelm II. bis zur amerikanischen „High Society" hatten sich viele „brandmarken" lassen.[19] Auch Kronprinz Rudolf und Erzherzog Franz Ferdinand waren dieser Mode gefolgt. Elisabeth befand sich also in bester Gesellschaft. Der Hochblüte der Tätowierung folgte bald eine verbale Diskreditierung, und so verwandelten sich die Bilder auf der Haut zum Symbol für den Widerstand gegen eine moralisch legitimierte bürgerliche Ordnung des kapitalistischen Leistungsprinzipes.

„Der moderne mensch, der sich tätowiert ist ein verbrecher oder ein degenerierter",[20] sagte der bekannte Architekturerneuerer Adolf Loos 1908 in seinem berühmt gewordenen Aufsatz „Ornament und Verbrechen". „Die tätowierten, die nicht in haft sind, sind latente verbrecher oder degenerierte aristokraten. Wenn ein tätowierter in freiheit stirbt, so ist er eben einige jahre, bevor er einen mord verübt hat, gestorben."[21] Mit derartigen Aussagen folgte Adolf Loos dem Diskurs, der die Tätowierten aus der Unterschicht zu Kriminellen stempelte oder jene aus der Oberschicht zu Decadents machte, die sich ebenfalls einer Verwertung ihrer Person durch den kapitalistischen Arbeitsprozeß entzogen. Der Haß, der den Tattoos zunehmend vom Bürgertum entgegengebracht wurde, war das „giftige Zersetzungsprodukt einer Sehnsucht, die resignieren mußte".[22]

Wie das Tattoo quasi Souvenir und Folge des verstärkten Reisens des 19. Jahrhunderts war, das Kritik am technologischen Fortschritt beinhaltete und die „edlen Wilden" als Inbegriff einer heilen Welt verstehen wollte, so vollzog seine zunehmende Diffamierung den Sieg der europäischen Zivilisation über die letzten Inseln der Träume.

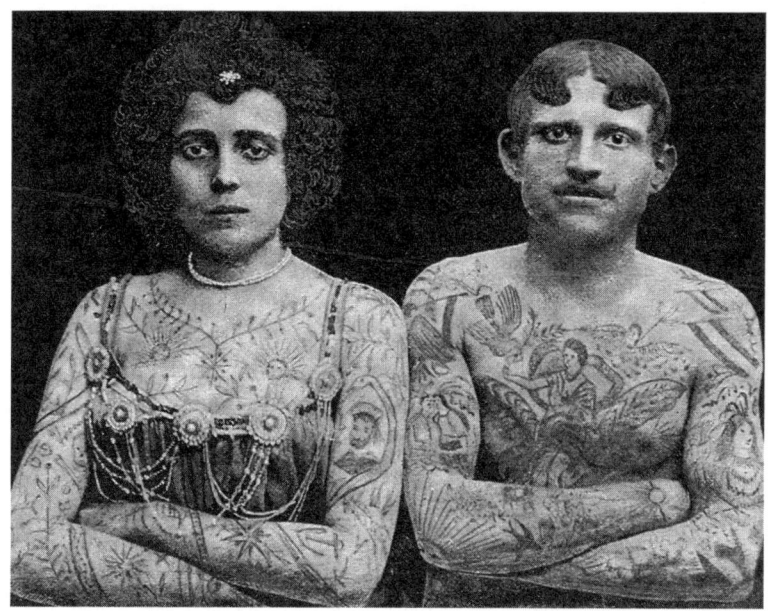

Abb. 18: Das tätowierte Geschwisterpaar Rivalli, 1899

Aus den zerfallenden Strukturen kristallisierten sich neue Obrigkeits-
systeme heraus, die das Freiheitsstreben der einzelnen im Arbeits-
ethos einer bürgerlichen Gesellschaft zu ersticken suchten.

Elisabeths Anker auf der Schulter schien der stille Beweis, die
Träume weiterzuspinnen. Er stand an der Grenze von Aufbruch und
Übergang, von Opposition und Resignation. In ihm versuchte sich
Elisabeth vor der zunehmenden Entfremdung, die auch die obersten
Spitzen der Gesellschaft erreicht hatte, zu schützen. Sie suchte sich in
der eigenen Fremde zu verankern. Sehnsucht und Widerstand trafen
einander auch in der adeligen Modeerscheinung der Tätowierung.
Mit ihrem Tattoo verband Elisabeth ihr Fremdfühlen mit den außer-
europäischen Fremden und formulierte damit indirekt ihre Zivilisati-
onskritik. Mit dem Anker schien sie sich nicht nur in einem fiktiven
Paradies festbinden zu wollen, sondern auch in sich selbst. Der in der
Außenwelt empfundene Schmerz über das Unverstandensein wurde

durch das Zeichen auf ihrer Schulter körperlich spürbar, er ging ihr unter die Haut, er war ihr eigen, unwiderrufbar und undveränderbar festgeschrieben!

Während sie in ihrer Schulter den Anker gesetzt hatte, ließ sie ihre Yacht, die „Miramar" stets unter Dampf halten, um jederzeit abdampfen zu können. Sie nützte die modernen Transportmittel, um Distanzen zu überwinden. Sie ließ jedoch den Motor abstellen, um bei hohem Seegang die Kraft der Elemente zu fühlen.[23] Wenn das Schiff dann ohne Antrieb der Maschinen dem Meer ausgesetzt war und sie die Gewalt des Windes spürte, gab sie der Natur ihre Kraft zurück, und sich selbst eine ursprüngliche, nicht durch die Technik entfremdete Erfahrung. Dem passiven Reisen setzte sie auch bei den Bahnfahrten die eigene Bewegung entgegen. Im abgeschlossenen Raum des Bahnwaggons hatte sie im Gegensatz zum Schiffsdeck keine Gelegenheit mehr, die Elemente zu fühlen. So schritt sie im „Gange des Schlafwagens auf und nieder und blickte, unbekümmert um die Reisenden, durch die Fenster auf die vorüberziehenden, abwechslungsreichen Bilder".[24] Im Luxus der kaiserlichen Reisemöglichkeit wollte die Kaiserin selbst Motor bleiben. Sie versuchte das Prinzip der Reise in sich selbst zu begründen.[25] Damit blieb sie trotz der Nutzung des Maschinenzeitalters doch auch Skeptikerin desselben. In ihrer Wanderschaft setzte sie neben dem Tempo des Zuges das Tempo ihres Schrittes. Zwei Geschwindigkeiten standen nebeneinander und wurden von ihr in unterschiedlicher Weise genützt.

„Wir werden um die Erde ein Netz weben von Eisenbahnen, wie eine Spinne Fäden webt, und die Natur wird sich darin fangen wie eine Fliege. Wohin werden wir dann reisen, wenn wir überall hinreisen können?"[26] So fragte Alexander von Villers, der sich beunruhigt und technikfeindlich auf das Land zurückgezogen hatte, um hier zurück in der Natur, seine Reisen im Kopf zu unternehmen. Elisabeth teilte sein Unbehagen: „Die Menschen glauben, daß sie die Natur und die Elemente beherrschen durch die Schiffe und Expreßzüge. Im Gegenteil – die Natur hat jetzt die Menschen unterjocht. Früher hat man sich in einer abgeschlossenen Talmulde, die man nie verließ, als Gott empfunden. Jetzt rollen wir als Globetrotter wie Tropfen im Meer, und wir werden schließlich erkennen, daß wir nichts als solche

Abb. 19: Hofsalonwagen der Kaiserin Elisabeth, gebaut 1873

sind."[27] Damit gab sich Elisabeth selbst die Antwort. Als Globetrotte-
rin kombinierte sie mit Hilfe der Technik deren Tempo mit dem
eigenen. Als Wanderin zwischen Natur und Maschine reiste sie durch
die Räume, um damit gleichzeitig die Weite der eigenen Seelenlandschaften zu erkunden.

„Die Reiseziele sind nur deswegen begehrenswert", sagte sie, „weil
die Reise dazwischen liegt (...). Der Gedanke, einen Ort bald verlassen zu müssen, rührt mich und läßt mich ihn lieben. Und so begrabe
ich jedesmal einen Traum, der zu rasch vergeht, um nach einem neuen
zu seufzen."[28] So gesprochen, wurde die Reise für Elisabeth eine An-
einanderreihung von Erlebnisaugenblicken, die den Sinn in sich selbst
trugen und die sie unmittelbar mit der Umgebung kommunizieren
ließen. Per Bahn, per Schiff oder zu Fuß, war ihre Devise: „Das Steigen ist anziehender, als jede erreichte Spitze",[29] konstatierte sie ihren
Leitspruch wie im Buddhismus, wo es heißt, der Weg ist das Ziel.

Waren ihre ersten Reisen weitgehend gesundheitlich erfordert, so begann nach ihrer „Unabhängigkeitserklärung" eine neue Phase: das Reiten. Diese Leidenschaft führte sie nach Irland, England und Frankreich. Hinter der Meute zog sie über Felder und Wiesen. Uneingeschränkt ihren Vorlieben nachgehen konnte sie jedoch erst nach dem Tod des abgedankten Kaisers Ferdinand des Gütigen. Im Jahre 1875 erhielt Franz Joseph durch die Erbschaft ein beachtliches Vermögen.[30] Auch Elisabeth profitierte davon. Ihre Apanage wurde von ihrem Mann von 100.000 Gulden auf 300.000 Gulden angehoben. Zudem erhielt sie ein Vermögen von zwei Millionen Gulden zum persönlichen Gebrauch.[31] Erst durch diese Erbschaft verfügte Elisabeth über ein beträchtliches Privatvermögen, das ihr nicht nur luxuriöse Betätigungen ermöglichte, sondern das sie auch in Aktien und Pfandbriefen anlegte und schließlich im Bankhaus Rothschild in der Schweiz deponierte.[32]

War die finanzielle Grundlage für ihre Reiselust durch ein persönliches Vermögen gegeben, so begann die fast ununterbrochene Abwesenheit der Kaiserin nach dem Tode ihres Sohnes Rudolf und der Verheiratung von Marie Valerie. Die Lieblingstochter war das einzige Band, das Elisabeth an Österreich knüpfte.[33] Sie wußte, daß sie durch die Heirat ihre Position im Herzen der Tochter an den Mann abgeben mußte. Die ganze Ambivalenz einer liebenden Mutter erlebte sie nun selbst. Sie hatte über das Wohl der Tochter gewacht und auch deren Liebesheirat unterstützt, wohlwissend, daß die Beziehung zu einem Mann die Beziehung zur Mutter verändern mußte. „Wenn den Eseln zu wohl ist, gehen sie auf das Eis, um zu tanzen",[34] sagte sie. Während der Verlobungszeit war sie melancholisch, aber lieb und gut und mit einer Art lustigem Galgenhumor.[35] Als die Hochzeit am 24. Dezember 1888 bekanntgegeben wurde, gab sich Elisabeth freundlich und zärtlich in einem. Zu Franz Joseph meinte sie: „Ich hab Dich ja so lieb." Dieser war ganz gerührt: „Nein wirklich? Das war schon lang nicht."[36]

Hatte Elisabeth Marie Valerie durch den Mann verloren, so hatte sie sich von Franz Joseph schon früher distanziert. Die beiden verband wenig. Um sich ihrer emotionalen Verpflichtungen zu entledigen, um dem Kaiser ihre Abwesenheit und seine Einsamkeit zu erleichtern, förderte und protegierte sie dessen Verhältnis zu Katharina

Schratt. In der Schauspielerin fand der Kaiser, was er neben seinen Regierungsgeschäften dringend benötigte: lockere Unterhaltung, Ablenkung und leichte intellektuelle Kost. Elisabeth konnte ihm dies mit ihren Ansprüchen nicht bieten, daher unterstützte sie auch offiziell die Verbindung. Durch die Protektion der Kaiserin blieb die Schauspielerin vom Tratsch und Elisabeth von den Vorwürfen eines daheim zurückgelassenen Gatten weitgehend verschont. Sie selbst legitimierte eine außereheliche Beziehung und karikierte damit die Ehe durch die Praxis. Was in bürgerlichen Kreisen als „schlampiges Verhältnis" Alltag war, jedoch in bigotter Weise vertuscht wurde, lebte sie an der obersten gesellschaftlichen Spitze des Reiches und forcierte damit ein neues Lebensmodell: die offene Ehe. Freilich profitierte dabei in erster Linie der Gatte. Was sie ihm gestattete, bot für Elisabeth selbst anscheinend keine Alternative. Was als Märchenhochzeit begonnen hatte, war längst an den Unterschieden ihrer Charaktere gescheitert. Weder die sinnliche Liebe noch die geistige konnten sie überzeugen und an einen Mann binden.

Zeit seines Lebens blieb Franz Joseph der große Liebende seiner Frau. Elisabeth aber entwickelte sich zu einer Verehrerin ihrer selbst. Es waren mühsame Schritte, die weibliche Selbstachtung aus dem Dickicht der den Frauen abverlangten Selbstaufgabe herauszuschälen. Eine wesentliche Grundlage dafür war, weibliches Begehren von den Bedürfnissen des Mannes abhängig zu halten. Wäre Elisabeth in diesen Anforderungen steckengeblieben, hätte sie an der Seite ihres kaiserlichen Gemahls ein biederes Leben geführt, ohne die Vielschichtigkeit ihrer Persönlichkeit zu entdecken und auszubauen. Ihr Einsatz für die Eigendefinition ihrer Subjektivität entsprach einem intuitiven Überlebenskampf, den sie mit einem ungewöhnlichen Kraftaufwand führte. Zwischen Resignation und Widerstand war die Balance leicht zu verlieren. Bis zum Schluß kämpfte sie jedoch mit dem ihr eigenen Potential der Unbeugsamkeit.

Sie überwand ihre Illusion über die männliche Liebe. Ihr ging es nicht um verbale Bekenntnisse, sondern sie wollte als Partnerin anerkannt und geschätzt werden. Dafür bot ihre Zeit jedoch kaum Möglichkeiten. So setzte sie anstelle einer unbefriedigenden Nähe die Distanz. Sie forderte von Franz Joseph nicht, was er ihr nicht geben konnte: Resonanz! Sie ließ ihn zurück, um sich das Echo und den Spiegel in anderen Personen und Welten zu holen. Damit hielt sie eine Beziehung aufrecht, die in Wirklichkeit kaum Gemeinsamkeiten umfaßte. Die Ehe war durch Wertschätzung und gegenseitiges Unverständnis geprägt, aber sie hielt gerade wegen der lokalen Distanz, die Elisabeth zu der emotionalen fügte. „Ich weiß, daß Du mich lieb hast", sagte sie zu Franz Joseph, „auch ohne Demonstrationen, und wir sind deshalb glücklich zusammen, weil wir uns gegenseitig nie genieren."[37]

Oft bat sie ihn während ihrer Reisen jedoch, sie zu besuchen. „Könntest du nicht auf 14 Tage kommen?" fragte sie ihn 1874. „Denke einige Tage darüber nach, ehe Du gleich mit gewohnter Stützigkeit NEIN sagst."[38] Wenn sie der Kaiser dann doch besuchte, wich sie kaum von ihrer Strategie der Distanz ab. In Gödöllö kam es vor, „daß der Kaiser oft zehn Tage lang umsonst zu ihr hinüber ging",[39] ohne von ihr vorgelassen zu werden. Die Wirklichkeit schien ihr nur allzu schnell die Langeweile des Zusammenseins mit Franz Joseph vor Augen zu führen, die Vorfreude jedes Treffen zu überbieten. „Ihre Majestät freute sich wirklich auf ihren Gemahl", schrieb ihre Hofdame Marie Festetics, „kann nur sagen, daß der Herr ganz in ihrer Tasche steckt."[40]

Die Skepsis, die Elisabeth der Ehe entgegenbrachte, demonstrierte sie bei jeder Gelegenheit. Anläßlich ihrer silbernen Hochzeit, zu der sie gerade 41 Jahre alt und die schönste Großmutter der Welt war, sagte sie: „Wenn ich nicht daran dächte, daß die Wiener Geschäfte von der Silberhochzeit in finanzieller Hinsicht profitierten, würde ich lieber den 24. April irgendwo in einem stillen Nest verbringen, wo ich mich ganz meinen Gedanken über fünfundzwanzig vergeudete Jahre hingeben könnte."[41] Um den folgenden doch noch etwas abzugewinnen, ging sie auf Reisen. Das bedeutete, daß sie ihren Ehemann nur selten sah. Ihr Kontakt wurde über Briefe aufrechterhalten. Auf dem Papier konnten sich beide leicht über die fehlenden gemeinsamen Interessen hinwegtäuschen.

Franz Joseph berichtete der Entfernten von den kleinen Ereignissen des Alltages, hielt seine Frau über die Gesundheit der Enkelkinder auf dem laufenden und klagte über die eigenen Arbeitssorgen. Somit war in der kaiserlichen Familie eine Art Rollentausch durchgeführt worden. Während der Mann zu Hause der ruhende Pol war und wohlinformiert das Zentrum der Familie darstellte, zog die Frau in der Ferne immer wieder neuen Abenteuern entgegen. Oft ließ sie dabei ihre Begleitung und auch Franz Joseph im unklaren, wohin sie als nächstes aufbrechen wollte, ja sie wußte es manchmal selbst nicht, da sie spontane Entschlüsse traf.

So rätselte Franz Joseph immer wieder, wohin er die Briefe an seine Frau adressieren sollte. „Meine Gedanken suchen Dich, ohne zu wissen, wo sie Dich finden sollen, aber in Liebe und Sehnsucht denke ich beständig an Dich",[42] schrieb er ihr, und: „Es ist gar so peinlich, gar nicht zu wissen, wie man sich mit Dir in Verbindung erhalten kann."[43] Wenn er Glück hatte, erfuhr er etwas von der Begleitung oder sogar erst aus der Zeitung. Manchmal wurde er unruhig: „Ich möchte so gerne telegraphisch fragen, wie es Dir geht, da ich besorgt bin, daß Du am Ende wieder krank bist, aber ich traue mich nicht, um Dir nicht unangenehm zu sein."[44] Das war das Schicksal Franz Josephs. Zu wenig mutig, zu hart gegen sich selbst und zu unverständig gegen andere. Die emotionale Reproduktion der Ehefrau vermissend, war es ihm nicht gelungen, seine eigene Emotionalität auszubauen. Franz Joseph lebte zwischen seinen Schriftstücken am Schreibtisch in der ewigen Hoffnung, daß ihm Elisabeth seine Einsamkeit abnehmen würde. In dieser Eigenverantwortung hatte sie ihn jedoch zurückgelassen.

Nur über die Entfernung konnten beide die Konflikte umgehen, die sie notgedrungen in gemeinsamer Nähe ausfechten hätten müssen. Gleichzeitig konnten sich beide ihrer wesentlichen Gemeinsamkeit hingeben. Was sie verband, war die fortgesetzte Sehnsucht. Franz Joseph war zeit seines Lebens durch die unerfüllte Sehnsucht nach seiner Frau getrieben, Elisabeth durch die unerfüllte Sehnsucht nach Freiheit. Damit hatte sie den Mann aus dem Zentrum weiblichen Begehrens genommen. Das machte Elisabeth nicht unbedingt glücklicher, aber gab ihr das Potential zur eigenen Freiheit. Da ihre Handlungen als Kaiserin in der Öffentlichkeit durchaus registriert wurden, machte sie ihr Unabhängigkeitsstreben zu einem Vorbild für andere Frauen.

Die wohl außergewöhnlichste Weltreisende, Alexandra David-Néel, sollte ihr in dieser Hinsicht im 20. Jahrhundert nachfolgen. Durch ihre Geburt im Jahre 1868 war sie gleichwohl noch eine Zeitgenossin von Elisabeth und erlebte den Aufbruch der Frauen des 19. Jahrhunderts mit. Sie studierte Sanskrit und asiatische Philosophien, begeisterte sich für die anarchistische Bewegung, wurde schließlich Opernsängerin, Freimaurerin, Feministin, Journalistin und im Alter von 36 Jahren auch Ehefrau. Ihre Ehe hielt sie zeit ihres Lebens aufrecht, nicht aber den gemeinsamen Haushalt. Sieben Jahre nach der Hochzeit brach sie enttäuscht über das Don-Juan-Verhalten ihres Gatten auf, um mit ihm fortan, wie sie sagte, „im Paradies"[45] zu leben. Von wenigen Ausnahmen abgesehen, verkehrten sie nur mehr über Briefe. Dadurch entpuppte sich Philippe Néel als der „beste aller Ehemänner".[46] Alexandra hingegen wurde zur ersten Frau, die 1924 Lhasa, die verbotene Stadt Tibets, betrat. Sie weihte sich wie kaum eine andere dem Studium des Buddhismus, wurde nicht nur Gelehrte, sondern auch Anhängerin desselben und brachte in ihren zahlreichen Schriften den Orient in den Okzident. Als „Leuchte der Weisheit" bereitete die Hundertjährige, unternehmungslustig wie immer, noch 1969 ihren Aufbruch nach Rußland vor und mußte zu diesem Zweck ihren Paß verlängern lassen. Diesmal kam ihr jedoch etwas dazwischen. Nachdem die 68er Bewegung die Forderungen ihrer eigenen Jugend neuerlich formuliert hatte, konnte sie getrost gehen. Sie starb 1969.

Sowohl für Alexandra David-Néel als auch für Elisabeth, Kaiserin von Österreich, wurde das Reisen Ausgangs- und Endpunkt ihres Lebens. Beiden diente es zur Persönlichkeitsentfaltung. Alexandra ließ nur ihren untreuen Ehemann zurück, Elisabeth ein Reich und eine Familie. Rücksichtsvoll traf sie Vorkehrungen, um beruhigt aufbrechen zu können. Durch die Protektion von Katharina Schratt enthob sie sich der ehelichen Pflichten. Sie neutralisierte damit nicht nur die Vorwürfe über ihre Abwesenheit, sondern wirkte auch gleichzeitig für den guten Ruf des Kaiserhauses. Der Seitensprung des Kaisers wurde offiziell geduldet. Die oft als egozentrisch verurteilte Kaiserin hatte ihren großen Möwenflug vorbereitet. Alle Daheimbleibenden waren versorgt. Der Mann bei der Freundin und die Töchter bei ihren Ehemännern.

Was sie nicht ahnte, war die tragische Entwicklung ihres Sohnes.

Politisch liberal und von seinem Vater diesbezüglich nicht gefördert, ebenso sensibel wie seine Mutter und ihr in vielem nachfolgend, nahm sein Zustand ein immer bedenklicheres Ausmaß an, das niemand wahrhaben wollte. Durch sinnliche Exzesse körperlich zusätzlich geschwächt, beging der Thronfolger 1889 zusammen mit der siebzehnjährigen Baronesse Mary Vetsera Selbstmord. Die Tragödie von Mayerling war für Elisabeth und Franz Joseph ein Schock. Sie hielt ihnen und der Zeit einen radikalen Spiegel vor. Rudolf war nicht nur an sich selbst, sondern an seiner Rolle und seiner Umgebung gescheitert. Viel ist über die Ursache des Selbstmordes spekuliert worden. Der Bruder Elisabeths, Karl Theodor, erfaßte wohl deutlich die größeren Zusammenhänge, indem er sagte: „Sollte man nicht bei weiterer Überlegung der Ursachen die Ansicht gewinnen, daß dieselben in allgemeinen krankhaften sozialen Zuständen zu finden sind, die bei dem Repräsentanten, in diesen tragischen Konflikt Verwickelten zum persönlichen und personifizierten Ausdruck gelangen?"[47]

Der Sohn hatte den Selbstmord durchgeführt, an den die Mutter immer wieder dachte. Sie erwähnte diesen Wunsch auch Franz Joseph gegenüber. „Dann kommst Du in die Hölle", antwortete er. „Die Höll hat man ja schon auf Erden", konterte Elisabeth.[48] Der Tod ihres Sohnes erschütterte Elisabeth zutiefst. Selbst ihre Gedichte brachten ihr keinen Trost mehr. Sie hörte zu schreiben auf und kleidete sich ab nun nur noch in Schwarz. Zudem verschenkte sie ihren Schmuck und vieles, was an ihr früheres Leben erinnerte. „Gewöhnlich kommen die Sachen, wenn man tot ist", sagte sie.[49] Sie handelte dem zuvor. „Das Jammern ist nutzlos, im Leben ist das Traurige die Regel", zog sie das Resümee.[50]

Durch den Selbstmord Rudolfs, durch ihre daraus entstandene neue Verzweiflung am Leben fühlte sich die Kaiserin nicht nur weitgehend frei von Verpflichtungen, sondern erhielt eine unerwartete öffentliche Anteilnahme. Als Mater dolorosa war die Vernachlässigung des Hofes und ihrer kaiserlichen Pflichten wenn schon nicht wirklich legitimierbar, so doch zumindest nachvollziehbar. Erst in ihrem tiefen Schmerz, nicht in ihren anspruchsvollen Vorlieben, wurde die Kaiserin verständlich, erst jetzt konnte die Öffentlichkeit ihre Fluchten dulden.

„Durch die ganze Welt will ich ziehen, Ahasver soll ein Stubenhocker gegen mich sein. Ich will zu Schiff die Meere durchkreuzen, ‚ein weiblicher fliegender Holländer', bis ich einmal versunken und verschwunden sein werde. Es dürfen mich dann auch nur Menschen begleiten, die entweder nichts mehr zu verlieren oder mit dem Leben überhaupt abgeschlossen haben. Am besten wäre für mich eine Schiffsmannschaft von lauter zum Tode Verurteilten. Da brauchte ich mir kein Gewissen daraus zu machen, sie der Gefahr auszusetzen."[51] Derart kommentierte Elisabeth ihre Lebensverachtung.

Der ‚fliegende Holländer' verblaßte jedoch gegen die Reisegeschwindigkeit der Kaiserin. Sie begnügte sich nicht mit der Rolle des weiblichen Pendants zu dem männlichen Kollegen. Sie ließ ihn weit hinter sich zurück. Elisabeth überhöhte sich zur Regentin der poetischen Vorbilder. Sie überholte sie und wurde dabei in der Folge von anderen Frauen nachgeahmt. Die Wirkung ihrer einsamen Unruhe ist nicht rekonstruierbar, jedoch in ihrem kollektiven Ausmaß ebensowenig zu unterschätzen. Die Schriftstellerin Bertha Eckstein-Diener, eine Bestsellerautorin der Jahrhundertwende, lebte, nachdem sie ihren Mann verlassen und ihr Liebhaber sie enttäuscht hatte, als Dauerreisende. Von einem Hotel zum anderen ziehend, verweigerte sie die bürgerliche Existenz der lokalen Stabilität und schrieb sich frei. Sie nannte sich Ahasvera, bevor sie das Pseudonym Sir Galahad annahm.[52] Als Ahasvera erhob sie das Weibliche zur Instanz über das Männliche. Damit eignete sie sich den geläufigen Topos des „ewig reisenden Juden" an und feminisierte ihn. Vielfältig sind die Interpretationen dieses Motives, und erleben gerade im 19. Jahrhundert eine neue Blüte. Als Sinnbild für den Zweifel und der Suche nach der Freiheit wird die menschliche Wanderschaft des um Erkenntnis ringenden Menschen zur existentiellen Grundlage des Seins.[53]

Die Unruhe durchzog in vielfacher Weise das 19. Jahrhundert. „Der Wanderer", ein Gedicht von Schmidt von Lübeck und von Schubert vertont, war seinerzeit fast so berühmt wie der Erlkönig.[54] Im „Wanderer" heißt es: „Ich wandle still, bin wenig froh,/ und immer fragt der Seufzer: wo?/ Im Geisterhauch tönt's mir zurück:/ Dort wo Du nicht bist, dort ist das Glück!" Elisabeth brachte ihre Suche zu einem

Höhepunkt. In den letzten zehn Jahren ihres Lebens stand sie kaum mehr still. Sie ergab sich der beständigen Wanderschaft.

Was ihr eine psychologische Notwendigkeit gegen die Verzweiflung und einer fortgesetzten Suche nach der Freiheit war, wurde für die Monarchie paradoxerweise auch jenseits des Zeremoniells die beste Werbemaßnahme und förderte den Tourismus. Diese Tatsache zog man bereits 1868 ins Kalkül, als sie der gerade neu gegründete Kurverein der Insel Lesina bat, die Patronanz über seine Tätigkeit zu übernehmen. Elisabeth gewährte nicht nur die Benennung eines Hotels nach ihr, sondern auch finanzielle Unterstützung.[55] Die österreichische Kaiserin durchzog ganz Europa und das Mittelmeer, gelangte bis zum vorderen Orient, jedoch nicht in die Neue Welt. Amerika faszinierte sie nicht zuletzt durch die Schilderungen des habsburgischen Weltreisenden Ludwig Salvator. Trotz mehrfacher

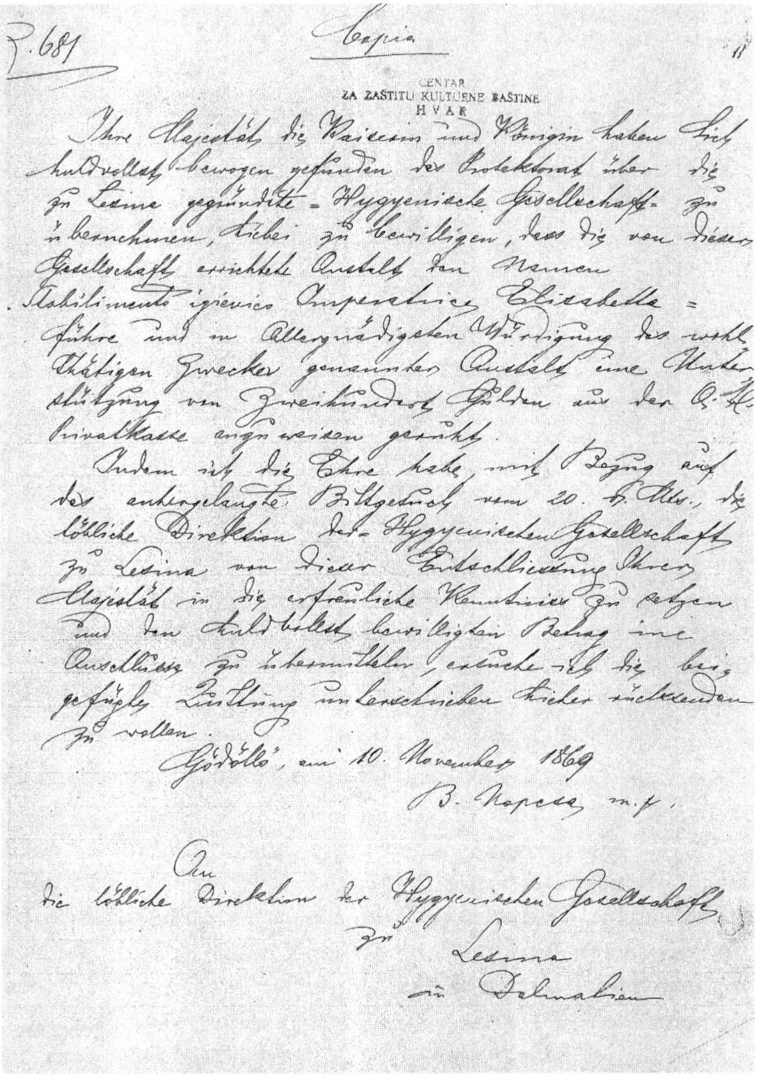

P. 681

Copia

CENTAR ZA ZAŠTITU KULTURNE BAŠTINE HVAR

Ihre Majestät die Kaiserin und Königin haben sich huldvollst bewogen gefunden das Protektorat über die zu Lesina gegründete „Hygyenische Gesellschaft“ zu übernehmen, dabei zu bewilligen, dass die von dieser Gesellschaft errichtete Anstalt den Namen „Stabilimento igienico Imperatrice Elisabetta“ führe und in Allergnädigster Würdigung des wohlthätigen Zweckes genannter Anstalt eine Unterstützung von Zweihundert Gulden aus der A. H. Privatkasse anzuweisen geruht.

Indem ich die Ehre habe, mit Bezug auf das anhergelangte Bittgesuch vom 20. d. Mts. die löbliche Direktion der Hygyenischen Gesellschaft zu Lesina von dieser Entschliessung Ihrer Majestät in die erfreuliche Kenntniss zu setzen und den huldvollst bewilligten Betrag im Anschlusse zu übermitteln, ersuche ich die beigefügte Quittung unterschrieben hieher rückzusenden zu wollen.

Gödöllö, am 10. November 1869

B. Nopcsa m. p.

An
die löbliche Direktion der Hygyenischen Gesellschaft
zu
Lesina
in Dalmatien

Abb. 21: Schreiben im Auftrag Elisabeths an den Kurverein der Insel Lesina

Anfragen beantwortete Franz Joseph Elisabeths Wunsch, in die Vereinigten Staaten zu reisen, jedoch mit tauben Ohren.[56] So bewegte sie sich hauptsächlich im „Meer zwischen der Erde" den mediterranen Gefilden. Der Radius ihrer Yacht blieb begrenzt. Sie konnte die europäischen Kreise nicht verlassen. Ihre internationale Bekanntheit resultierte jedoch in eben diesen zahlreichen Reisestationen. Odysseus ähnlich, glich ihre Reiseleidenschaft einer Irrfahrt. In Wirklichkeit aber sammelte sie Eindrücke, immer neuer und immer intensiverer Art, um sich darin zu spiegeln. Beharrlichkeit lebte sie nur mehr in der Flüchtigkeit der vorbeiziehenden Landschaft, dem ständigen Wechsel von Ebbe und Flut und dem vorauseilenden eigenen Schritt. „Jedes ihrer Kleider konnte sie durch Hinaufknöpfen kürzen lassen, um im Gehen nicht gehindert zu sein."[57] So gab es kaum mehr etwas, was ihr Tempo bremsen konnte. Für die Beteiligten verwandelten sich die Touren der Kaiserin oft in Torturen. So berichtete der Obersthofmeister Baron Nopcsa 1892 an Ida von Ferenczy: „Der größte Schmerz ist, daß Ihre Majestät fast gar nichts ißt, riesig lange Spaziergänge macht, in einem Tag beging sie die ganze Umgebung von Karlsbad, 7 1/2 Stunden gingen sie und nur 1/2 Stunde rasteten sie, der Grieche war ganz hin."[58]

Solche Schilderungen der alternden, aber körperlich dynamisch bleibenden Kaiserin gab es viele. Während die Teilnehmer und Teilnehmerinnen anläßlich des Ausfluges nach Troja wiederholt die Pferde besteigen mußten oder wegen der starken Hitze mit der Müdigkeit zu kämpfen hatten, die Wege schlecht und die Nahrung nicht besonders ausgiebig war, zeigte nur Elisabeth nach dem mehr als achtstündigen Marsch keine Ermüdungserscheinungen. „Die touristischen Leistungen waren unübertrefflich und dürften in der Frauenwelt ihresgleichen kaum finden",[59] notierte Almstein. Beim Besteigen der Ruinen auf Rhodos schließlich stand der sie begleitende Konsul an der Grenze der Erschöpfung.[60]

Elisabeth unternahm 1885 ihre erste große Bildungsreise. Zu ihrem Reisebegleiter hatte sie den österreichischen Konsul auf Griechenland, Alexander von Warsberg, erkoren. Er galt als der beste deutschsprachige Griechenlandkenner. Seine Bücher wie die „Odysseischen Landschaften" und sein „Reich des Odysseus" ließen keinen

Zweifel an seinen Kenntnissen und Vorlieben. Durch zahlreiche Publikationen in Zeitschriften machte er Griechenland einem breiten Publikum zugänglich. Vor allem Korfu war ihm lieb geworden, und seine Begeisterung sprang auf andere über. Seine Beschreibung der Insel hatte die Schriftstellerin Malwida von Meysenbug derart gefesselt, daß sie den Schluß ihrer Romanhandlung der „Phädra" unter die Zypressen und Ölbäume der Insel verlegte.[61] Als sich Warsberg auf der Überfahrt von Triest nach Korfu befand und ihm ihre „Phädra" genüßlich die Zeit vertrieb, war er schließlich davon derart begeistert, daß er der klugen Dame nach Rom schreiben mußte. Dem Brief folgten weitere. Aus dem ersten Kontakt entstand eine Korrespondenz und dann eine Freundschaft.

Malwida von Meysenbug war eine besondere Frau. Gegen die Fessel weiblicher Erziehung revoltierend, hatte sie nie geheiratet und sich besonders für die Mädchenbildung eingesetzt. Ihre Artikel und Schriften ließen aufhorchen und beeinflußten die Vertreterinnen der Frauenbewegung. Als einfühlsame und weise Dame war sie bis ins hohe Alter geschätzte Freundin nicht nur von Nietzsche oder Lou Andreas-Salomé, sondern auch von Romain Rolland. „Neben seiner Mutter hatte Warsberg bisher nur eine Frau wirklich verehrt, eine Karyatide des Erechteions auf der Akroplis, und zwar von vorne betrachtet, die dritte von links."[62] Diese bekam nun in Malwida von Meysenbug eine mütterliche Freundin zur Seite gestellt und in Elisabeth eine starke Konkurrenz.

Als Warsberg die Kaiserin das erste Mal sah, konnte er jedoch vorerst nichts Positives an seiner neuen Auftraggeberin erblicken. Dann aber erlag auch er ihrer Ausstrahlung, ihrem Wissen und der Faszination der gemeinsamen Gespräche. „Sie ist bezaubernd liebenswürdig. Kann der Frau nicht widerstehen (…) Kein Wort des Dankes. Mir gleichgültig. Mir liegt nur an ihr, der Frau."[63] Alexander von Warsberg war nur ein Jahr älter als Elisabeth. Waren die geistigen Reisen, die sie unternahmen, für beide ein Hochgenuß, so wurden die körperlichen Strapazen für den Mann, der unter ständigem Husten litt, bald zur Höllenqual. Nach der ersten Reise benötigte sein geschwächter Körper dringend Erholung. Er ging auf Kur. Ganz gegen die Vernunft handelnd, entschied er sich jedoch, der zweiten Einladung der Kaiserin zu folgen und sie 1887 nach Ithaka und Korfu zu begleiten. „Eine der gequältesten und unerträglichsten Epochen meines Lebens", notierte er in sein Tagebuch. „Mich faßte oft wahrer Haß gegen dieses Getriebe. Ich begriff die Tyrannenmörder (…) Königsmörder können nur in der nächsten Umgebung der Fürsten entstehen (…) Meine Gesundheit verlange ich wieder."[64] Statt seiner Gesundheit erhielt er den kaiserlichen Auftrag, die Planung für das Achilleion zu übernehmen. Malwida von Meysenbug schrieb er: „Ihre Majestät, die Kaiserin streckt erneut die Hand nach mir aus! Ich soll mich als Makler und Architekt beweisen. Elisabeth wünscht ein Schloß zu bauen, ausgerechnet auf Korfu! So begebe ich mich denn erneut in den Dienst Ihrer Majestät! Ehrlich gesagt: ich fürchte mich davor, denn sie kann einen sehr beanspruchen."[65] Der Herausforderung der Durchführung war der geschwächte Konsul allerdings nicht mehr gewachsen. Er starb 1889 an der Seite seiner schwesterlichen Freundin Malwida von Meysenbug in Venedig.[66]

Die Fertigstellung des Achilleion auf seiner geliebten Insel konnte Warsberg also leider nicht mehr bewundern. Das Achilleion war einer der wenigen Orte, an denen sich die Kaiserin länger aufhielt. Nicht zufällig lag es auf einer Insel. Das Inselthema war im 19. Jahrhundert ein beliebter Topos vor allem in der utopischen Literatur. Besonders in den Utopien, die gerade in einer Epoche des sozialen und ökonomischen Umbruches blühten, wurden sie zum Symbol einer noch oder wieder möglichen Welt. Die fernen Inseln dienten dazu, die Kritik an Europa zu verdeutlichen. Auf einem überblickbaren Mikrokosmos konnte man den verlorengehenden Überblick in die Gegenwart retten, sich eine Geborgenheit wider eine oft als feindlich empfundene Außenwelt errichten. Die Insel bot durch ihre Abgeschlossenheit und durch ihre Isolierung die ideale Möglichkeit eines Schutzraumes. Elisabeth verdeutlichte dies, indem sie sagte: „Das ist mein ‚Asyl‘, wo ich ganz mir angehören darf, hier beschränken mich keine weltlichen Rücksichten."[67] Auch von ihren Begleiterinnen zurückgezogen, lebte Elisabeth hier, fast wie in Meditation, in den Wechselspielen der Natur. „Gestern abend fing ich einen Schimmer von diesem rosa Wunder auf und mein Herz überschlug sich über diese ewige Schönheit. Scheria, es gibt nichts Schöneres auf der Welt."[68]

Wie Korfu, so war auch ihre Yacht, die „Miramar", ein in sich abgeschlossener Kosmos. „Man befindet sich wie auf einer Insel, aus der alle Unannehmlichkeiten und Beziehungen verbannt sind", sagte sie.[69] Wie die Wellen in ihrem Auf und Ab, so schien hier die Wirklichkeit in den Traum überzugehen und wieder zu sich zurückzukehren. Dies blieb auch dem Kapitän nicht verborgen, als er anläßlich der Orientreise voller Erstaunen festhielt: „Unwillkürlich sprang das Pflichtgefühl der Wirklichkeit in die unverantwortliche Phantasie des Traumlebens über und schuf die seltensten Vorstellungen."[70] Was der Fortschritt und die neuen Technologien aus dem Alltag zu verbannen drohten, versuchte Elisabeth zu retten. Die Phantasie! Auch in ihrer näheren Umgebung hatte sie darin Erfolg. Kapitän Almstein durfte sich eben dieser „Unverantwortlichkeit", wie er es nannte, hingeben und erlebte dabei unerwarteten Genuß. „Das fahle Licht des Wüstenbodens rings umher verschmolz völlig mit dem Lichte des Mondes zu einem gleichmäßigen, mildschimmernden Lichtmeere, und wie die Nacht langsam bei lautloser Stille längs des schmalen silbernen Wasserbandes vorwärts schwebte, wähnte man die eigene Existenz in ein Zaubermärchen versponnen. Indeß war es Wirklichkeit."[71]

So wurden die Ausflüge der Kaiserin nicht nur Bildungsreisen, sondern waren Flüge zwischen Traum und Wirklichkeit. Ihr Schiff, die „Miramar", verwandelte sich dabei in einen Fixpunkt vor einer sich ständig bewegenden Kulisse. Auf der „Miramar" gab es „ein ideales, chemisch reines, kristallisiertes Leben", sagte sie, „ohne Wunsch und ohne Zeitempfindung. Das Gefühl der Zeit ist immer schmerzhaft, denn es gibt uns das Gefühl des Lebens."[72] Trotz des ewigen Leidens am Leben aber wollte Elisabeth leben. Ständig auf der Suche nach intensiven Gefühlen, inszenierte sie ihre Körperekstasen auch auf dem Meer. Wenn es besonders stürmte, ließ sie die Segeltücher abnehmen, um „den Anblick der zornigen Wellen nicht zu entbehren."[73] Jedesmal, wenn eine über Bord schlug, wollte sie aufjauchzen. Oder sie ließ sich bei Wind und Regen festbinden, um das Unwetter zu genießen. „Wenn das grelle Licht eines Wetterstrahls die edle Gestalt der hohen Frau beleuchtete, sprach Mut und Bewunderung aus ihren schönen Gesichtszügen, ein erhebendes Bild majestätischer Standhaftigkeit und Ausdauer!"[74] So schilderte August von Almstein, der Kapitän, seine Mitreisende.

Mit ihren besonderen Vorlieben hatte sich Elisabeth von dem blassen Schönheitsideal weiblicher Gefälligkeit entfernt und bezauberte dennoch. Wind und Wetter gerbten ihre Haut. „Von der Märzsonne und Wind bin ich so braun geworden wie ein wilder Hase, mein Gesicht ist voller Sommersprossen",[75] schrieb sie ihrer Hofdame. Blässe bedeutete, die Mauern des Hauses nicht zu verlassen und sich den häuslichen Pflichten der Frau zu ergeben. Durch ihr Reisen wirkte Elisabeth sowohl den sozialen Anforderungen als auch den Schönheitsnormen entgegen und schuf neue. Elisabeth ließ sich auf den Wellen schaukeln, durch die Meere treiben, lief ihren Gedanken nach und davon und gab dabei ihre elementaren Anweisungen. Das Schiff mußte auf Kurs bleiben, wenn es stürmte, es mußte jedoch stillstehen, wenn ihre Majestät ein Bad nahm.[76]

Die „Miramar" war mit allem erdenklichen Luxus ausgestattet. Weiß und Gold herrschten in der Ornamentierung des Speisesaales vor, und eine Seemöwe schwebte über der Treppe. Diese Art der Ausstattung hatte einen derartigen Vorbildcharakter, daß Adolf Loos 1903 das Schlafzimmer für seine Frau Lina ganz in Weiß einrichtete, und damit als Architekturerneuerer den kaiserlichen Geschmack imitierte.[77] Elisabeth hielt sich jedoch am liebsten auf Deck auf. Während ihrer Kreuzfahrten ging sie immer wieder auf Korfu vor Anker. Trotz der Begeisterung, die Elisabeth für dieses Eiland entwickelt hatte, blieb die Insel nur eine vorübergehende Station. Ihr Zugvogeldasein trieb sie weiter. „Eine Seemöve passe eben nicht in ein Schwalbennest", meinte sie zu ihrer Tochter.[78]

Ihre Unstetigkeit brachte nicht nur immer wieder die von ihr erwartete Etikette durcheinander, sondern stellte auch ihre Beschützer vor eine schwierige Aufgabe. So gelang es Elisabeth, sogar mitten in London unerkannt in den „Crystall Palast" zu gehen, bei Zauberbuden und Wahrsagerinnen stehenzubleiben und in einem kleinen Restaurant Brathuhn, italienischen Salat, eine beträchtliche Menge Gebäck zu essen und Champagner zu trinken.[79] Für Elisabeth war es, wie sie sagte, ein Hauptspaß, ohne Kometenschwanz hinterdrein den Tag zu verleben. Bei ihren spontanen Aktionen machte sie zudem immer wieder Bekanntschaft mit der Bevölkerung. Oft wurde diese von der für sie typischen unvermittelten Hilfsbereitschaft begleitet. So ließ sie einer Bäuerin auf einer griechischen Insel, die ihr Wasser gegeben hatte, zahlreiche Goldstücke zukommen, da sie deren behindertes Kind bemerkt hatte.[80] Als sie in der Normandie Zeugin wurde, wie ein Boot durch Sturm sank, ließ sie dem Besitzer soviel Geld zukommen, daß er imstande war, sich ein neues Boot zu kaufen.[81] Die Reisen führten Elisabeth durch deutsche Kurorte, an den Rhein, nach Amsterdam, aber auch immer wieder an die Küste des Mittelmeeres.

Hier hatte Eugénie in Cap Martin ebenfalls unter der französischen Sonne des Mitelmeeres ihr Winterdomizil gewählt. In Schönheit alterte sie und brach wie Elisabeth zu neuen Ufern auf. Sie hatte sich 1888 eine Yacht erworben, die „Thistle", mit der sie sich auf See begab. Das Schiff war relativ klein, und die Wellen setzten es leicht in Bewegung. Eugénie litt jedoch nie an Seekrankheit und stand auch bei Sturm auf der Kommandobrücke.[82] „Das Leben auf dem Meer ist so ruhevoll (…). Es ist das Heilmittel für alle Leiden, körperliche und seelische", sagte sie.[83] Es war geradezu wie ein Wunder, daß sie das Meer als Medizin entdeckt hatte. „Zum ersten Mal habe ich den Charme der Ruhe verstanden, von dem wir im Ozean des Lebens wenig genießen können. Vor allem wir, die wir wie der Herumirrende Jude zur ewigen Wanderschaft verdammt sind.[84]

Ihre Reisen führten sie über Italien nach Griechenland und Kleinasien bis nach Ceylon. In Cap Martin führte sie ein geselliges Leben. Sie war für alle Entwicklungen aufgeschlossen, vor allem für neue Entdeckungen. So stellte sie ihre Yacht dem damals noch unbekannten Marconi zur Verfügung, damit er die drahtlose Telegraphie, seine Erfindung, auf der „Thistle" zwischen Nizza und Korsika ausprobieren konnte.[85] Als 1901 die drahtlose Verbindung zwischen Kanada und England eröffnet wurde, funkte man die erste Botschaft an König Edward VII., die zweite jedoch an Eugénie.[86] Nach wie vor beobachtete sie die Politik mit großer Aufmerksamkeit und liebte angeregte Diskussionen, wie mit ihrer jahrzehntelangen Freundin, der Komponistin Ethel Smyth.

Gegen die immer wieder aufbrechende depressive Stimmung wählten sowohl Kaiserin Elisabeth als auch Ex-Kaiserin Eugénie das

Meer. Im Schaukeln der Wellen fanden sie Geborgenheit. Das Wasser ermöglichte ihnen jene positive weibliche Identifikation, die ihnen in der Wirklichkeit oft entglitt. Elisabeth genoß es zudem, nicht nur auf dem Meer zu fahren, sondern in den Wellen zu schwimmen. Auf Korfu lag ihr Badehaus direkt am Meer, von dem aus sie ungesehen in das Wasser steigen konnte. Immer schon hatte sie dieses Element fast magisch angezogen, und auch die kältesten Temperaturen hielten sie nicht davon ab hineinzusteigen. So schrieb sie anläßlich eines Meeraufenthaltes an Franz Joseph: „Das Wasser ist im ersten Moment recht kalt, aber die Wellen, die einem oft über den Kopf gehen, schlagen einen bald warm."[87] Kalte Bäder hielten immer schon für jene eine Körperekstase bereit, die den Mut dazu aufbrachten. Das Prickeln stürzte dann in jede Zelle. Die Fluten schenkten Elisabeth offensichtlich unter anderem auch jene Erlebnisse, die sonst nur sinnlichen Nächten zugestanden wurden. Elisabeth erweiterte dementsprechend den Sinnlichkeitsbegriff und löste ihn von der Ausgerichtetheit auf den Mann ab. Bei ihren Experimenten lag die Erfüllung ganz in ihren Händen.

Die gleiche Funktion wie das Wasser erhielt die Bewegung. Sie war nicht nur Balsam auf die wunde Seele der Selbstfindung, sondern bot die Aktivierung der Glückshormone, der Endorphine. In exzessiven Märschen schien Elisabeth ihre körperlichen Bedürfnisse zu befriedigen. Christomanos, ihr griechischer Begleiter, Vorleser und Vertrauter, wurde über zwei Jahre zum Berichterstatter dieses Weges. Sein Wort verdichtete die philosophierende, vazierende Kaiserin in erfahrbare Wahrnehmungen. „Nur dem inneren Auge des Lesers, beziehungsweise Träumers ist die ferne Reisende sichtbar, die sich den Pflichten leiblicher Repräsentation entzieht und von einer spektakulären Vision vertreten läßt."[88] Bereits 1898, kurz nach dem Tod der Kaiserin, veröffentlichte Christomanos seine Aufzeichnungen, die auch in französischer Sprache erschienen. Sie gaben einem breiten Publikum die Möglichkeit, dieser Reisenden zu folgen und über ihre Wanderschaft die Entdeckungen des eigenen Subjekts anzutreten. Indem sich die Kaiserin entzog, gab sie den Phantasien Raum, sowohl denen die die Legende der Kaiserin nährten als auch denen, die das Feuer ihrer Fackel weiterreichen wollten.

Trotz ihres Entziehens blieb Elisabeth präsent. Kaum eine andere Monarchin hinterließ derart viele Spuren ihrer Anwesenheit. Ihr Aufenthalt im August 1897 im Hotel Karersee in den Dolomiten bescherte ihr eine Promenade, die ihren Namen trug. Im Jahre 1997, genau auf den Tag hundert Jahre später, gedachte man des hohen Besuches, indem man eine eigene Feier zu ihrem Gedenken veranstaltete.[89]

Abb. 22: Photo von Elisabeths Schuh

Geistverwandtschaften – Sisi – Isis

> „Doch jede zwölfte Stunde,
> Die stille Mitternacht
> Gibt meiner Seele Kunde,
> Sie sei nunmehr erwacht."[1]

„Es gibt mehr Ding' im Himmel und auf Erden, als Eure
Schulweisheit sich träumt", ließ Shakespeare Hamlet sagen, und es
gab mehr Menschen, als man glauben sollte, die diesen Dingen nach-
spürten. Es war ein wesentliches Persönlichkeitsmerkmal der österreichischen Kaiserin, daß sie auf ihrer Wanderschaft durch die weltlichen Gefilde gleichsam rhapsodische Abstecher in andere Welten
unternahm. Warum sich auf einen Wassertropfen beschränken, wenn
es den Ozean gibt? Zumal ja gerade bei Elisabeth das Meer eine derartig große Rolle spielte. Überhaupt sah sie die Welt als Spiegel und
die Menschen als Schaustellerinnen ihrer selbst. „Wir spielen uns immer selbst. Das Spiel auf der Bühne ist ein Theaterspiel unseres Thea-
terspiels. Wenn dann eine Bühne auf der Bühne vorkommt, so ist es
die Bühne in dritter Generation."[2] Wo sich jedoch bei Elisabeth die
erste Generation befand, das war nie ganz genau zu bestimmen. Sorg-
sam versteckte sie oft ihr wahres Gesicht und ließ es auch vor der
Selbstzensur nie unbeaufsichtigt. „Zehnfach versiegelt bleibt mein
innres Leben/ Und meine Seele ein verschlossnes Gut",[3] sagte sie.

Widersprüchlich, wie es ihr eigen war, ließ sie die anderen dennoch immer wieder in sich hineinblicken. Nicht zuletzt sind die Gedichte der österreichischen Kaiserin ein Schlüssel zum Verständnis
der Gedankenspielerin. In ihnen zeigte sie sich als kritische Denkerin
des 19. Jahrhunderts, die jedoch das Abschweifen in die Utopien
ebenso wesentlich empfand, wie die Realität anzugreifen. Da sie in
ihrem Umfeld kaum Verständnis zu erwarten hatte, hoffte sie auf die
„Zukunfts-Seelen". „Ein Trost zu sein, euch, die ihr klagt und weint",[4]
sagte sie ihnen. Sie verband sich auf diese Weise mit all jenen, bei de-

nen sie sich akzeptiert glaubte, sei es in der Zukunft oder in der Vergangenheit, in der Mythologie oder im Märchen.

„Ihre Märchenaugen sahen tief in das Innere der Dinge hinein; man hatte das Gefühl, daß sie mit Bergmännchen und Elfen im innigen Verkehr stehen müßte",[5] kommentierte Carmen Sylva ihre Kollegin Elisabeth, und ihre Nichte Marie wußte, daß sie die Kaiserin in jenen Augenblicken nicht stören durfte, in denen sie an einem kleinen See in der Nähe von Feldafing in tiefster Meditation versunken in die Wellen blickte.[6] Nach solchen Momenten der Versenkung erzählte sie Marie dann oft Geschichten. Schließlich hatte das 19. Jahrhundert in der Sammlung durch die Brüder Grimm einen Höhepunkt der Märchenkunst erlebt. „Das sind keine Frösche und Kröten," erklärte Elisabeth die jugendliche Zuhörerin auf, „es sind Wassergeister, die nur in solcher Gestalt zur Erde heraufkommen können."[7] Elisabeth war zudem auch überzeugt, daß diese Wesen Wünsche erfüllen können.[8]

Auch am Karersee in den Dolomiten saß sie gerne und blickte in die Landschaft. Im Spiegelbild des Sees konnte sie den Rosengarten und den Làtemar bewundern. Auf einer Höhe von 1700 Metern befand sie sich „frei von jedem Erdenstaube".[9] Die schönsten Augenblicke genoß sie jedoch beim Einbruch der Dämmerung. Im Zwielicht der Schatten überzogen sich die Dolomiten mit der Röte von Rosen und begannen „wie von einem inneren Feuer erwärmt, zu glühen".[10] „Wenn die Stunde dieses Schauspieles nahte, begab sie sich auf den Hügel hinter dem Hotel, wo sie festgewurzelt, in stummer Bewunderung dieses herrlichen Naturschauspiels verweilte, bis es langsam verblaßt war."[11] Vielleicht las sie dann auch jene Südtiroler Sage von der Rose des Gedenkens, die an jene alten Zeiten erinnert, wo Frieden herrschte und in denen deswegen hoch in den Bergen ein wunderbarer Rosengarten entstanden war,[12] der sich nun im Spiegel des Sees verdoppelte.

Der Làtemar leuchtete in der Dämmerung mit seinen versteinerten Puppen aus dem Wasser. Derartige Augenblicke der Zeit zwischen Tag und Nacht mögen aus den Wellen auch die Geschichten der Berge heraufgehoben haben. Die Sage berichtet von dem Geheimnis der Puppenprozession hoch oben in den Wolken. In der wilden Berggegend lebten schon seit jeher viele Wesen. Die Venedigermännchen waren wegen ihrer Schätze bekannt, die sie zwischen den Steinen fanden und in der Lagunenstadt verkauften. Das hatte sie unerhört reich gemacht. Aber in den Bergen wohnten auch die Geröllhexen, die sich nur manchmal den Menschen zeigten. Als ein Venedigermännchen einmal sein Messer verlor, versprach es den Hirtenkindern eine wunderschöne Puppe als Finderlohn. Die kleine Ménega fand schließlich das gesuchte Kleinod und brachte es zurück. Auf ihrem Weg ins Tal traf sie auf die Geröllhexe, die ihr erzählte, daß dort oben im Besitz des Geizkragens nicht nur Puppen mit Seidengewändern, sondern auch Puppen in Brokat und mit goldenen Kronen auf sie warteten. Diese sollte sie mit einem Spruch erbitten, wenn das Venedigermännchen seine zahlreichen Puppen in Seide dem Mädchen zur Auswahl auf die Zinnen des Berges setzte. Tatsächlich führte es am nächsten Tag nur die seidenen Puppen vor und hielt die gekrönten versteckt. Die Kinder waren über derartigen Reichtum und Schönheit erstaunt, nur Ménega erinnerte sich an die Worte der Geröllhexe und sprach sie aus. Im selben Moment ertönte ein Donnern und Dröhnen, und die Puppen wurden zu Stein.[13] Vielleicht war es diese Geschichte, die Elisabeth im Spiegelbild des Sees so gerne betrachtete, da sie sie daran erinnerte, welche Folgen der Griff nach der Krone auch für sie gehabt hatte.

Elisabeth suchte das Phantastische, weil sie sich darin wie in einem Spiegel erblickte. Sie liebte auch die mythologischen Geistwesen. Achilleus wurde dabei ebenso Realität wie der verstorbene Heinrich Heine, mit dem sie in enger Verbindung stand. Der „Meister", wie sie ihn nannte, inspirierte sie zu ihren Gedichten, ja flüsterte sie ihr ein. Er war Seelentröster und Muse in einem. Mit Achilleus und Heine feierte sie mystische Hochzeiten. In der Welt der Imagination, jenseits ehelicher Monogamie, konnte sie beruhigt ihre Vielschichtigkeit ausleben. Beinahe hätte sie sich im Herzen Franz Josephs „festgelogen", wie sie sagte, aber zu genau erfaßte sie die Auswegslosigkeit dieser Bemühung. „Du ahntest nichts von meinen Schwingen,/ Was Schwingen hat, ist niemals treu",[14] sagte sie über ihre Beziehung. Während Franz Joseph Elisabeth ein Leben lang trotz seiner Verhältnisse sozusagen herzlich treu geblieben war, hinterging sie ihn zwar nicht kör perlich, jedoch dafür ständig in Gedanken. Dazu fühlte sie sich geradezu verpflichtet. Damit blieb sie gesellschaftlich unangreifbar, und erhielt einen zusätzlichen Handlungsspielraum.

George Sand meinte: „Die Verletzungen der Seele müssen mit dem Balsam der Seele geheilt werden."[15] Diesem zeitgeistigen Analogieprinzip folgte Elisabeth. In dieser Zuversicht ließ sie sich ihrem Schicksal zutreiben. „Aber ich lasse die Dinge kommen, wie sie wollen. Man muß sich seinem Schicksal nicht entgegenstellen. Sonst schlägt es frühzeitiger d'rein und noch zu größerem Unheile."[16] Es war wie eine seltene Hingabe an das Äußerste, die Elisabeth auf derart ungewöhnliche Pfade führte. „Deine Seele, Dein Gedanken/ Bin ich, was du jetzo siehst!"[17] So läßt sie Achilleus in einem Gedicht antworten, als sie ihn fragte, wer er sei. Was ist das Ich? So fragte sie auch selbst immer und immer wieder. Personen verändern sich, ebenso wie sich Elisabeth veränderte. Sie sah das, was sie zu einem bestimmten Zeitpunkt kannte, und sie hörte das, was sie zu diesem Zeitpunkt erstrebte. Sie erkannte sich in den anderen, aber nur dort, wo sie gerade stand. In diesem Sinne findet man Elisabeth dort, wo der Zweifel in die Welt bricht, wo die Freiheit zur Sehnsucht wird, kurz: wo man auf die Entdeckung des eigenen Selbst geht. Diese Reise glich bei Elisabeth der Suche nach dem Gral, die mit tausend Schwierigkeiten verbunden war. Trotzdem wurde der Hürdenlauf gleichsam die Initiation für den nächsten Schritt.

Neben dem Leiden am Leben fand sie in der Folge Augenblicke des Glückes. Das mußte gemäß ihrer oft äußerst pessimistischen Überzeugung wie ein Kampf gegen Windmühlen gewesen sein. Elisabeth baute ihr Leben auf Zeichen und Vorhersagen. Nicht unbekannt war ihr in diesem Zusammenhang der Fluch, den ihre Mutter an ihrem Vermählungstag, den Brautkranz von sich werfend, gesagt haben soll: „Dieser Ehe und allem, was daraus hervorgeht, soll der Segen Gottes fehlen bis ans Ende."[18] Diesen Satz der Verzweiflung hörte die Seele des Mönches von Tegernsee. Der Sage nach war ein Jüngling fürstlichen Geblüts zwangsweise in ein Kloster gebracht worden. Er verliebte sich jedoch in seine schöne Cousine, die seinem Bruder versprochen war. Am Altar schwor sie ihrem Geliebten ewige Treue. Als ihr heimliches Wiedersehen verraten wurde, mauerte man den Prinzen zur Strafe in die Klostermauern ein.[19] Da verfluchte Seelen nicht für sich selbst, wohl aber für andere beten dürfen, bat er Gott, Ludovikas Fluch hörend, um Gnade. Diese wurde ihm nicht gewährt, er durfte jedoch jenen Mitgliedern der Wittelsbacher Familie in ihrer Todesstunde beistehen, die der Fluch getroffen hatte. Seine Seele fand mit dem Tod des letzten des herzoglichen Stammes Ruhe.[20] „Und Glück haben wir alle nicht", sagte Elisabeth, auf dieses Ereignis bezugnehmend. „Auf uns lastet ein Fluch! Erst mit dem letzten von uns wird er erlöschen (...) Und das wird keine 100 Jahre mehr dauern."[21] Sie wußte dies genau, denn sie hatte mit der Seele des Mönches Kontakt aufgenommen, und er hatte ihr dies vorhergesagt.[22] Seine Einschätzung stimmte.[23] Elisabeths Kassandrarufe erfüllten sich auch in anderen Zusammenhängen. Ihr Reitpilot und Freund Bay Middleton starb bei einem Sturz vom Pferd, sie selbst auf dem Wasser. Beides hatte sie vorausgeahnt.

„Glück lebt nur in Phantasien",[24] schrieb sie, enttäuscht von den Gedankenkäfigen der Wirklichkeit und den Unzulänglichkeiten der dort agierenden Menschen. Oder an anderer Stelle: „Die Freude ist nur ein flüchtiges Ding, eine Episode, ein Lückenbüßer, während man auf die Sehnsucht wartet, die kommen soll. Diese kommt immer, denn sie ist die Erwartung des Schicksals, das zu erreichen unser Lebenszweck ist; sie ist das Traurigste, das es in der Welt gibt, und deswegen auch das Herrlichste."[25] Immer dann, wenn sie ihren Pessimismus bis zur letzten Neige gekostet hatte, schlug er in sein Gegenteil um. Dann begann das Vexierbild seine lachende Seite zu zeigen.

Wenn Elisabeth die Toten liebte, und den Kontakt mit ihnen suchte, dann bedeutete dies, daß sie eine Schwellentänzerin war und dabei dem Zeitgeist ihrer Epoche folgte. Von den Berliner über die russischen bis hin zu den französischen Botschaften und Höfen beschäftigte man sich bereits ab den fünfziger Jahren des 19. Jahrhunderts mit außergewöhnlichen Phänomenen. „Man stirbt nicht, man scheidet nur von dieser Welt",[26] lautete die Devise, die der wohl erste berufsmäßige Spiritist, Home, verbreitete. Sein Ruf war derartig gewachsen, daß man auch in den höchsten Kreisen neugierig auf ihn geworden war. 1853 berichtete Baron Hübner über die besondere Vorliebe Eugénies für derartige Phänomene, wobei er auch auf eine

Abb. 23: Eugénie von Montijo, nachmalige Kaiserin von Frankreich, und die Wahrsagerin in den Pyrenäen. Xylographie nach einer Zeichnung von Karl v. Haeberlin

Epidemie des Tischrückens zu sprechen kam, die in Paris ausgebrochen war.[27] „Die Wissenschaft verschmäht diese Spiele, die Kirche verurteilt sie, die Mode aber fördert sie und hat die Oberhand behalten", schrieb er in seinen Memoiren. „Ich kenne viele Freigeister, die weder an Gott noch den Teufel, aber an den Tisch glauben."[28] Daher fand Home immer ein offenes Haus. Er reiste durch die Welt, verstand sich als Medium und gab spiritistische Sitzungen. Pauline Metternich-Sandor, die Frau des österreichischen Botschafters in Paris, hatte die Gelegenheit, seine medialen Vorführungen persönlich zu erleben. Wie viele andere stand sie vor einem Rätsel, das sie trotz ihrer Skepsis nicht lösen konnte.[29] Auch die Baronin Crescenz Speth berichtete 1853 von einer Sitzung: „Dieses ist die reine Wahrheit, keine Täuschung, kein drücken, beugen oder schieben. Alle nahmen sich sehr in Acht (...) Was ich Dir sage ist bestimmt – man könnte überschnappen dabei."[30]

Für Eugénie war die Angelegenheit viel klarer. Sie war von der

154

Möglichkeit, mit den Toten in Kommunikation treten zu können, fest überzeugt. Als ihr Vater starb, setzte sie sich mit Hilfe eines Mediums mit ihm in Verbindung. Ihrer Schwester schrieb sie: „Glaube nicht, daß das Einbildung ist. Das ist eine Wirklichkeit, und ich hoffe, daß ich auch Dich überzeugen kann."[31] George Sand ihrerseits sagte: „Die Toten, das sind wir, soviel ist gewiß. Es gibt ein geheimnisvolles Band, das bewirkt, daß unser Leben sich aus dem ihren nährt."[32] Carmen Sylva, die durch ihre Beschäftigung mit Indien mit dem Buddhismus in Berührung kam, glaubte diesem Prinzip folgend an die Seelenwanderung. Mode oder nicht, adeliger Zeitvertreib oder Anliegen, auch auf spiritueller Ebene war die Welt weiter geworden. Orient und Okzident traten in engeren geistigen Austausch miteinander. War das Christentum schon lange durch die Mission in entlegene Gegenden getragen worden, so folgte nun, allerdings auf unblutige Art, ein philosophischer Gegenschlag, der gleichwohl der europäischen Rationalität, Wissenschafts- und Fortschrittsgläubigkeit ein starkes Gegengewicht bot.

Natürlich stieß Elisabeth mit ihrer Überzeugung von der Existenz mehrerer Wirklichkeiten bei vielen auf Kopfschütteln. Sie ließ sich jedoch von ihrem Glauben nicht abbringen. „Wenn die Menschen leugnen, daß es einen Kontakt mit Verstorbenen gibt, so tun sie dies aus Unverstand oder Unwissenheit. Allerdings ist es nicht jedem gegeben, hier auf Erden schon mit der Seele zu leben, zu denken und zu fühlen. Ich selbst bin imstande, mit den Seelen zu verkehren, die meiner Seele verwandt sind, auf welche ich meine eigene Seelenkraft übertragen kann",[33] sagte sie. Sie war derart feinfühlig, daß sie leicht die unterschiedlichsten Schwingungen aufnehmen konnte. „Meine Seele empfindet die Seelen und es ist nicht ohne Grund, wenn sie ihr Veto einlegt."[34] Besonders nahegestanden hatte ihr immer schon ihr um acht Jahre jüngerer Cousin Ludwig II., König von Bayern. Sie teilten einiges. Possenhofen, der Sommersitz von Elisabeths Eltern lag schräg gegenüber von Berg, einem Schloß Ludwigs. Dazwischen lag das Meer Bayerns, der Starnberger See. Die Roseninsel bot ihnen einen idealen Ort für gemeinsame Gespräche. Der Sage nach soll hier ein Tempel gestanden haben, somit war im Schatten der alten Bäume auch die beiderseits geliebte Antike anwesend, wenn sie ihre tiefsinnigen Gespräche führten, die sich alle um den großen pantheistischen Geist drehten.[35] Wie Korfu, so bot auch die Roseninsel eine Zuflucht vor der Welt.

Ludwig liebte die Natur, betrieb ebenso wie Elisabeth einen Baumkult und floh von der Stadt in die Berge. Hier realisierte er seine Träume, indem er Schlösser bauen ließ. „Im großen und ganzen bin ich froh und zufrieden", sagte er, „nämlich auf dem Lande im herrlichen Gebirge – elend und betrübt, oft im höchsten Grad melancholisch bin ich einzig und allein in der unseligen Stadt. Ich kann nicht leben in dem Hauch der Grüfte, mein Atem ist die Freiheit!"[36] Ebenso wie Elisabeth haßte er es, angestarrt zu werden. Seine Menschenphobie ging so weit, daß er sich in Schloß Linderhof einen Tisch einbauen ließ, der in die tiefer liegende Küche versenkt werden konnte. So war er nicht gezwungen, Personal zu sehen, geschweige denn mit ihm sprechen zu müssen. Sein Tisch kam fertig gedeckt, durch eine Öffnung im Boden heraufgehoben, vor Seine Majestät. In seinen Einsamkeitssehnsüchten verwandelte Ludwig den Tag in die Nacht, ritt oft stundenlang durch die Wälder oder brauste auf seiner Kutsche unter Mondscheinlandschaften dahin. Eine wilde Jagd ohne Jagdbeute. Er konnte Blut nicht ausstehen.

Seine Verehrung Richard Wagners kam einer Erlösungsphantasie gleich. Für ihn lebte er, für ihn wollte er sterben. Als die Beziehung zu dem Maestro schwierig wurde, und für den König mit einer großen Enttäuschung endete, ergab er sich dem Bauen, um sich damit seine Unsterblichkeitswünsche zu erfüllen. Während sich Franz Joseph bemüht bürgerlich gab und den Staat verwaltete, gab sich Ludwig nur noch königlich und überließ das Regieren anderen. Seine Ordnung war eine Ordnung der Symbole und nicht des bürokratischen Rechtsstaates. Über den Türen seiner zu Stein gewordenen Ideenschlösser konnte man lesen: „Geh leise, denn du gehst auf meinen Träumen," ein Spruch von William Buttler Yeats. Der Märchenkönig war als Schwan zur Erde gekommen, erwarb sich als König seine Seele und transformierte sich später in einen Adler. Elisabeth verwandelte sich in die Feenkönigin Titania und flog als Möwe durch die Zeit. Als Adler und Möwe trafen sich die beiden Königskinder zu ihren Himmelsreisen in die Luftschlösser surrealer

Monarchien. „Ich habe auch gern Menschen, die dreitausend Fuß über den anderen sind",[37] sagte Elisabeth zu Carmen Sylva, und hob sich damit klar von den Niederungen des Volkes ab. Elisabeth lebte als Kaiserin in ihrem goldenen Käfig, als Feenkönigin Titania konnte sie ihn zumindest zeitweise verlassen. Ludwig lebte im Zeichen der Sonne und des Mondes – Tod und Wiedergeburt, das waren seine zu Stein gewordenen Utopien. Seine Bauleidenschaft brachte Bayern an den Rand des finanziellen Desasters und ließ an der Zurechnungsfähigkeit des Königs Zweifel entstehen. Glücklicherweise hatte der immer mehr expandierende Obrigkeitsstaat ein neues Disziplinierungsmittel gegen den Nonkonformismus entwickelt. Wissenschaftlich belegbar, richtete sich das ärztliche Attest der Geisteskrankheit nun auch gegen den obersten Repräsentanten des Staates. Ein kleiner Trost sozialer Gerechtigkeit. Man erklärte den Märchenkönig für verrückt. Sein Tod im Starnberger See 1886 konnte die letzte Erklärung zwischen Mord oder Selbstmord nicht finden. In jedem Fall war er gewaltsam. Als Elisabeth davon erfuhr, war sie zutiefst getroffen. Jede Legitimation dieser Gewalttat, gleichgültig ob fremd- oder selbstverschuldet, durch den Titel der Verrücktheit mußte ihr wie eine Anklage ihrer eigenen Person erscheinen. War nicht auch für sie die Grenze zwischen Normalität und Wahnsinn eine fließende? Um so mehr schmerzte es sie, daß auch ihre eigene Familie die Verrücktheitshypothese befürwortete. Dementsprechend ging sie in Verteidigungshaltung. Sie war fest überzeugt, daß Ludwig kein Narr, sondern nur ein in anderen Ideenwelten lebender Sonderling war.[38] Die tiefe Verzweiflung, die Elisabeth in der Folge erfaßte, und ihre neu aufbrechende eigene Lebensüberdrüssigkeit führten zu einem intensiven Kontakt mit der Seele Ludwigs. „Mir gewährt es große Befriedigung und eine tiefe Beruhigung, in so mancher Stunde, daß ich mit den jenseitigen Geistern in Verbindung treten kann. Doch die Menschen, mit geringen Ausnahmen, verstehen das nicht. Und was unwissende Menschen nicht verstehen, das erklären sie für Unsinn."[39]

Nach dem Selbstmord ihres Sohnes Rudolf versuchte Elisabeth ebenfalls über den Seelenkontakt mit der emotionalen Erschütterung fertig zu werden. Sie ließ sich die Tore zur Gruft öffnen. Sie hatte gar keine Lust hinunterzusteigen, aber eine innere Stimme rief sie. Sie schickte den Pater fort, schloß die eiserne Tür der Gruft und kniete nieder. „Der Wind stöhnte und die von den welken Kränzen herabfallenden Blumen knisterten wie leise Schritte, so daß sie sich des öfteren umsah, – aber er kam nicht."[40] „Sie dürfen ja nur kommen, wenn der große Jehowa sie läßt",[41] sagte sie zu ihrer Tochter Marie Valerie. Wie in so vielen anderen Zusammenhängen auch, erhielt die Überzeugung, mit den Seelen der anderen Welt sprechen zu können, für sie selbst eine heilende Funktion. „So wirken die Geister der Toten durch Inspiration, wie auch die Sonne ihre Strahlen schwingend durch den Äther läßt. Der Blinde empfindet diese Strahlen nicht als Licht, und der geistig Blinde hat eben keine Empfindung für die Geistesstrahlen aus der anderen Welt",[42] sagte sie. Mit solchen Überzeugungen verstärkte sich bei anderen hingegen der Eindruck, daß Elisabeth Exzentrikerin oder Verrückte sei. Auch ihre Mutter Ludovika sagte zu ihr: „Sissy, du bist einfach verrückt."[43] Elisabeth selbst waren derartige Aussagen nicht unbekannt. Sie wußte, daß man sie für verrückt hielt,[44] und hatte manchmal selbst Angst, es zu werden.

Schließlich gab es genügend Beispiele in ihrer näheren Umgebung. Der Bruder des Bayernkönigs Ludwig, Otto, galt als geisteskrank und lebte in „milder Haft" in den verschiedenen Familiensitzen. Elisabeths Großvater väterlicherseits, Herzog Pius, hatte seine letzten Jahre in völliger Abgeschiedenheit als Einsiedler verbracht. Charlotte, die Ehefrau ihres Schwagers Maximilian, erlitt vor den Augen des Papstes ihren psychischen Zusammenbruch. Als sich in Mexiko die Katastrophe des Kaisers abzuzeichnen begann, schiffte sie sich nach Europa ein, um Frankreich um Hilfe zu bitten. Aber hier zeigte man sich nun reserviert. So fuhr sie nach Rom, um den Papst um Intervention zu ersuchen. Aber dieser wehrte ebenfalls ab. Das schien zu viel für sie. Sie brach zusammen. Ihre geistige Verwirrtheit ersparte ihr zumindest, die Erschießung ihres Mannes ertragen zu müssen. Bis zu ihrem Tod im Jahre 1927 lebte sie in einer anderen Welt.

Erzherzog Ludwig Salvator aus der toskanischen Linie des Hauses Habsburg war zwar nicht verrückt, wurde jedoch von manchen als solches betrachtet. Er galt als äußerst sonderbar.[45] Ludwig Salvator ließ sich, wenn überhaupt, nur einmal im Jahr bei Hofe blicken, und erregte dann dementsprechend Aufsehen. Er war Junggeselle, was auch seinem Liebesleben gegenüber immer wieder zu heißen Spekulationen führte. Er selbst behauptete, die Entscheidung gegen eine Ehe durch den Tod seiner großen Liebe, Erzherzogin Mathilde, getroffen zu haben. Ihr Kleid hatte 1867 vor seinen Augen Flammen gefaßt, und Mathilde war in der Folge an den schweren Brandverletzungen gestorben. Die Ursache des Feuers soll in einer glimmenden Zigarette gelegen sein, die die Erzherzogin beim Eintritt ihres Vaters hinter ihrem Rücken versteckte.[46]

Äußerlich war Ludwig Salvator stets leger bis nachlässig gekleidet und entsprach auch, was seine Interessen anlangte, keineswegs der adeligen Norm. Seine Leidenschaft galt der naturwissenschaftlichen und ethnologischen Forschung und dem Reisen. Er zog auf seiner „Nixe" durch die Weltmeere. Auf dem Schiff hatte er einen kommunistischen Staat im kleinen gegründet. Er teilte Essen und Arbeit mit der Mannschaft und kleidete sich wie sie.[47] Sein Wanderleben führte ihn, ganz im Sinne Jules Vernes, den er sehr schätzte und auch persönlich kennenlernte, quer über den Weltball. Zwischenstation machte er jedoch immer auf seiner Lieblingsinsel Mallorca. Hier hatte er sich auf seinem Landsitz Miramar ein kleines Reich geschaffen, das eigenen Regeln folgte. Sein Haus stand Fremden stets offen, denn es war seine ausdrückliche Überzeugung, jedermann an den Dingen, die ihm gehörten, Anteil nehmen zu lassen.[48] In einer kleinen Hospeteria, nur unweit seiner Villa gelegen, ließ er Fremde jeweils drei Tage lang unentgeltlich nächtigen und mit Essen versorgen.[49]

Auf Mallorca umgab er sich mit Büchern und mied ansonsten die habsburgische Verwandtschaft. Zwanzig Hunde bildeten seine Leibgarde. Er selbst residierte mit rauschendem Bart und beschädigten Kleidern in zwei Räumen.[50] „Er war ein grundgütiger, edler Mensch mit unendlich weichem Gemüt und Verständis für alles Menschliche. Wenn man über ihn wegen seines alten schmutzigen Gewandes lächelte, das er immer trug, oder ihn zur Seite schob, übersah er das immer mit wunderbarem Gleichmut und gab seine Erlebnisse beim Essen zum Besten."[51] Seine politische Einstellung zeigte sich, als er den Pazifismus unterstützte und Bertha von Suttner persönlich zu ihrem 70. Geburtstag eine Geldspende schickte.[52] Ludwig Salvator engagierte sich besonders für die pflanzliche Schönheit der Insel, und da er seinen Besitz durch Landankauf immer mehr vergrößerte, rettete er auf diese Weise einen uralten Baumbestand vor dem Abholzen. Zudem ordnete er an, „daß in seinem Besitztum kein einziger Ast abzuschlagen sei, und der dankbare Wald grünte üppig in großer Schönheit. Wenn er einen kranken Baum sieht, läßt er ihn pflegen, als ob es sich um einen Menschen handeln würde."[53] Bäume waren für ihn immer wieder Anlaß zu Betrachtungen und Philosophien. In seinem Werk „Lieder der Bäume" versuchte er Bäume durch ihre „Stimmen zu charakterisieren".[54] „Die beste Schule wäre das Lesen im großen Buche der Natur, das einem offensteht und an dem so viele blind vorüberziehen, ohne zu bedenken, was sie aus demselben an Kenntnissen und Genuß schöpfen könnten", schrieb er in diesem Zusammenhang.[55]

Sensibel für die durch den Fortschritt herbeigeführten Veränderungen, galt sein Interesse immer wieder den kleinen Details. So widmete er eine seiner Studien den im Verschwinden begriffenen Trachten des serbischen Volkes an der Adria und versah es selbst mit Zeichnungen.[56] Um altes Kulturgut vor dem Vergessen zu retten, sammelte er auch Märchen aus der mallorquinischen Erzähltradition und schrieb sie nieder. Seinen ausführlichen Studien folgten zahlreiche Bücher, die er Elisabeth stets zur Lektüre übersandte.[57] Sie, die um zehn Jahre ältere Außenseiterin am Hof, schätzte ihn aufgrund der vielen Gemeinsamkeiten und besuchte ihn zu ihrem 55. Geburtstag 1892 auch auf seiner Insel. Sie stellte hier einmal mehr ihren persönlichen Stil dadurch unter Beweis, daß sie Weihnachten lieber mit einem „Grünen Aussteiger" als mit der kaiserlichen Familie zu verbringen gedachte. Der Erzherzog hatte Mallorca schon damals in weiser Voraussicht wegen des milden Klimas und der Schwefelquellen als idealen Kuraufenthalt für ältere Menschen gepriesen. Und George Sand hatte mit Frédéric Chopin schon Jahre zuvor Mallorca zu ihrem Refugium gemacht.

Schließlich gab es noch Johann Salvator, der die ganze Verwandtschaft brüskierte, indem er bürgerlich wurde, auf alle Ansprüche ver-

Abb. 24: König Ludwig II. von
Bayern mit seiner Braut Herzogin
Sophie von Bayern

zichtete, nur „um das unwürdige Dasein eines fürstlichen Müßiggängers aufzugeben".[58] In seinem Brief an Franz Joseph, in dem er seine Gründe darlegte, schrieb er, daß er zu jung und zu stolz sei, „um für immer als bezahlter Nichtstuer zu leben".[59] In der Folge durfte er Österreich nur mit der Erlaubnis des Kaisers wieder betreten. Darum zu bitten blieb ihm erspart. Er schiffte sich mit seiner Frau nach Amerika ein, um dort ein neues Leben zu beginnen, galt jedoch seit 1890 als verschollen.

Konnte man sich in Anbetracht derartigen Nonkonformismus und Kritik am System, die selbst in den eigenen Reihen des Hauses Habsburg Einzug hielt, überhaupt sicher sein, ob das System noch funktionsfähig und die zivilisierte Welt nicht generell dem Zusammenbruch nahe war? Für Elisabeth, die Abweichende von der Norm, stellte sich diese Frage in jeder Weise. Ihre Vorliebe galt immer wieder dem Ungewöhnlichen. Sie besuchte Irrenanstalten und wünschte sich von Franz Joseph, daß er ihr zuliebe eine neue errichten ließe. Im Bründelfeld, einer Heilanstalt, in der man mit modernen Erkenntnissen arbeitete, wohnte sie hypnotischen Experimenten bei.[60] Neben der Angst, erblich belastet zu sein, beherrschte sie auch die Furcht, wegen ihrer kritischen Gedanken als verrückt deklariert zu werden. In ihrem poetischen Tagebuch sprach sie dies auch deutlich aus: „Den Traum, als ich erwachte/ Hab keinem ich erzählt;/ Sonst sperren sie mich sachte/ Noch gar ins Bründelfeld."[61] Dies dürfte auch ein weiterer Grund dafür gewesen sein, ihre Gedichte nicht öffentlich zu machen, sondern sie an die „Zukunfts-Seelen" zu vererben. Ihre Angst resultierte keineswegs aus einem vielleicht hochgesteigerten Verfolgungswahn. Elisabeth erfuhr in ihrer nächsten Umgebung die Beispiele der gewaltvollen Disziplinierung von Widerspruch und Andersartigkeit.

Ludwig II. war 1886 für geisteskrank erklärt worden. Ein Jahr später eskalierte um Sophie, Elisabeths jüngste Schwester, ein Skandal. Sie war mit dem Märchenkönig verlobt gewesen. Die Hochzeit war jedoch immer wieder verschoben worden und schließlich geplatzt. Ludwig hätte bei seinen homoerotischen Neigungen mit einer Frau wohl kaum glücklich werden können, und Sophie mag zwar in ihrer Ehre gekränkt, doch über die Lösung vielleicht ebenso froh gewesen sein. Sie hatte sich während ihrer Verlobungszeit in einen Bürgerlichen verliebt.[62] Wohl wissend, daß nach dem Scheitern des Eheplans mit dem königlichen Cousin die Verbindung zu einem Photographen keine Aussicht auf Legalisierung hatte, fügte sich Sophie den neuen Heiratsplänen und verband sich nur ein Jahr nach der Affäre mit dem Herzog von Alençon. Natürlich erging es ihr wie so vielen anderen Frauen: Sie war mit ihrem Mann und ihrem Leben nicht besonders glücklich. 1887 zog die Vierzigjährige daraus die Konsequenz und wagte den Schritt, vor dem sie Jahre zuvor gezögert hatte. Sie stand zu ihren Gefühlen und floh mit ihrer Liebe, Dr. Glaser, nach Meran. Ihr Aufenthaltsort wurde entdeckt, und so kam die Herzogin in die private Irrenanstalt des berühmten Wiener Nervenarztes Krafft-Ebing. Er war auf sexuelle Abartigkeiten spezialisiert und hatte nun in der Frau, die sich nur das nehmen wollte, was Männern immer schon zustand, einen neuen Fall erhalten. Das polizeiliche, behördliche und männliche Machtsystem schloß sich unbarmherzig zusammen und erhielt auch von der Familie Sophies Unterstützung, die in der Diagnose der Verrücktheit mehr eine Entschuldigung für eine moralisch empfundene Verfehlung als ein Faktum sehen wollte. Elisabeth hatte Angst, daß sich Sophie aus Gram über die Internierung umbringen könnte, aber ihr Bruder Karl Theodor war überzeugt, daß es keinen besseren Ort als die Villa Ebings geben könnte, um sie zur Vernunft zu bringen.[63] Elisabeth stellte sich in dieser Affäre in der Folge ebenfalls auf die Seite der Mächtigen. Sie enthielt sich nicht nur einer Stellungnahme, sie verurteilte den Seitensprung Sophies. Sophie erhielt von ihrer Schwester in keinster Weise Unterstützung. Möglich, daß Elisabeth mit der Ablehnung der schwesterlichen Affäre nur ihr eigenes Ehegefängnis zu legitimieren suchte; jedenfalls konnte sie mit der stillen Befürwortung der Internierung ihre eigene Normalität demonstrieren. Während sie sich in vielen Zusammenhängen mit dem Nonkonformismus solidarisierte, dürfte in diesem Zusammenhang die Angst vor der eigenen Verrücktheit jede Unterstützung derselben verhindert haben. Wenn Könige und Herzoginnen einem wissenschaftlichen Attest ausgeliefert werden konnten, war dann eine Kaiserin noch sicher?

Klugheit oder Feigheit, vielleicht auch vollste Überzeugung – im Falle ihrer Schwester Sophie widersprach sich die Fortschrittliche selbst, denn sie sagte: „So weiß man auch im Leben nicht, wo die Vernunft und wo der Wahnsinn sich findet, sowie man auch nicht weiß, ob die Realität der Traum oder der Traum die Wirklichkeit ist. Ich neige dazu, jene Leute für vernünftig zu halten, die man wahnsinnig nennt. Die eigentliche Vernunft hält man für „gefährliche Verrücktheit".[64] Sophie hatte nur allzu vernünftig gehandelt. Sie hatte versucht, sich ein wenig von dem Glück zu nehmen, das ihr zustand. Elisabeth urteilte im Sinne des disziplinierenden Obrigkeitsstaates und der ganzen gesellschaftlichen Moral, die aufbrechende Frauen lieber in der Irrenanstalt als im selbstgemachten Glück sahen. Sophies Widerstand wurde gebrochen. Es war klar, daß sie, interniert, einer Unmündigkeitserklärung ausgeliefert war, wollte sie eine Scheidung erreichen. Sie kehrte zu ihrem Ehemann zurück und wurde zunehmend melancholisch. Ihre wesentliche Aufgabe fand sie schließlich im Beitritt zu dem Orden der Dominikanerinnen. Als „Schwester

Marie Madeleine" zog die Prinzessin aus Bayern durch die Elendsquartiere von Paris und betreute Clochards und alleinstehende Frauen mit Kindern. In einem jährlich veranstalteten Wohltätigkeitsbazar konnte sie ihr karitatives Talent unter Beweis stellen. Für das Jahr 1897 war eine besondere Attraktion geplant. Die Brüder Lumière sollten eine Vorstellung ihrer „laufenden Bilder" geben. Dabei brach ein Brand aus. Während Sophie noch zahlreichen Personen das Leben retten konnte, fand sie selbst im Alter von fünfzig Jahren in den Flammen den Tod.

Eine weitere Affäre machte in diesen Jahren Schlagzeilen. Louise von Coburg, die Schwester der Kronprinzessin Stephanie, war ihrem Angetrauten ebenfalls davongelaufen. Da es bei dieser Angelegenheit neben der persönlichen Beleidigung des männlichen Stolzes auch um ihre zu erwartende Erbschaft, also um Geld ging, Louise zudem mit einem unebenbürtigen Geliebten durch die Lande zog und dabei noch Schulden machte, war ein Skandal vorauszusehen. Durch ihre Heirat mit Philipp von Sachsen-Coburg gehörte sie zum Hause Habsburg, ihre persönliche Geschichte wuchs sich daher zu einer Affäre des Kaiserhauses aus und wurde diesbezüglich äußerst unangenehm für Franz Joseph. Dieser wollte zwar, wie er sagte, kein zweites Mayerling heraufbeschwören, ließ jedoch die Staatsgewalt in diesem Fall zur Rufwahrung arbeiten. „Recht und Gesetz wurden, nur um das makellose Dekorum des Erzhauses zu wahren, rücksichtslos gebeugt."[65] Die Abtrünnige wurde mit dem Einverständnis des Königs von Belgien, dem Vater Louises, mit der Befürwortung durch den Ehemann und der Unterstützung durch den österreichischen Kaiser Franz Joseph als oberster staatlicher Instanz psychiatriert. Wenn sich eine Frau aus höchsten Kreisen mit einem kleinen Offizier abgab, zudem noch Schulden machte, dann war der Beweis gegeben, daß sie verrückt sein mußte. Dieses moralische Vorurteil wurde, durch Gerichtspsychiater untermauert, wissenschaftlich zum Urteil. Einer derartigen Allianz männlicher Machtdemonstration gegenüber war eine Frau hilflos.

Obwohl Franz Joseph bestrebt gewesen war, einen Skandal zu verhindern, erregte der Fall öffentliches Aufsehen und auch das Interesse von Karl Kraus. Als moralisches Gewissen der Habsburger-

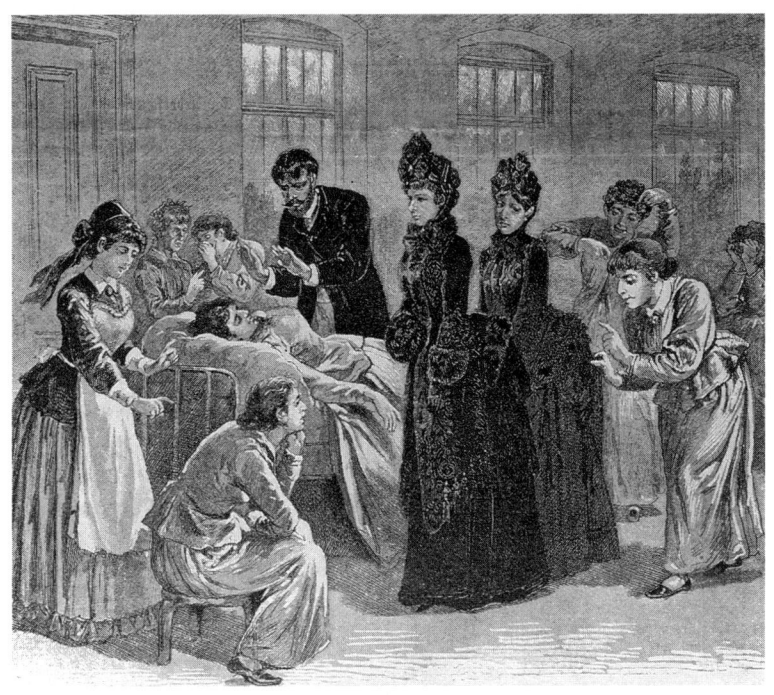

Abb. 25: Elisabeth besucht mit Gräfin Festetics die Frauenabteilung
der Irrenanstalt in Budapest

monarchie griff er zur Feder und konstatierte in seiner Zeitschrift „Die
Fackel": „Österreich, dessen Staatsgewalt so oft im Männerkampf un-
terlag, hat sich ein für allemal beschieden, der Schauplatz von Hetz-
jagden auf Frauen zu sein."[66] Was sich hier als gesetzlich und wissenschaftlich untermauerter Irrsinn legitimierte, war nichts anderes als
„die Autodiagnose chronischer Lebensfremdheit der Fachgelehrten
und akute Sinnesverwirrung vom hohen Auftrag geblendeter
Hofräte".[67] Auch in diesem Falle hatte Krafft-Ebing ein Gutachten
verfaßt. Wie so viele Männer seiner Zeit, war er der Überzeugung,
daß sich eine Frau gehorsam dem Manne unterordnen solle und zudem die sinnliche Begierde der Frau eine sehr geringe sei. Dementsprechend mußte die Liebesaffäre der Prinzessin, die sowohl der Unterordnung als auch der Verleugnung eigener sinnlicher Bedürfnisse

165

widersprach, pathologisiert werden. Krafft-Ebing erhielt hier einen Fall, der seine Thesen ideal stützen konnte. Der Schulterschluß staatlicher und privater Männlichkeit gelang. Louise wurde 1898 interniert und ein Jahr später wegen Schwachsinns unter Kuratel gestellt. „Der Fall zeigte", konstatierte Karl Kraus, „die Unsicherheit des Anspruches, für vollsinnig gehalten zu werden."[68] So verbrachte Louise, die man durchaus als vollsinnig betrachten konnte, sechs Jahre in der Anstalt. Schließlich gelang der Inhaftierten, nachdem die Strafzeit ihres Liebhabers abgelaufen war, zusammen mit ihm die Flucht. Obwohl Franz Joseph zusammen mit der Obrigkeit alles versucht hatte, um einen Skandal zu vermeiden, nahm sich jetzt auch die internationale Presse der Geschichte der Prinzessin an und ließ sie gegen das Kaiserhaus eskalieren. In einem neuerlichen Gutachten, diesmal von französischer Seite erbracht, wurde Louise wieder für vollsinnig erklärt, eine Blamage für die österreichischen Kapazitäten. Louise hatte sich durchgesetzt und kehrte in der Folge nicht mehr zu ihrem Ehemann zurück.

Diesen Erfolg hat Elisabeth jedoch nicht mehr erlebt. Für sie blieb „das Unglück stärker als das Leben und der Wahnsinn wahrer".[69] Es war also unter diesen Umständen durchaus nicht verwunderlich, wenn sich Elisabeth mit derartigen Einstellungen in einer Welt, in der die Rationalität zunehmend wuchs, nicht immer ganz wohl fühlte. So wie viele andere Frauen auch, stand sie ständig vor der Herausforderung, das eigene System gegen das der anderen abzugrenzen – sich selbst zu gefallen lange vor den anderen. Es war daher auch nicht verwunderlich, wenn sie sich fragte: „Bin ich's? War ich's? Wo ist Lösung?/ Bin ich selbst vielleicht nicht mehr?"[70] Ihre Unabhängigkeitsbestrebungen waren oft mit dem Verlust des Selbst verbunden, bevor es sich aus den verschiedenen Teilen wieder zusammensetzen konnte.

Die Vielfältigkeit Elisabeths half ihr bei diesem Prozeß, sie war sowohl irritierend als auch animierend. Von ihrer näheren Umgebung wurde diese Spaltung sehr wohl wahrgenommen. „Bald war sie faszinierend und geistsprühend, und dann wieder niedergeschlagen und melancholisch, sich in Phantasien verlierend, und wieder plötzlich heiter und sorglos wie ein sechzehnjähriges Mädchen."[71] In ihren mystischen Stimmungen erschien sie anderen oft unberechenbar.[72] Sie

Abb. 26: Glasfenster der heiligen Elisabeth in der ehemaligen Pfarrkirche St. Peter und Paul in Feldafing / Starnberger See

war eine sonderbare Mischung zwischen Sphinx und gütiger Fee.[73] In diesem Zusammenhang war Elisabeth überzeugt, Glück und Unglück bringen zu können.[74] Sie war durchaus verwandlungsfähig. Von der guten Fee war für sie kein weiter Weg zur Schicksalsgöttin. Während sie immer wieder, ohne viel Aufhebens davon zu machen, in der Realität Menschen half, großzügig Geschenke verteilte und auch spontan finanzielle Hilfe gewährte, so konnte sie sich in der Phantasie ebenso sprungartig verwandeln. In den Gedichten, die sie angesichts eines in sie verliebten jungen Mannes verfaßte, gab sie sich die Macht über Leben und Tod. „Du willst ein Spiel der Minne,/ Verrückter Erdensohn?/ Mit goldnen Fäden spinne/ Dein Leichentuch ich schon."[75] Manchmal sah sie sich als zu Stein Erstarrte, schon seit Hunderten von Jahren auf der Erde Weilende, deren kalte Glut töten konnte. „Ich tanze gern auf Leichen."[76] Diese Sätze spiegeln nicht nur

167

die Verachtung gegenüber der Liebe und die Enttäuschung, die Elisabeth diesbezüglich erfahren hatte, wider, sondern auch ihre Allmachtsphantasien.

Hunderte von Jahren sah sich Elisabeth schon auf der Erde wandeln, in vielen Gesichtern und mit vielen Schicksalen verknüpft. Aber man „muß immer zur rechten Zeit verschwinden können",[77] so war ihre Devise. Sie folgte ihr, indem sie ständig auf Reisen zu den verschiedenen Aspekten ihrer Persönlichkeit unterwegs war. Dabei begegnete ihr in den achtziger Jahren ein Buch, das sie besonders faszinierte. Es war von einem Engländer, Henry Haggard, geschrieben und nannte sich „She". Sie war von diesem viel gelesenen Buch so fasziniert, daß sie es zweimal las.[78] „She" war eine Königin, deren Namen man nicht aussprach. Sie regierte in Ägypten jenseits der Berge und Sümpfe in einem geheimnisvollen Reich. Hier, abseits der alles gleichschaltenden Zivilisation, hatte sie die Zeit überlebt und regierte unumschränkt ein matriarchales Volk, das schon vor den Pharaonen existiert hatte. Es ehrte die Frauen, weil sie der Quell des Lebens sind. Ihre Göttin war die Wahrheit, eine Marmorstatue, deren Gesicht ein Schleier bedeckte. Nur mit dem Preis des eigenen Todes kann dieser Schleier gelüftet werden.[79] Dünn ist der Schleier zwischen dem, was wir sehen, und der großen unsichtbaren Wahrheit. Sie, „der man gehorchen muß", sie hielt das Recht in ihrem Besitz. Sie war Königin und Göttin in einem, Weisheit und rücksichtslose Zerstörung. Wenn man ihre Gesetze verletzte, dann brachte sie den Tod. „She", das war die große Göttin, die Vorgängerin von Jesus und Mohammed. Sie stand jenseits der Religion.[80] Sie war Heilerin und Weise.

Ihre Gestalt war von einer überirdischen Schönheit, so daß sie, ebenso wie die Statue der Wahrheit, ihr Gesicht verschleiert trug, um keinem Sterblichen einen tödlichen Schock zu versetzen. Ihr Blick suchte nicht die Augen des Gegenüber, sondern blickte ihnen direkt in das Herz.[81] Sie war eine Frau von vielen Stimmungen, und wie das Wasser in einem Kessel reflektierte sie viele Dinge.[82] Leo, ein junger, überaus hübscher Engländer, gebildet und lebensfroh, machte sich zusammen mit seinem Freund auf die Suche nach dieser geheimnisvollen Gestalt. Er folgte dabei rätselhaften Papieren, die ihm sein Vater vermacht hatte. Nun trat er das Erbe an und begab sich auf die

Reise. Es war die Suche nach seiner eigenen Vergangenheit, und so gelangte er nach zahlreichen Abenteuern in „Ihr" Reich. Sie trat ihm entgegen und führte ihn tief hinunter durch die Höhlen ihrer Berge zu einem Toten, der Leo wie ein Spiegelbild glich. Dem Sprachlosen offenbarte sie hier seine und ihre Geschichte. Die Mumie, die Leo vor sich sah, war ein Priester der großen Isis, der seine Pflicht aus Liebe zu einer Sterblichen verlassen hatte. Als er auf der Flucht mit Frau und Kind in „Ihr" Reich gelangte und ihre Liebe verschmähte, tötete sie ihn. Damit wurde sie zum rächenden Aspekt der Göttin, die den Frevel ihres Priesters mit dem Tode bestrafte, seine Liebe zu ihm jedoch über die Jahrhunderte bewahrte. Seither wartete sie auf den Augenblick, um Leo, dem Nachgeborenen, seine Geschichte und die Liebe zurückzugeben.

„She" ließ vor den Augen Leos ihren Schleier fallen. Von der Rächerin verwandelte sie sich in Aphrodite, von der Richterin in die Verführerin. Sie weckte in Leo Ekstase und Leidenschaft, eine Liebe, wie er sie noch nie gefühlt hatte. Sie war mehr als das Objekt männlicher Begierde, sie war mehr, als er als Mann je von einer Frau wahrgenommen hatte. Gebannt mußte er sie betrachten und ihren Sätzen folgen: „Alle Dinge leben ewig", sagte sie, „auch wenn sie zu Zeiten schlafen und vergessen sind."[83] Was lebt, kennt den Tod, und was tot ist, kann nie sterben, denn im Kreislauf der Seele existieren weder Leben noch Sterben.[84] Es gibt keinen Tod, nur den Wandel.[85] Ihr Reich ist das der Phantasie. „Die Phantasie ist vielleicht der Schatten der unberührbaren Wahrheit, vielleicht auch der Gedanke der Seele."[86]

„She" weckte in Leo nicht nur die Liebe, sondern sie gab ihm auch einen kurzen Augenblick lang Einsicht. In ihrem System hatte die Zeit keine Gewalt über das Sein. Im tiefsten Inneren der Höhle offenbarte sie ihm das Geheimnis ihrer Alterslosigkeit. Es war ein gleißender Lichtstrahl, in den sie sich stellte und der ihr die Unsterblichkeit verlieh. Für sie gab es keine Magie, nur die genauen Kenntnisse der Geheimnisse der Natur. So begab sie sich vor den Augen des Engländers in das Licht, um nicht mehr daraus zurückzukehren. Sie verließ die irdische Existenz in dem Moment, da sie Leo seine Geschichte und die Wahrheit gegeben hatte. Sie entzog sich, indem

Abb. 27: Henry Haggard, „She"

sie das weitergab, was ihr Wissen beinhaltete. Sie löste den Gegensatz zwischen Leben und Tod. Leo kehrte nach England zurück. Ob es je ein Wiedersehen geben würde? Die Geschichte bleibt offen, ebenso wie die Sehnsucht.

Es ist nicht verwunderlich, daß Elisabeth von dem Roman begeistert war. Teile ihres Wesens konnten sich sicher gut mit der Hauptfigur identifizieren. Die unbeschreibliche Schönheit der Königin, ihr langes wallendes Haar, die Ausstrahlung, der man sich nicht entziehen konnte, und nicht zuletzt ihre jenseits der herkömmlichen Moral stehenden Einstellungen: Wie Elisabeth besaß sie mehrere Aspekte des Seins. Vordergründig war es die äußere Schönheit, die beide miteinander verband, in Wirklichkeit aber war es die Sehnsucht nach zeitloser Bestimmung, die sie repräsentierte und von der sich Elisabeth angezogen fühlte. „She" vereinigt alle Aspekte der Isis. Sie regiert das Leben der Oberwelt und steht gleichzeitig an der Schwelle zur Unterwelt. In ihren Händen hält sie den Schlüssel des Schattenreiches. Sie ist Hüterin der Liebe, Zauberin und Todesengel. Nicht zuletzt ist sie Beherrscherin des Meeres. In Sais steht ihr verschleiertes Bild, auf dessen Sockel man lesen kann: „Ich bin das All, das gewesen, das ist und das sein wird; kein Sterblicher hat meinen Schleier gelüftet." So wird der Schleier zum Symbol des Geheimnisses – der Selbsterkenntnis.

Je älter Elisabeth wurde, desto mehr zog sie sich von der Außenwelt zurück. Die Öffentlichkeit sollte sich das Bild von ihr bewahren, das sie in ihrer Jugend von sich entworfen hatte. „Vielleicht werde ich später immer verschleiert gehen, und nicht einmal meine nächste Umgebung soll mein Gesicht mehr erblicken", sagte sie, „wie es in dem Buch von Haggard ‚She' gemacht hat."[87] Fächer und Schirm wurden Elisabeths äußerer Schleier. Sie verbarg ihr Gesicht hinter dem Schutz dieser Attribute. Über ihre Phantasien aber legte sie noch zahlreiche andere Schutzmäntel. „Des innern Wirrwarrs Schlüssel trage/ Ich aber tief im Hirn versteckt;/ Und nun ist dies die grosse Frage:/ Nach meinem Tod wird er entdeckt?"[88] Diese Frage ist nicht zu beantworten, denn schließlich liegt eben in der letztendlichen Unauflösbarkeit des Geheimnisses von Elisabeths Persönlichkeit das Abenteuer einer Annäherung. Tatsache ist, daß Elisabeth im Versuch, ihre Jugend zu kultivieren, einen schon immer zu existieren scheinenden Unsterblichkeitstraum verfolgte. „Aus der jugendlichen Schönheit geht die tausendjährige Sphinx hervor."[89] Bezüglich des Topos der Sphinx bestanden im 19. Jahrhundert zeitliche Analogien. Carmen Sylva, wohl die einzige, mit der Elisabeth tiefere Gedanken teilte, verwendete die Sphinx immer wieder als Metapher. Ihr Sphinx-Gedicht zählte zu einer wichtigen Grundlage musikalischer Verarbeitung. Innerhalb von acht Jahren wurde es dreimal vertont, dabei auch von ihrem „Seelenkind" George Enescu.[90] „Einmal alle tausend Jahr/ wird die Sphynx lebendig/ Schwer ist's unenträtselbar/ Stein zu sein beständig."[91] Die zu Stein erstarrte Figur war bei Carmen Sylva weiblich gedacht. Durch das Eintauchen in die Wellen des Nil wurde sie lebendig, aus der Versteinerung löste sich die Verjüngung. Tod und Wiedergeburt alle tausend Jahre – ein Ewigkeitsmythos.

Die Sphinx sang von Liebesqual und Lust, sie löste die Gegensätze nicht auf, wurde aber damit und ebendeswegen die Quelle der Lieder. Das Wasser als Grundlage der schöpferischen Urkraft, Element der genialen Eingebung, ließ die erstarrte Sphinx lebendig werden, ehe sie wieder in die Fluten zurücksank. Für Carmen Sylva war die Metamorphose von Stein zu Sein der Ursprung des schöpferischen Momentes. Er fand nur in bestimmten Augenblicken und in sogenannten Sternstunden seinen Ausdruck. In dem fragilen Prozeß weiblicher Selbstschöpfung war Elisabeth in ihren zahlreichen Krisen oftmals versteinert, durch die Bewegung der Wellen aber, ähnlich der Sphinx, stets immer wieder neugeboren und vorwärtsbewegt worden. Als Märchenprinzessin, die einen gewaltsamen Tod fand, bewohnt sie bis heute die Phantasien der Nachgeborenen, so als wollte sie die Welt der Phantasien gegen den Alltag bewahren.

Weltschmerz und Todessehnsucht

> „So weltverlassen, lebenssatt
> Fern jedem Sonnenstrahle,
> Verwelkt mein Leib, verdorrt mein Geist ..."[1]

„Je mehr ich in das Leben gehe, desto mehr sage ich, glücklich die, die weggehen."[2] Dieser Satz stammte nicht etwa von der schon als melancholisch bekannten Elisabeth, sondern von Eugénie. Auch bei ihr machte sich immer wieder jene Mutlosigkeit breit, die bis zu Lebensüberdrüssigkeit führen konnte. „Ich habe so ein Grauen vor dem Leben (...) sodaß ich mich oft frage, ob sich das Kämpfen lohnt und der Mut fehlt mir (...)",[3] schrieb sie an ihre Schwester. Trotz der zahlreichen Schicksalsschläge, die Eugénie im Laufe ihres Lebens ereilten, blieb sie eine Kämpferin, die in Cap Martin im sonnigen Süden ein geselliges Haus führte und sich dazwischen auch immer wieder zurückzog. „Je mehr ich auf der kummervollen Straße meines Lebens dahinziehe, desto größer ist mein Bedürfnis nach Ruhe und Einsamkeit."[4] Beides, Melancholie und Rückzug, waren die Schlüssel des Reisens und des Innehaltens vor sich selbst. Hier lag auch die Chance, die Melancholie produktiv zu nützen. Sie war die leise Stimme der unerfüllten Sehnsucht. Sie war der Schmerz über das Unverstandensein und über die vielfältigen Störungsversuche weiblicher Selbstschöpfung. Eugénie, die kluge, schöne Ex-Kaiserin von Frankreich, wie genau kannte sie den Schmerz der Seele, und wie genau setzte sie ihn bereits damals mit körperlicher Krankheit in Verbindung: „Die schlechten Stunden, die ich in meinem Leben erlebte, haben mir meine Gesundheit verdorben."[5]

Carmen Sylva, bis zu ihrer Hochzeit eine körperlich robuste und gesunde Person, kannte diese Probleme ebenfalls aus eigener Erfahrung. Sie somatisierte ihre psychischen Kränkungen in der Folge. Dort wo selbst das Dichten nicht mehr als Therapie wirkte, führten die Belastungen bis zu körperlichen Lähmungserscheinungen. Carmen Sylva war wie ein Vulkan, impulsiv und übersprühend. Sie hatte jedoch die Erfahrung gemacht, daß das Mitteilen dieses Feuers „immer zu heftig für die anderen Menschen war, sie haben selten Gefallen daran".[6] In einem ungeheuren Kraftaufwand mußte sie ihre Leidenschaften vor der Zerstörung durch ihr Umfeld retten. Es gelang ihr nur mühevoll. Das Dichten wurde schließlich zur wesentlichen Grundlage, ihr Ich zu retten, denn sie war überzeugt: „Von einem großen starken Gedanken erfüllt, reißt man Millionen mit sich fort."[7] Die Dichterkönigin war für ihr näheres Umfeld immer eine Quelle des Trostes – vielleicht gerade, weil sie die Abgründe der Trauer kannte. Ebenso wie sie für andere hilfreich war, gab ihr die von ihr gegründete Kolonie der Künstler und Künstlerinnen eine Atmosphäre, in der sie gegen die Disziplinierung atmen konnte. Wie deutlich erkannte Carmen Sylva die Ursache ihrer und so vieler anderer Frauen Melancholie: „Ich hätte nie in so verzweifelte Melancholie zu verfallen brauchen, wenn mir mehr Denkfreiheit gestattet gewesen wäre."[8]

Die Melancholie machte demgemäß auch immer dann auf sich aufmerksam, wenn die Grenze weiblicher Selbstentäußerung und Anpassung überschritten war. Sie forderte ebenso Innehalten wie Handlung. Sie war Hauptmotiv und Wesenszug der Romantik. Nicht zufällig war auch Heinrich Heine ihr Sprachrohr, und deswegen schätzte ihn Elisabeth. „Ich liebe diesen traurigen Juden", sagte sie.[9] Als Antwort auf die Wirklichkeit stand die Melancholie im Kontakt mit dem Schmerz und dem Leiden an ihr – immer auch Motor und Aufruf zur Veränderung. Im Gegensatz zum romantisierenden Selbstmitleid wird sie politisch, da sie gegen Entfremdung revoltiert und den Schmerz als Motor für Veränderung nützt. Solange die Gewalt spürbar bleibt, bewahrt sich der Aufschrei darüber.

Wie schwer war es allerdings, in der Wirklichkeit mit der eigenen Trauer zu leben, ohne daran zu verzweifeln. Elisabeth litt oft unsagbar und konfrontierte ihre Familie auch damit, diese Hölle zu verlassen. Ihre Selbstmordgedanken, die sich im Alter häuften, machten sowohl Franz Joseph als auch Marie Valerie zutiefst unglücklich.[10] Sie verstanden es jedoch in ihrer Nüchternheit nicht wirklich, auf die tiefe Verletzbarkeit Elisabeths gefühlvoll einzugehen. Sie wiederum verstand es nicht, sie in Anbetracht dessen auch zu zeigen. Ihr Verschwinden vom Hof und von der Familie sollte diesen auch ihren Trübsinn ersparen. Erst nach ihrem Tod überkam den Kaiser ein „Gefühl der Reue und des tiefsten Schmerzes bei dieser zu späten Erkenntnis, daß Elisabeth unverstanden und seelisch vereinsamt an seiner Seite dahingelebt hatte".[11] Es war daher nicht verwunderlich, daß sie einerseits resignierte und sich andererseits hinter eine Menschenverachtung zurückzog.

Zunehmend suchte sie daher im Alter nicht mehr bei Menschen, sondern in der Natur und bei ihren Studien Erholung. Ihre Liebe zur Natur brachte ihr nicht nur Entspannung, sie beinhaltete auf einer symbolischen Ebene auch Zivilisationskritik. Damit stand sie nicht alleine. George Sand kommentierte: „Wenn ich mitansehe, wie das Reich der Natur von Tag zu Tag stärker eingeengt wird, wie die Verwüstungen einer falsch verstandenen Kultur unablässig den Garten der Natur vernichten, bin ich wenig geneigt, mich der Meinung gewisser Adepten von Darwin anzuschließen, die im Menschen einen großen Schöpfer sehen, dessen Intelligenz und Geschmack man walten lassen solle, um den Planeten aufs beste herzurichten. Ich finde, daß er sich bis jetzt als entsetzlicher Bourgois und Vandale erwiesen hat und daß er für ein paar Verbesserungen hundert Mißangriffe und Profanierungen begangen hat."[12] Elisabeth zog sich gerne in von der Zivilisation abgelegene Naturräume zurück. Die Distanz aber überwand sie mit den modernsten Errungenschaften der Technik. In diesem Antagonismus vollzogen sich ihre Stimmungen gleichsam zwischen Aussteigen und Einsteigen.

„Die meisten Menschen sind unglücklich, weil sie sich in fortwährendem Konflikt mit der Notwendigkeit befinden. Wenn man nicht nach seiner Art glücklich sein kann, so bleibt einem nichts übrig, als sein Leid zu lieben. Nur das gibt Ruhe, und die Ruhe ist die Schönheit auf der Welt", sagte sie.[13] Die Melancholie war nicht nur ein Korrektiv zum Leben, sondern stellte auch die Brücke zu den Todessehnsüchten her. „Beim Tode erst fallen die Schuppen von unseren Augen. Es gibt aber Menschen, die noch als Lebende dem Tode näher sind als dem Leben."[14] Zu ihnen zählte sich sicher auch Elisabeth. Sie hatte das Leiden am Leben nie zurückgenommen, und die

Verzweiflung nur allzu oft gefühlt. Sie war mit dem Tod ebenso vertraut wie mit dem Leben. Es war nicht nur der Gedanke an den eigenen Tod, der sie ständig begleitete. Schon von Kindheit an war sie mit dem Tod ihr nahestehender Menschen konfrontiert worden. Als sie 1853 gefirmt werden sollte und sich auf das Fest freute, zerstörte der plötzliche Tod ihres Spielgefährten jäh die Stimmung. David Paumgartten war an Lungenentzündung gestorben.[15] Elisabeth war erschüttert und griff zur Feder. „Du bist so jung gestorben/ Und gingst so rein zur Ruh';/ Ach, wär', mit dir gestorben,/ Im Himmel ich wie du."[16] Auch ihre Jugendschwärmerei durfte sie nicht leben. Man verbot ihr den Kontakt zu einem jungen Mann, der ebenfalls plötzlich starb.[17]

1857, im Alter von zwanzig Jahren, mußte sie ihre Tochter Sophie begraben, und als nur zwei Jahre später die Katastrophe der Schlacht von Solferino über die Monarchie hereinbrach, richtete sie in Laxenburg, in jenem Schloß, in dem sie die Flitterwochen verbracht hatte, ein Lazarett ein. Das Schlachtfeld hatte Tausende von Verwundeten zurückgelassen. 62 000 waren zu betreuen und zu verpflegen.[18] Elisabeth wurde mit dem Tribut des österreichischen Militarismus, mit dem Sterben so vieler konfontiert, daß es kaum mehr erträglich erschien. Diese Ereignisse trugen unter anderem zu ihrer Politisierung bei. 1866 schien die Schlacht von Königgrätz die Erlebnisse von Solferino noch zu übertreffen. Rund 450.000 Mann kämpften gegeneinander.[19] Zahllos waren die Verwundeten, die täglich in Wien ankamen. Elisabeth ging an ihre Krankenlager, um Trost zu spenden, und kämpfte vor allem für den Ausgleich mit Ungarn. Franz Joseph, nicht nur in der Öffentlichkeit, sondern auch privat in einer schwachen Position, willigte schließlich ein.

1867 konnte Elisabeth den Triumph genießen, der in ihrer Krönung zur Königin gipfelte. Während sie den Enthusiasmus in Ungarn erlebte, die Ovationen allein ihr galten, spitzten sich die Ereignisse in Mexiko zu. Am 8. Juni wurde Elisabeth die Krone aufgesetzt. Nur zwanzig Tage später erhielt sie die Nachricht vom Tod des Mannes ihrer Schwester Helene, Maximilian von Thurn und Taxis, und Anfang Juli schließlich eine erneute Katastrophenmeldung: Maximilian, der Kaiser von Mexiko, ihr Schwager, war erschossen worden. Elisabeth hatte ihn sehr geschätzt und das mexikanische Abenteuer immer abgelehnt. Maximilian war der phantasievolle Gegenspieler zu seinem kaiserlichen Bruder gewesen. Künstlerisch begabt, mit wissenschaftlichen Interessen und freiheitlichem Gedankengut war er auch in der Bevölkerung der Beliebtere gewesen.[20] Für Sophie war der Tod ihres Sohnes ein schwerer Schlag, von dem sie sich nicht mehr erholen sollte. In diesen todesnahen Zeiten entschloß sich Elisabeth, nochmals ein Kind zu bekommen. Nur zehn Monate nach der Krönung zur ungarischen Königin kam Marie Valerie zur Welt. Sophie überlebte ihren Sohn Maximilian nur fünf Jahre. Sie starb 1872 im Alter von 68 Jahren. Elisabeth hatte viele Stunden am Sterbebett der Schwiegermutter verbracht und war auch bei ihrem letzten Kampf anwesend. Er war lange und für die Beteiligten erschöpfend. Die anwesende Hofgesellschaft hatte seit Stunden nichts gegessen, und Elisabeth hatte ebenfalls seit zehn Stunden keine Mahlzeit zu sich genommen. Als sich die anderen am Abend erleichtert zum Diner begaben, hielt sie noch bis zum nächsten Morgen aus. Dann erst starb Sophie.[21] Nun war Elisabeth Alleinherrscherin am Hof. Ganz im Gegensatz zu ihrer Schwiegermutter dachte sie jedoch nicht daran, sich in weibliche Pflichterfüllung zu ergeben. Schließlich lief im Jahr des Todes der „heimlichen Kaiserin" das Schiff der wirklichen Kaiserin vom Stapel, und Elisabeth begann ihr Verschwinden.

Ab 1886 häuften sich wiederum die Schicksalsschläge. Nachdem der Mann ihrer Schwester Mathilde, Graf Trani, Selbstmord begangen hatte, ihr Cousin Ludwig gewaltsam ums Leben gekommen war, ging es nun auch ihrem Vater sehr schlecht. Laut Herzogin Amélie „war er der personifizierte Egoismus, nur von dem einzigen Wunsche beseelt, diese Existenz so lange wie möglich auszudehnen".[22] Als Herzog Max 1888 im 80. Lebensjahr starb, dachte sie, daß es ihre „Pflicht wäre, nach München zu fahren".[23] Als ihr der Arzt jedoch empfahl, aus gesundheitlichen Gründen von der Reise Abstand zu nehmen, freute sie sich geradezu, ein offizielles Alibi zu haben.[24] Im Angesicht des Todes spiegelt diese Erleichterung wohl deutlich die Beziehung zwischen Vater und Tochter wider. Nach einer jugendlichen Idealisierung blieb für die erwachsene, reife Frau, nachdem die Pflicht ihre tragende Funktion verloren hatte, auch keine Neigung mehr für den Vater übrig. Der Tod von Herzog Max zeigte in der engeren Umgebung kaum eine Wirkung. Die Hofdamen hatten den „alten Herrn", wie er meist genannt wurde, seit zehn Jahren nicht mehr gesehen.[25] Zudem wurde im Leben des Palais nichts geändert, man empfand nicht, daß der Herr des Hauses gewechselt hatte.[26] Alles richtete sich nach wie vor nach der Herzogin.

Während in Elisabeth das Ableben ihres Vaters kaum Spuren hinterließ, traf sie ein Jahr später der Selbstmord ihres Sohnes um so gewaltsamer. Im selben Jahr verließ sie auch Alexander von Warsberg endgültig, und nur ein Jahr später, 1890, tat ihr wohl „letzter einziger Freund",[27] Gyula Andrássy, den letzten Atemzug. „Ja", sagte sie, „das war eine treue Freundschaft und sie war nicht durch Liebe vergiftet."[28] Von ihrer Schwester Helene, die einst an ihrer Stelle hätte Kaiserin werden sollen, gelangten ebenfalls keine guten Nachrichten zu ihr. Helene führte nach dem Tod ihres Mannes ein ziemlich „einsames, ewig verspätetes Dasein, aß meist allein und kam nie dazu, ihre Sachen zu ordnen. Da niemand diese anrühren durfte, lagen Stöße von Büchern auf den Möbeln und lehnten Bilder gegen die Wand".[29] Elisabeth kam gerade noch zurecht, um Helene am Totenbett in die Arme zu nehmen und sie auf ihrem letzten Weg zu begleiten.

Auch die Hochzeit ihrer Lieblingstochter Valerie erschien ihr in diesem Zusammenhang wie das Sterben einer Beziehung. Nur zwei Jahre später verließ sie auch ihre Mutter Ludovika. Elisabeth war ganz verzweifelt, daß sie nicht von Wien wegkonnte, da Valerie ein Kind erwartete. Sie entschied sich, der Tochter beizustehen.[30] Ludovika war in den kalten Jännertagen friedlich davongegangen. „Sie lag wie schlafend, ein schöner Ausdruck auf ihrem lieben Gesichte, der Mund von einem seeligen Lächeln umspiegelt, so schön habe ich sie nie gesehen", berichtete Herzogin Amélie. „Sie glich den Bildern aus ihrer Jugend. Wir alle blieben lange versunken bei ihr und konnten uns kaum von diesem Anblick trennen, der so gar keinen Schrecken des Todes aufwies."[31] Nur ein Jahr später, 1893, starb ihr Bruder Max Emanuel im 44. Lebensjahr, und 1897 ihre Schwester Sophie fünfzigjährig tragisch bei einem Brand in Paris.

Es war jedoch nicht nur der Tod der anderen, der Elisabeth stän-

Abb. 28: Menukarte
Elisabeths beim Déjeuner bei
Baronin Rothschild am Tag vor
dem Mord

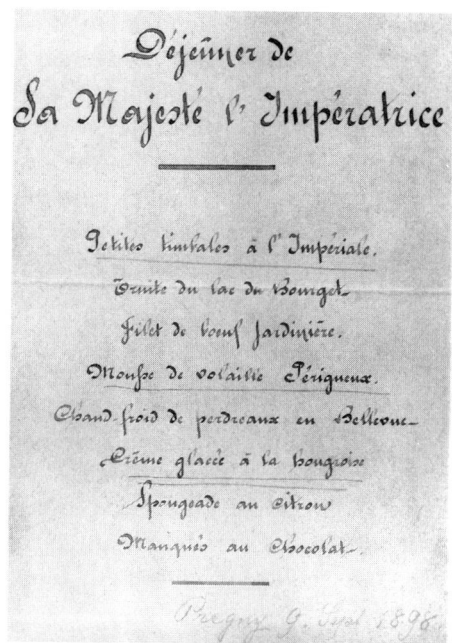

dig umgab, ihr eigener rückte immer näher. Ihre Gedanken umkreisten ihn. Sie wollte den Kaiser auf keinen Fall überleben und im entscheidenden Augenblick fern von ihrer Familie sein.[32] „Ich möchte dieser Welt entschwinden", sagte sie, „wie der Vogel, der auffliegt und im Äther verschwindet, oder wie der aufsteigende Rauch, der hier vor unseren Augen blaut und im nächsten Augenblicke nicht mehr ist."[33] Auch wollte sie auf dem Meer sterben und an seinem Strand begraben werden. Sie hatte alles geregelt, ihr Testament gemacht und ihren literarischen Nachlaß gut versorgt.

Sie befand sich auf Reisen, diesmal an den Genfer See. Wie immer las sie dabei. Ihr Vorleser Barker hatte ihr ein Buch von Marie Crawford empfohlen, das die Organisation der Mafia in Sizilien behandelte. Er wollte sie mit den Anschlägen der italienischen Geheimbündler etwas vertrauter machen und sie damit zu mehr Sorgfalt anregen. Elisabeth liebte es, inkognito unter dem Titel der Gräfin von

179

Hohenembs zu reisen und ihrem Sicherheitsdienst auch immer wieder zu entkommen. Am 9. September war sie bei der Baronin Rothschild zu einem Besuch angesagt. Sie war wohlgelaunt, und das Essen schmeckte ihr. „Ich wünschte", sagte sie zur Baronin, „meine Seele flöge zum Himmel, durch eine kleine Öffnung des Herzens."[34] Sie mußte in diesem Augenblick besonders gut gelaunt gewesen sein, denn sie trank sogar, eine Seltenheit bei ihr, ein Glas Champagner.[35] Nach dem Déjeuner besuchte sie den berühmten Garten und seine Glashäuser. Hier fand sie sich in einem Meer von Blumen und Düften. Besonders die weißen Orchideen berührten sie. Sie kehrte immer wieder zu ihnen zurück und betrachtete sie lange und eingehend. Es erschien ihrer Hofdame wie eine Begegnung von größter Bedeutung. „Wenn auch in unserer Seele eine stille Ahnung lebt, daß sich eine solche einst vollziehen muß",[36] notierte sie in ihren Erinnerungen. Es war gut, daß niemand vom Besuch der österreichischen Kaiserin im Hause Rothschild erfahren hatte. In diesen Zeiten des offenen Antisemitismus wäre diese Tatsache sicher medial verwertet worden.

Am nächsten Tag, dem 10. September, verließ Elisabeth ihr Hotel in Genf, das „Beau Rivage", um sich auf das Linienschiff nach Montreux zu begeben. Sie reiste, wie oft, inkognito. Ihr Aufenthalt war jedoch nicht geheim geblieben, und man konnte die Schlagzeile darüber sogar in der Zeitung lesen. In Genf tummelten sich immer wieder hohe Gäste. Auch Prinz Henri von Orléans, den Thronprätendenten von Frankreich, hatte man erwartet. Der Italiener Luigi Lucheni, ein Feind der Monarchien, war nach Genf gekommen, um ihn zu töten. Der Herzog, dem sein Ziel gegolten hatte, war jedoch ausgeblieben. So ergriff Lucheni die zweite Chance. Als Elisabeth auf den Landungssteg zuging, traf sie seine Feile mitten ins Herz. Die Kaiserin stürzte, erhob sich jedoch wieder, um die Abfahrt nicht zu verpassen. Erst auf dem Schiff brach sie, währenddessen dieses ablegte, zusammen. Ihre treue Hofdame öffnete ihr den Kragen und dann das Mieder. Erst jetzt erkannte man die schreckliche Tatsache. „Die Kaiserin öffnete langsam ihre Augen und lag einige Minuten mit umherirrenden Blicken da, als wollte sie sich orientieren, wo sie sei und was mit ihr geschehen war. Dann erhob sie sich langsam und

Abb. 29: Allegorie auf Elisabeths Tod

setzte sich auf.(…) Ihre Blicke suchten den Himmel, dann blieben sie
auf dem Dent du Midi haften und, von da langsam herabgleitend
ruhten sie auf mir, um sich für ewig meiner Seele einzuprägen."[37]
„Wir haben ja die gewisse Zuversicht, daß uns einmal diese Erden-
hölle als das erscheinen wird, was sie ist: ein leutender Übergang in
Licht",[38] schrieb Carmen Sylva an Marie Valerie anläßlich des Todes
von Elisabeth.

Elisabeth war ihrem Schicksal nicht ausgewichen. Sie hatte den
Tod dort gefunden, wo ihr das Leben immer am schwersten gefallen
war – im Herzen, und dort, wo sie es immer am meisten geliebt
hatte: auf dem Wasser. Er war ihr leicht geworden. „Es war lauter
Einfachheit und Ruhe dabei", schrieb Carmen Sylva, „man konnte
ihr ihre Sterbestunde nicht vergiften, es kam still und sanft, wie ihre

Abb. 30: Leichenbegängnis 17. 9. 1898:
Der Sarg Elisabeths wird in die Kapuzinergruft gehoben

Stimme, wie ihr ganzes Wesen. Nur für die Welt erschien es grausam
und entsetzlich, für sie nicht, für sie war es schön und still und groß,
im Anblick geliebter, großer Natur, schmerzlos friedlich."[39] Zwischen
der sanften Bewegung der Wellen und der Macht der ruhigen Berge
kehrte sie endlich zurück, so wie sie es sich immer gewünscht hatte.
Hier erst, im Sterben kam ihr die Rolle der Kaiserin, unter der sie oft
so gelitten hatte, zu Hilfe. Luccheni suchte ein Symbol der Macht, eine
Repräsentationsfigur der Monarchien. In Elisabeth traf er eine Befür-
worterin der Republik, die jedoch Kaiserin geblieben war. Elisabeth
ergriff die Krone, weil sie dazu angelegt war, und kritisierte sie, weil
sie sie in der Folge als obsolet erkannte. In diesem Widerspruch bewegte sie sich ein ganzes Leben.

Im Dezember, drei Monate nach ihrem Tod, beging Kaiser Franz
Joseph sein fünfzigjähriges Regierungsjubiläum, das mußte Elisabeth
nicht mehr miterleben. Viele Brücken wurden hinter ihr abgebro-
chen, auch die Elisabethbrücke, die einst anläßlich ihrer Hochzeit
eröffnet worden war. Gleichzeitig entstanden im Volk stillschwei-

Abb. 31: Kaiser Franz Joseph vor dem offenen Sarg kniend

gende Übereinkünfte mit der Außenseiterin, die sich selbst immer unverstanden gefühlt hatte. Die Sensiblen des Fin de siècle nahmen sich ihrer an. Sie erfaßten ihre Krise und die Suche nach dem Subjekt als die eigene.[40] Hermann Bahr, Wortführer der Moderne, notierte: „Sie hat etwas Triumphierendes über das Leben, sie ist stärker, sie gebietet. (...) Das Leben muß sie wie eine Verfinsterung des Guten empfunden haben. Es zu vergessen, um dafür auf die eigene Seele zu lauschen, die inneren Stimmen vernehmen zu dürfen, hat sie sich gesehnt. (...) Keiner Nation und keinem Alter zugehörend, sondern eine Gestalt, die immer unter den Menschen erscheinen und niemals ihre Art annehmen kann."[41]

Als der Kondukt die Mariahilfer Straße in Wien hinunterzog, begleitete ihren gewaltsamen Tod nicht nur das Verzeihen ihrer Pflichtversäumnisse, sondern auch das Verständnis ihres Aufbruches. Franz Karl Ginzkey, ein anderer österreichischer Literat und einer der vielen, die dem Sarg folgten, notierte: „Tief Innerstes wurde wesenhaft, Begriffe der Ewigkeit formten sich, alles irdisch Kleinliche verschwand (...) Jetzt waren sie einander ebenbürtig, die Seele Wiens und die stille einsame Frau (...) Alles Menschliche wurde eins, alle Grenzen wurden gelöst, der Augenblick gehörte dem Nichts und dem ewigen Sein zugleich (...)."[42] In diesem Bekenntnis des Dichters trat Elisabeths unbeugsamer Versuch, sich selbst zu finden, über die Schwelle der Jahrhundertwende. In ihrer Person waren bereits gültige Prinzipien weiblicher Normierung aufgebrochen, war die Sehnsucht nach dem Selbst klar zutage getreten. „Diese Fin de siècle Menschheit kämpft gegen das aus jedem Busch auf sie lauernde Mißgeschick und hat sich damit eine neue Last aufgelegt", sagte sie, „sie krankt an übermäßiger Vorsicht, die als Fessel auf ihr lastet."[43] Auch Elisabeth wollte die Fesseln sprengen und war doch immer wieder zu vorsichtig, die letzte Konsequenz aus ihren Einsichten zu ziehen. In ihrem Widerstand wurde sie dennoch Leitbild für Frauen, in ihrem Entziehen unerreichbares Idealbild der Männer.

Zeitverwandtschaften – Gegenwärtigkeiten

„Es hat nie ein gutes Bild von Mama gegeben", sagte ihre Tochter Marie Valerie. „Kein naturwahres Porträt. So ist es mit allem, was über Mama gesagt und geschrieben wird."[1] Elisabeth bewahrte sich in vielen Aspekten ihre Geheimnisse. Es genügt, daß sie welche hatte. Zudem trug sie selbst zu ihrer Mythologisierung bei. Sie baute eine undurchsichtige Wand um sich auf, die ihr Schutz bot, gleichzeitig jedoch die Neugier weckte und Phantasien begünstigte. Was verbirgt sich hinter Fächer und Schirm? Diese Frage ließ das Interesse an ihr nie erlahmen, wobei die von ihr in der Öffentlichkeit zum Übermaß reproduzierten Bilder nur wenige sind. Mit ihnen wurde sie festgelegt. Jene berühmt gewordenen Porträts des Hofmalers Franz Xaver Winterhalter, zeigen eine Frau und Kaiserin. Mit diesen Bildern ruft sie sich seit ihrem gewaltsamen Tod in der Welt der Nachgeborenen in Erinnerung, lächelt von Postkarten, Schokoladeverpackungen und in der ewig gleichen Wahl erstaunlicherweise auch von den Einbänden der zahlreichen Bücher, die seit ihrer Ermordung über sie geschrieben wurden. Mit dem Porträt der „Sternen-Sisi" entwickelte sich der Mythos Elisabeth zu einem brauchbaren Gegenstand österreichischer Fremdenverkehrswerbung und einem wichtigen Exportartikel.

Ebenso wie ihr Vetter König Ludwig II. von Bayern wurde die die Öffentlichkeit Verweigernde in ihrem Nachleben ein öffentliches Gut, das dem Staat dort Einkünfte brachte, wo sie zu ihren Lebzeiten die Ökonomie der Verschwendung praktiziert hatte. In Ludwigs Burgen und Schlössern – Neuschwanstein wurde unmittelbar nach dem Tod des Königs zur Besichtigung freigegeben –, in den zahlreichen zu Stein gewordenen Gedenkstätten, in zu Worten geformten Erinnerungsfragmenten der nomadisierenden Elisabeth verwandelten sich jene zwei „Königskinder", die sich dem Individualismus verschrieben hatten, in Volkseigentum. Was anderen nur mit Mühe und Zielgerichtetheit gelungen ist, erreichte Elisabeth fast gegen ihren Willen.

Zwischen Japan und Amerika gibt es kaum eine europäische Herrscherin, die so populär geblieben ist.

Es sind jedoch nicht nur jene erstarrten Bilder oder das in den Filmen mit Romy Schneider verwendete Klischee einer Märchenprinzessin, die das Interesse an Elisabeth bis zum heutigen Tag nicht erlahmen lassen. Hundert Jahre nach ihrem Tod ist Elisabeth als Repräsentantin des Zeitgeistes des 19. Jahrhunderts zur Jahrtausendwende überraschend aktuell. Die Feile von Lucheni schrieb das Leben von ihr zu Ende, erst daraus entstand ihre Legende. Es ist dies jedoch kein modernes Märchen, sondern eine alte Geschichte. Nur über ihre Leiche erhielt sie jene Anerkennung, die man ihr zu Lebzeiten verweigerte. Der weibliche Kampf um Souveränität entschärft sich unter dem Sargdeckel. Erst dort scheint die Gefahr gebannt, die Begleiterin des Aufbruches und Widerstandes gegen die patriarchale Norm ist.

Elisabeth hat diesen Widerstand gegen ihr Umfeld und ihre Rolle geprobt. Sie war darin keine Besonderheit. Elisabeth war ein Kind des 19. Jahrhunderts. Geboren in einer Zeit der ökonomischen, sozialen und emotionalen Umwälzungen und Krisen. Neben ihr standen bereits viele andere, die das vordachten, worüber sie nachdachte. Selbst an den europäischen Höfen erhielt sie Bündnispartnerinnen ungewöhnlicher Eigenständigkeit. Die rumänische Königin Carmen Sylva und die französische Kaiserin Eugénie zeigten sowohl in ihren Vorstellungen als auch in ihrer unermüdlichen Selbstbehauptung, daß sie nicht mehr gewillt waren, ein einheitliches Frauenideal vorzuleben. Der Riß, der das Jahrhundert durchzog, unterbrach alte Gewohnheiten. Neue Gruppen – neue Bewegungen entstanden. Politische Parteien und gewerkschaftliche Formierungen setzten ein Gegengewicht zu alten Herrschaftsstrukturen. Die Aufbruchsstimmung knüpfte auch ein neues zartes Band unter den Frauen der verschiedensten Schichten. In der Krise des Jahrhunderts griffen vor allem Frauen diese Dynamik auf und begannen, sie für sich zu nützen.

Elisabeths Denken und Handeln lag in diesem Umbruch begründet, der die Antagonismen zwischen Tradition und Revolution nicht wirklich auflösen konnte. Elisabeth war als Person keineswegs herausragend, aber sie wurde es durch ihre exponierte Stellung. Diese hob sie ins Rampenlicht, machte ihren Kampf um Freiheit, der für Frauen Emanzipation hieß, gleichsam unübersehbar. Elisabeth tat diesbezüglich gar nichts anderes, als einen Trend aufzugreifen. Ihre Rolle führte jedoch dazu, daß sie gleichzeitig zu einer Trendsetzerin wurde. In einem männlich dominierten System bedeutete dies, eigene moralische Grundsätze aufzustellen. Da das System derartig viele Nachteile für Frauen bereithielt, war es nur allzu verständlich, auf die ökonomische Absicherung durch die Krone und die moralische durch die Ehe nicht zu verzichten. Zwischen Angleichung und Abweichung blieb die Selbstbehauptung ein lebenslanger Kampf.

Was sich die Kaiserin von Österreich trotz ihrer Anpassung leistete, sprengte bereits die Grenzen weiblicher Fügsamkeit, bewahrte ihr aber eine Stellung, von der sie als Frau in einem patriarchalen System weidlich profitierte. So war sie Spielerin und Mitspielerin, und auch amoralisch, indem sie die weiblichen Tugenden der Fürsorge und emotionalen Reproduktionen verweigerte und dem Idealbild Liebe, das für Frauen einzig auf den Mann und Kinder gerichtet war, das Wunschbild der Selbstschöpfung entgegensetzte. In diesem Spannungsfeld blieben die Widersprüche bestehen. Elisabeth kritisierte die Ehe, ohne sie selbst aufzulösen. Sie förderte jedoch gleichzeitig die offene Ehe, um ihren persönlichen Freiraum zu erweitern, jedoch unter Verzicht auf die eigene sexuelle Freiheit. Körperliche Lust und Sinnlichkeitserfahrungen realisierte sie nicht im unsicheren Terrain männlicher Fähigkeiten, sondern im exzessiven Wandern und Reiten. Hier konnte sie die Zügel selbst in der Hand behalten und den Schritt selbsttätig lenken.

Einem bürgerlichen Individualismus nacheifernd, blieb sie in ihrem reisenden, luxuriösen Lebensstil majestätischer und standestreuer als der zum arbeitsamen, aktenunterzeichnenden Beamten mutierte Kaiser, der damit vollkommen die disziplinierende bürgerliche Arbeitsmoral übernommen hatte. Freigeistig denkend, benützte sie jedoch andererseits den bürgerlichen Bildungskanon, um sich als Frau jenseits adeliger Langeweile ein eigenes Betätigungsfeld zu schaffen. Damit gelang es ihr, sich mit den zeitkritischen Strömungen zu verbinden und zu solidarisieren. Republikanisch denkend, verwandelte sie sich in ihren Gedichten, ihrem Testament an die „Zukunfts-Seelen", in die Feenkönigin Titania, umgab sich mit mythologischen Gestalten, um auf der Ebene der Imagination ein ideales Reich zu bauen, in dem sie Herrscherin bleiben konnte. Damit verlagerte sie die Vorstellung, die man von der jugendlichen Braut erwartet hatte – Märchenprinzessin zu sein – auf jene Ebene, wo sie hingegehörte – ins Phantastische. So erfüllte sie eine gesellschaftliche Forderung an ihre Rolle, jedoch in einer von ihr selbst bestimmten Art und Weise. In einer Welt, die der Rationalität zunehmend Wichtigkeit einräumte, in der der technische Fortschritt auch die letzten Inseln des Traumes erreichte, machte sie sich zur Kritikerin dieser Entwicklung, indem sie den Traum als Ort des Widerstandes pflegte. Gegen materielle Zwänge setzte sie imaginative Kräfte, die sie, alle Grenzen durchbrechend, zu einer Wanderin zwischen den Welten machten.

In der Wirklichkeit überließ sie das Traumbild der romantischen Liebe nach ihrer Desillusionierung Franz Joseph. In der Anbetung seiner „Engels-Sisi" konnte sich der Mann darüber hinwegtäuschen, daß ihm das Verständnis für seine Frau fehlte. Diese aber hatte erkannt, daß Liebe für Frauen immer auch die Falle der Selbstaufgabe und die Unterordnung unter männliche Definitionsgewalt beinhaltete. Alles, was ihr Franz Joseph geben konnte, war Verehrung, nicht jedoch Verständnis. So verließ sie ihn, um sich mit denen zu umgeben, mit denen sie „fliegen" konnte. Anstatt als Kaiserin oder Ehefrau abzudanken, umging sie die Gefahr einer Verrücktheitserklärung, indem sie sich einfach entzog. Was sie zurückließ, war ein von ihr kreiertes und bis ins kleinste Detail ausgeführtes Bild der jugendlichen Schönheit. Schönheit ist jedoch nicht nur eine Frage des Körpers, sie ist eine Konsequenz der Haltung. In ihrem Kult domestizierte sie ihren Körper durch Hungerkuren und enges Korsett, um einem einseitigen Weiblichkeitsbild zu entsprechen. In dieser Selbstkasteiung übernahm sie die gewalttätige Disziplin der Etikette, um sie gleichzeitig für sich selbst zu nützen. Mit ihren Hungerkuren, dem modernen Massenphänomen der Magersucht vergleichbar, formulierte sie einen stummen Körperschrei gegen das System. Sie übertraf seine Gewaltanwendung am weiblichen Körper dabei jedoch und steigerte sie zum selbstaggressiven Akt. Selbst in Luxus lebend, übte sie im

Hungerstreik verschlüsselten Protest an einer dem Materialismus verschriebenen patriarchalen Welt.

Elisabeth betrieb ein gewagtes Selbstrettungsmanöver in einer zerfallenden Struktur, die gleichzeitig neue Disziplinierungsformen bereitstellte. Notgedrungen mußte auch sie dabei Verluste hinnehmen – Teilaspekte des kritisierten Systems übernehmen. Ihre sich selbst auferlegte Härte war Überlebensstrategie. Was sie schön machte, gab ihr Schutz. Wurden Eigenschaften wie Intelligenz, Wissen und Eigeninteressen für Frauen als häßlich betrachtet, so verbarg sie diese hinter der Schönheit, um sie zu leben. Im Schutz ihres Schirmes entfächerte sie auf diese Art im geheimen eine ganze Palette von jenen gesellschaftlich für Frauen als unerwünscht erachteten Persönlichkeitsaspekten.

Elisabeth verweigerte Abbilder und schuf gleichsam ein ganzes Potpourri von Bildern von sich. Als unbekannt-unerkannte Philosophin, Mystikerin, Dichterin und Gesellschaftskritikerin ging sie auf Reisen. So verdichtete sie die Zeit nicht nur durch Worte, sondern durch die Beständigkeit, sich dem Schicksal auszusetzen, die verschiedensten Facetten ihrer Persönlichkeit zum Klingen zu bringen und dabei ihre Widersprüche zu leben. Ihre Flucht vor den anderen konfrontierte sie mit sich selbst. Ihr äußeres Verschwinden vor den Blicken, ihr Erscheinen an den unterschiedlichsten europäischen Orten haben sie wie Phönix aus der Asche wiedererstehen lassen.

Es gibt Personen, die einer schmalen Spur folgen und dabei, ohne es anzustreben, auf breite Gefolgschaft stoßen. Nicht zufällig fand Elisabeth in ihren Vorlieben im Fin de siècle Nachkommen. Was sich in der Beziehung zwischen Franz Joseph und Elisabeth abspielte, wurde gleichsam Kulisse, vor der sich das kreative Milieu der Wiener Moderne neu inszenierte. Am Beispiel der „entrückten Schönen" entzündeten sich männliche Phantasien und Ängste. Der Mythos einer weiblichen Traumgöttin, die in phantastischen Welten ein Geistwesendasein führt, wurde zum nie erreichbaren Ideal. Die schlanke androgyne Frau, die sie selbst geschaffen hatte, wurde nun von männlichen Kreationen vereinnahmt. Die Generation des Jugendstils, die gegen ihre Väter revoltierte, bewies der zunehmenden weiblichen Eigenständigkeit gegenüber einen phantastischen Reaktionismus. Was Elisabeth mit eigener Kraft zuwege brachte, nämlich sich selbst zu erschaffen, wurde nun dem männlichen Schöpfungswahn unterworfen. In unerschöpflicher Ausdauer wurden Frauen in unerreichbare Fernen gerückt, um dort als Idealfiguren verehrt zu werden, währenddessen man die Realfiguren in der Nähe verachtete. Das ätherische Wesen wurde Sinnbild neuer Weiblichkeit.

Gleichzeitig drängten Frauen wie Elisabeth in die Aktivität. Sie forderten Partizipation, suchten in vielen Bereichen Zutritt zum Arbeitsmarkt und entwickelten sich dabei zur Konkurrenz für ihre männlichen Kollegen. Trotzdem betätigten sie sich als Künstlerinnen, Schriftstellerinnen, kletterten auf Berge und radelten in die Freiheit. Die geistige und körperliche Mobilität der selbstbewußten Frauen verwirklichte vieles von dem, was das adelige Vorbild bereits für sich als bürgerliche Tugend festgeschrieben hatte. Männer schienen als Antwort darauf einen Weiblichkeitsmythos neu zu imaginieren, um die Gefahr zu bannen. Die weibliche Avantgarde jedoch unternahm den Versuch, die Selbstdefinition à la Elisabeth aufzugreifen. Die daraus entstehende Auseinandersetzung zwischen den Geschlechtern erfaßte alle gesellschaftlichen Schichten.

Der oft schmale Weg, den die österreichische Kaiserin ging, verbreitete sich um die Jahrhundertwende und verwandelt sich zur Jahrtausendwende in eine Autobahn. Ihr individuelles Fremdwerden vor sich selbst entspricht nun einer allgemeinen Entfremdung in der Welt und einer ständig zunehmenden Isolation. Manchmal kristallisiert sich ein kollektives Phänomen in Personen, die vor der Zeit seines Erkennens liegen. Gleichzeitig geliebt und verachtet, spuken sie so lange im historischen Gedächtnis herum, wie ihre Legende den Idealisierungen standhält. Sie können erst dann aus dem Schatten ihres Mythos treten, wenn die auf sie projizierten Sehnsüchte als allgemeine erfaßbar sind. Dann beginnen trübe Spiegel zu leuchten, ihre Bilder zu reflektieren, und historische Gestalten werden zu gegenwärtigen. Vieles ist uns bekannt, aber nur manches ist uns eigen. Wir verstehen nur das, was uns eigen geworden ist, eingeschrieben in die Erfahrung. Im Eigen-Sein findet der Eigen-Sinn Gestalt. Die Zeiten scheinen sich zu spiegeln. Am Wendepunkt zur Jahrtausendwende werden Konturen deutlicher, kann der Blick klarer die Schnittstellen von Gemeinsamkeiten fassen.

Elisabeth, eine historische Person, ist auch eine moderne Figur. Ihre Traumwelten entstehen in den Virtual-Realities wieder, ihre mystischen Ausflüge haben im New Age Anker gefunden, und selbst die antiken Heldengeschichten erleben eine neue Blüte. Elisabeths Melancholie findet sich nunmehr als Depression wieder, und ihre Körperaskese wurde in der Magersucht zum weiblichen Massenphänomen. Hier artikuliert sich der Schmerz und wird, gegen sich selbst gerichtet, zur Revolte gegen männliche Herrschaftsansprüche am weiblichen Körper. Als moderne Schönheitsköniginnen präsentieren sich Models auf den Laufstegen der zu Waren reduzierten Köper. Elisabeths Wandern findet sein Pendant im Walken, und ihre unzeitgemäßen Turnübungen sind allgemeines Bodystylingprogramm ewige Jugend verheißender Fitneßstudios. Was sie auf ihren Reisen zu erleben suchte, Bildung und Selbstfindung, verschwindet in einem weltweiten Massentourismus als Selbstzweck. Bewegung ist nicht nur eine vom Arbeitsmarkt geforderte Mobilität, sondern wird gleichzeitig Wertmaßstab von Karriere und Erfolg. Auch im Reisen spiegelt sich ein alles durchdringendes Leistungsprinzip wider. Schließlich findet ihr Baumkult in der Ökologiebewegung neue Ausdrucksformen.

Vor allen diesen Gemeinsamkeiten aber steht die weibliche Suche nach dem Subjekt als kollektive Folgeerscheinung der Pionierinnen der Jahrhundertwende. Manchmal benötigen Ereignisse mehr Zeit, als ihnen die Geschichte vorzeichnet. Weibliche Professionalisierung und die Ausdifferenzierung unterschiedlicher Lebensentwürfe, in denen sich diese Suche artikuliert, gibt Frauen nicht nur mehr Selbstbewußtsein und Selbstachtung, sondern setzt sie auch in Opposition zu einem patriarchalen Gesellschaftssystem, das um seine Souveränität ringt. Was Elisabeth als Person und in ihrer Zeit nur wenige andere Frauen durchzusetzen suchten, nämlich ein Leben zu führen, in dem sie sich selbst gehörten, ist um die Jahrtausendwende ein kollektives weibliches Verhalten geworden. Der Vielseitigkeit weiblicher Neugierde und weiblicher Veränderung steht jedoch ein beharrungsstarres Verhalten der Männer gegenüber, das dem Tempo nicht standzuhalten scheint. In diesem Spannungsverhältnis bildet sich die Krise des Subjekts erneut ab, beginnt sich der Geschlechtskörper aufzulösen, wachsen die Bedürfnisse nach klaren Strukturen ebenso wie nach neuen Mythen.

99 Jahre nach dem gewaltsamen Tod Elisabeths wiederholte sich mit Prinzessin Diana ein ähnliches Schicksal. Der Bedarf nach Märchenprinzessinnen scheint Ewigkeitscharakter zu besitzen, auch wenn ihr Leben im Schloß zum Alptraum wird. Die meistphotographierte Frau der Welt wurde zum symbolischen Rettungsanker einer in die Krise geschlitterten Monarchie und zur letzten Insel der Träume des die Boulevardpresse lesenden Volkes. Dort wo die „Royals" nur mehr trockene Hüllen zu bieten hatten, gab sie spontane Gefühle. Dianas Körper, durch Fitneßtraining schlank und schön gehalten, reagierte auf das eheliche Unglück. Bulimie und autoaggressives Verhalten wurden in einem Fernsehinterview zu einem medialen Ereignis. Schüchtern und um Selbstbewußtsein ringend, kämpfte sie um Souveränität und enttabuisierte ihren Schmerz. Selbst ihre Scheidung änderte nichts an ihrer Beliebtheit. Durch ihr soziales Engagement für Aidskranke und Landminenopfer rückte sie dem Volk zusätzlich näher. Somit erschien es diesem leichter, den Reichtum der High-Society-Lady zu vergessen. Ihre Schönheit und Schlankheit, Resultat härtesten Trainings, sind nicht nur nachahmenswertes Vorbild für so viele ihrer Geschlechtsgenossinnen. Der dahinter verborgene Schmerz und der zum Objekt degradierte weibliche Körper entsprechen einer Erfahrung, die vielen Frauen bekannt ist. Was Elisabeth verweigerte, die Reproduktion ihrer Person in Bildern, Diana trieb es zur Spitze. In den sich tausendfach gleich lächelnden Abbildern der englischen Prinzessin suchte der Blick des Photographen nicht nur die nackte Haut, um männliche Begierden zu befriedigen, sondern die Sensation des Schmerzes. Ihr gewaltsamer Tod war Folge dieses millionenschweren, zu Bildern erstarrten Blickes und in gleicher Weise Konsequenz der Nachfrage danach. Was die Lesenden von ihren eigenen Träumen und Leiden an Diana delegierten, das erfüllte sie, indem sie im Mittelpunkt blieb. Verweigerte man ihr den Beruf einer Botschafterin und beließ sie somit nur in dem der Ehefrau, wenn auch einer geschiedenen, so bedeutete dies, daß ihr keine andere Selbstdefinition als die des weiblichen Medienstars zuerkannt wurde. Als frei lebende Frau wartete man nur darauf, daß sie wieder in die

ungefährliche Rolle der ehelichen Gefährtin zurückkehrte. Ihr soziales Engagement konnte keine wirkliche Eigendefinition herbeiführen. Obwohl nur Prinzessin und aus dem Königshaus durch ihre Scheidung ausgeschieden, wollte sie „Königin der Herzen" sein. Diese Bezeichnung wurde in den Medien bereitwilligst aufgenommen. Ihr subjektiver Wunsch traf auf ein allgemeines Bedürfnis. Eine Königin der Gefühle spielte plötzlich die Hauptrolle im Theater der Macht. Die enormen emotionalen Regungen, die ihr Unfalltod im August 1997 auslöste, geben zu denken. Nur wer gewaltsam stirbt, darf im christlichen Abendland auferstehen. Jetzt erst wird der Widerspenstigen verziehen, wird ihre Opposition zum Martyrium, ihr Körper begraben und ihre Erinnerung zur Legende. Als Opfer wird Diana sowohl in das System der Mächtigen integrierbar als auch in das der Ohnmächtigen. Die Hegemonie bleibt im Anblick des Sarges erhalten, da damit die Eigenverantwortung der Zusehenden mit der Erde des Verdrängens bedeckt werden kann. Die Trauer über ihren Tod, die sie als eine Frau des Volkes, als eine Schwester aller leidenden Frauen begreifen möchte, verbirgt die Tatsache, daß sie auch Mitglied jenes Jet-Set war, der die ökonomische Ungleichheit aufrechterhält.

Am Rande des Grabes wird unmißverständlich offenkundig, daß eine patriarchale Gesellschaft nicht auf ihre weiblichen Gegenspielerinnen verzichten, sie aber dennoch töten kann. Die Heroisierung der Leiche kann jedoch die Lücke, die die Frau hinterläßt, nicht mehr füllen. Wenn der Tod einer Prinzessin derartiges Gemeingut wird, wenn die Rituale der Trauer in einem medialen Akt vom Volk in einem derartigen Ausmaß für sich beansprucht werden, dann versucht es, sich weiterhin mit Hilfe einer Stellvertreterin über den eigenen Tod und das eigene Leiden hinwegzutrösten. Vor den Fernsehschirmen, die Boulevardpresse in den Händen, erklären sich die Trauernden fortgesetzt dazu bereit, Ersatzfiguren handeln zu lassen. In der Kreation des Mythos Diana versucht sich das Volk etwas von jener Macht zurückzuerstatten, die es durch die allgemeine Entfremdung verloren hat.

Scheinsolidaritäten werden dort errichtet, wo es keinerlei Berührungspunkte zwischen High-Society und Bevölkerung gibt. Jedes republikanische Bewußtsein mißachtend, wird eine als Märchenprinzessin Angetretene zur symbolhaften Königin gekrönt. Ihre

Ruhestätte erhält Ewigkeitscharakter. Nicht nur König Artus wartet auf Avalon auf seine Rückkehr. Nun hat eine Frau, Diana, auf ihrer Toteninsel einen Platz im Schauspiel mythologischer Inszenierungen gefunden.

An der Schwelle zur Jahrtausendwende zeigt die Renaissance derartiger Phänomene durch die weltweite Übertragung des Begräbnisses eine globale Bedeutung, der sich kaum jemand zu entziehen wagte. Eine mediale Liturgie scheint der säkularisierten und entzauberten Welt sein Spektakel zurückgegeben zu haben. Noch besteht die Chance, sich die eigenen Träume und Märchen, den eigenen Zauber und die Trauer gegen die Bilder der medialen Massenware zurückzuholen, die Phantasie in der Gegenwart zu verankern und sie von fremden Personen zu lösen.

Trotz der Mythologisierung der Prinzessin ist ihr mühsamer Kampf der Frau, Diana, um Selbstschöpfung ein allgemeiner. In dieser Auseinandersetzung ist das Bedürfnis nach weiblichen Identifikationsfiguren mächtig geworden. Der durchschlagende Erfolg von Musicals mit weiblichen Zentralfiguren veranschaulicht dies. Madonna zieht in der Filmrolle der Evita Menschenmassen in die Kinos, das Musical „Elisabeth" ist ein Dauerschlager. Die im Zentrum stehende Aussage „Ich gehör' nur mir" wird zum Leitspruch junger Mädchen und löst tosenden Applaus aus.

Elisabeth, Evita und Diana sind in gewisser Weise Schwestern. Sie versuchten sich als Einzelsubjekte und wurden zu Symbolen. Sie stilisierten ihren Körper und setzten ihn bewußt für ihre Zwecke ein. Die Schönheit ermöglichte ihnen jene Anerkennung, die ihnen aufgrund ihrer Interessen und Aktionen nicht selbstverständlicherweise zugestanden wurde. In das Zentrum der Macht eingeheiratet, versuchten sie die Rolle der Ehefrau neu zu definieren und eine eigenständige Funktion zu erhalten. Sie engagierten sich für Benachteiligte der Gesellschaft, standen ihnen aber in der Realität durch ihre Position fern. Als Parvenus blieben sie weibliche Parias. Sie fanden ihren Platz nur im Experiment zur eigenständigen Machtgestaltung, ohne die männliche Definitionsgewalt zu verlassen. Diana wurde keine Botschafterin ihres Landes, Evita nicht Vize-Präsidentin und Elisabeth keine Republikanerin. Sie starben vor ihrer Zeit und berührten die Massen.

Abb. 32: Paul Delvaux, Das Tunnel, 1978

Das kollektive Bedürfnis, die Träume und die Trauer auf exponierte Personen zu verlagern und sie dort stellvertretend auszuleben, birgt eine Falle. Solange man nicht eigene Träume realisiert und über eigene Schmerzen weint, solange leben Sensationen. Somit bleiben die einen luxuriöse Gefangene ihrer Rolle und die anderen im Autoritätsglauben abhängige Untertanen. Unter demokratischem Deckmantel verbirgt sich die Sehnsucht nach Herrschaft. Der individuelle Freiheitskampf einzelner durch ihre Rolle hervorstechender Frauen wird nicht nur von der eigenen Inkonsequenz gehemmt, sondern auch vom Delegationsprinzip der Masse und dem Bedürfnis, Mythen zu schaffen.

Frauen wie Elisabeth sind jedoch nicht nur an ihrem potentiellen Scheitern zu messen, sondern daran, welche Möglichkeiten sie nützten, um Grenzen zu überschreiten. Ihr Erbe ernst nehmen bedeutet den oft einsamen und stummen Schrei dieser Vertreterinnen des unvollendeten Aufbruches kollektiv zum Orchester zu vereinen, um ihn ganz zu machen. Dabei gilt es für Frauen, den Blick in den Spiegel zu wagen und jenseits von Traumprinzessinnen und Schönheitsköniginnen das eigene Bild zu schätzen. Der belgische Maler Delvaux, ein

Jahr vor dem Tod Elisabeths geboren, mag in seinen surrealen Bildern die Brücke zum 20. Jahrhundert herstellen. Im Zug der Zeit verläßt die weibliche Sehnsucht bekanntes Territorium. Durch schwarze Löcher gräbt sie sich vorwärts – von Tunnel zu Tunnel. Der Bahnhof wird zur Umsteigestelle in fremdbestimmte Regionen. Hier steht der Spiegel, in dem sich die Züge der Frau in ihr Mädchengesicht verwandeln. Mit ihm wiederbelebt sich die eigene Welt und die Kraft der Phantasie. Der Blick auf fremde Prinzessinnen kann diese Sicht trüben. Träume sind nur die ersten Schritte in die Wirklichkeit, diesseits zukünftiger Hoffnungsszenarien wartet die Gegenwart.

Anmerkungen

Elisabeths Züge – Träume in Tränen

1 Elisabeth, „Der Fluß Charlie", April 1885. Zit. in: Hamann, Brigitte, Elisabeth. Das Poetische Tagebuch. Wien 1984, S. 59.
2 Christomanos, Constantin, Elisabeth von Österreich. Die Tagebuchblätter. Frankfurt/Main 1993, S. 75.
3 Binkert, Dörthe, Die Melancholie ist eine Frau. Hamburg 1995, S. 92 f.
4 ebenda, S. 98.
5 Sylva, Carmen, Mein Penatenwinkel, Frankfurt/Main 1908, S. 279.
6 Herzogin Amélie, Erinnerungen an Herzogin Ludovica in Bayern, S. 9. In: Nachlaß Richard Sexau, Bayerische Staatsbibliothek München, Handschriftensammlung.
7 ebenda, S. 11.
8 Redwitz, Marie Freiin von, Hofchronik 1888–1921. München 1924, S. 23.
9 Herzogin Amélie, Erinnerungen an Herzogin Ludovica in Bayern, S. 11. In: Nachlaß Richard Sexau, Bayerische Staatsbibliothek München, Handschriftensammlung.
10 ebenda, S. 10.
11 ebenda, S. 3.
12 ebenda, S. 3.
13 Sylva, Carmen, Mein Penatenwinkel, S. 140.
14 ebenda, S. 88.
15 ebenda, S. 116.
16 Kronprinzessin Stephanie, Memoiren, S. 45. Manuskript. In: Nachlaß Caesar Conte Corti, Konvolut 34, Haus- Hof- und Staatsarchiv Wien.
17 Herzogin Amélie, Erinnerungen an Herzogin Ludovika in Bayern, S. 17. In: Nachlaß Richard Sexau, Bayerische Staatsbibliothek München, Handschriftensammlung.
18 Elisabeth, „Kreutherstimmungs-Lieder", 1887. Zit. in: Hamann, Brigitte, Elisabeth. Das Poetische Tagebuch, S. 249.
19 Christomanos, Constantin, Elisabeth von Österreich, S. 61.
20 Alba, Herzog von (Hg.), Lettres familières de l'impératrice Eugénie. Paris 1935, Brief Eugénies an ihre Schwester Paca 22. 1. 1853, S. 50. (Alle in der Folge hier auf deutsch zitierten Stellen aus den Briefen Eugénies sind Übersetzungen der Verfasserin.)
21 Desternes, Suzanne/Chandet, Henriette, Eugénie. Weltdame und Kaiserin, München 1957, S. 99.
22 ebenda, Brief Eugénies an ihre Schwester Paca Ende Jänner 1853, S. 52.

23 Alba, Herzog von (Hg.), Lettres familières de l'impératrice Eugénie. Bd. I, Brief Eugénies an ihre Schwester Paca Jänner 1850, S. 53.

24 Alba, Herzog von (Hg.), Lettres familières de l'impératrice Eugénie. Bd. I, Brief Eugénies an ihre Schwester Paca 22. 1. 1853, S. 53.

25 Vogel, Juliane, Elisabeth von Österreich. Momente aus dem Leben einer Kunstfigur. Wien 1992, S. 41.

26 Herzogin Amélie, Erinnerungen an Herzogin Ludovika in Bayern, S. 15. In: Nachlaß Richard Sexau. Bayerische Staatsbibliothek, Handschriftensammlung, München.

27 Redwitz, Marie Freiin von, Hofchronik 1888–1921. München 1924, S. 17.

28 Rall, Hans/Rall Marga, Die Wittelsbacher in Lebensbildern. Wien 1986, S. 414.

29 Sexau, Richard, Fürst und Arzt. Dr. med. Herzog Carl Theodor in Bayern. Schicksal zwischen Wittelsbach und Habsburg. Graz 1963, S. 12, zitiert nach einer Aussage von Albert Fürst von Thurn und Taxis.

30 Herzogin Amélie, Erinnerungen an Herzogin Ludovika in Bayern, S. 11. In: Nachlaß Richard Sexau. Bayerische Staatsbibliothek, Handschriftensammlung, München.

31 Marie Valerie, 21. 8. 1889, Tagebuch Abschrift. In: Nachlaß Richard Sexau. Bayerische Staatsbibliothek, Handschriftensammlung, München.

32 Herzogin Amélie, Erinnerungen an Herzogin Ludovika in Bayern, S. 1. In: Nachlaß Richard Sexau. Bayerische Staatsbibliothek, Handschriftensammlung, München. Herzogin Amélie schildert ganz im Gegensatz zu der in einschlägigen Büchern immer wieder kolportierten Meinung, Ludovica hätte sich nur mit Kindererziehung beschäftigt, ihre Großmutter als belesen und vielseitig interessiert. Ich schließe mich in dieser Beziehung der Meinung der Herzogin Amélie als primärer Quelle an.

33 ebenda, S. 1.

34 Rall, Hans/Rall Magda, Die Wittelsbacher, S. 414.

35 Corti, Egon Caesar Conte, Elisabeth die seltsame Frau. Salzburg 1934. S. 5.

36 Sexau, Richard, Fürst und Arzt, S. 8.

37 ebenda, S. 9.

38 Wallersee-Larisch, Marie Louise, Die Heldin von Gaëta. Leipzig 1936. S. 174.

39 Corti, Egon Caesar Conte, Elisabeth, S. 4.

40 Herzogin Amélie, Erinnerungen an Herzogin Ludovika von Bayern, S. 11. In: Nachlaß Richard Sexau. Bayerische Staatsbibliothek, Handschriftensammlung, München.

41 Gespräch Richard Sexau mit Thurn und Taxis 1938. Zit. in: Hamann, Brigitte, Elisabeth, S. 28.

42 Herzogin Amélie, Erinnerungen an Herzogin Ludovika in Bayern, S. 13. In: Nachlaß Richard Sexau. Bayerische Staatsbibliothek, Handschriftensammlung, München.

43 Hamann, Brigitte, Elisabeth Kaiserin wider Willen. Wien 1981. S. 171.

44 Wallersee-Larisch, Marie Louise, Die Heldin von Gaëta, S. 124.

45 Herzogin Amélie, Erinnerungen an Herzogin Ludovica von Bayern, S. 1. In: Nachlaß Richard Sexau. Bayerische Staatsbibliothek, Handschriftensammlung, München.

46 Haslip, Joan, Elisabeth von Österreich. München 1966, S. 16.

47 Sylva, Carmen, Penatenwinkel, S. 92.

48 ebenda, S. 163.

49 ebenda, S. 151.

50 ebenda, S. 24.

51 Hübner, Joseph Alexander Graf von, Neun Jahre der Erinnerungen eines österreichischen Botschafters in Paris unter dem zweiten Kaiserreich. 1851–1859. München 1904, Bd. II, S. 29.

52 Elisabeth greift diese Tatsache zweimal in ihren Gedichten auf. Vgl. dazu Hamann, Brigitte, Elisabeth. Das Poetische Tagebuch S. 312. „Das Sonntagskind" 1887 und in „Achilleus" S. 70, wo es heißt: „Und trinkt, so heisst's im Volkesmund,/ ein Sonntagskind davon,/ Geboren um die zwölfte Stund/ Mit zweien Zähnlein schon,/ So schwingt sich's auf als stolzer Aar/ Zum blauen Firmament,/ Wo hoch im Äther, rein und klar,/ Die gold'ne Sonne brennt."

53 Villers, Alexander von, Briefe eines Unbekannten, Wien 1983, S. 184.

54 ebenda, S. 185.

55 Hamann, Brigitte, Elisabeth, S. 64.

Hoch-Zeit und Opposition

1 Elisabeth, „Antwort an den Baumeister", 1885. Zit. in: Hamann, Brigitte, Elisabeth. Das Poetische Tagebuch, S. 43.

2 Alba, Herzog von (Hg.), Lettres familières de l'impératrice Eugénie. Bd. I, S. 82. Brief Eugénies an ihre Schwester Paca 9. 5. 1853.

3 Hübner, Alexander von, Erinnerungen, Bd. II. S. 140.

4 Redwitz, Marie Freiin von, Hofchronik, S. 32.

5 Sylva, Carmen, Penatenwinkel, S. 29.

6 ebenda, S. 181.

7 Kronprinzessin Stephanie, Memoiren. Manuskript, S. 199 und 202. In: Nachlaß Conte Corti, Konvolut 34, Haus- Hof- und Staatsarchiv Wien. Der zweite Teil dieser Passage wurde interessanterweise in den 1935 erschienen Memoiren weggelassen. Vgl. dazu: Lonvay, Stephanie, Ich sollte Kaiserin werden, Leipzig 1935.

8 Sand, George, Correspondance. Paris 1964, Bd. VI, S. 43. Zit. in: Schlientz, Gisela, „Ich liebe, also bin ich". Leben und Werk von George Sand. München 1989, S. 35.

9 Hamann, Brigitte, Elisabeth, S. 78.

10 Marie von Festetics, Ischl 15. 10. 1872. Zit. in Hamann, Brigitte, Elisabeth, S. 78.

11 ebenda, S. 78.

12 Fritsche, Victor von, Bilder aus dem österreichischen Hof- und Gesellschaftsleben, Wien, 1914, S. 251.

13 Ketterl, Eugen, Der alte Kaiser, wie nur einer ihn sah. Wien 1980, S. 22 f.

14 Kronprinzessin Stephanie, Memoiren. Manuskript, S. 269. In: Nachlaß Conte Corti, Konvolut 34, Haus- Hof- und Staatsarchiv Wien.

15 ebenda, S. 270.

16 Ketterl, Eugen, Der alte Kaiser, S. 25 ff.

17 ebenda, S. 45.

18 Elisabeth, „Hofball", 1887. Zit. in: Hamann, Brigitte, Elisabeth. Das Poetische Tagebuch, S. 160.

19 Alba, Herzog von (Hg.), Lettres familières de l'impératrice Eugénie. Bd. I,. S. 53. Brief Eugénies an ihre Schwester Paca Jänner 1853.

20 Kurtz, Harold, Eugénie. Kaiserin der Franzosen. Tübingen 1964, S. 136.

21 Carmen, Sylva, Briefe einer einsamen Königin, S. 53.

22 Hamann, Brigitte, Elisabeth, S. 120.

23 Elisabeth an ihre Mutter 1. 2. 1867. Abschrift. In: Nachlaß Conte Corti, Konvolut 14, Haus- Hof- und Staatsarchiv Wien.

24 Wallersee-Larisch, Marie Louise, Meine Vergangenheit. Leipzig 1937, S. 38.

25 Hamann, Brigitte, Elisabeth, S. 137.

26 Wallersee-Larisch, Marie Louise, Die Heldin von Gaëta. Tragödie einer Königin. Leipzig 1936, S. 250.

27 Hamann, Brigitte, Elisabeth, S. 128.

28 Wallersee-Larisch, Marie Louise, Die Heldin von Gaëta, S. 28.

29 ebenda, S. 26.

30 Petacco, Arrigo, Die Heldin von Gaëta. Wien 1994, S. 60.

31 ebenda, S. 81.

32 Herzogin Amélie, Erinnerungen an Herzogin Ludovika, S. 18. In: Nachlaß Richard Sexau. Bayerische Staatsbibliothek München. Handschriftensammlung.

33 Corti, Egon Caesar Conte, Elisabeth, S. 100.

34 Hessing, Jakob, Else Lasker-Schüler. München 1992, S. 113 ff. Hier heißt es in ihrem Gedicht Weltflucht: „Ich will in das Grenzenlose/ Zu mir zurück,/ Schon blüht die Herbstzeitlose/ Meiner Seele,/ Vielleicht– ist's schon zurück!/ O, ich sterbe unter Euch!/ Da ihr mich erstickt mit Euch./ Fäden möchte ich um mich ziehn –/ Wirrwarr endend! Beirrend,/ Euch verwirrend,/ um zu entfliehn/ Meinwärts!"

35 Corti, Egon Caesar Conte, Elisabeth, Salzburg 1934, S. 131.

36 ebenda, S. 132.

37 ebenda, S. 132. Zit. in: Marie Festetics 15. 10. 1872, Tagebucheintragung.

38 Desternes, Suzanne/Chandet, Henriette, Eugénie, S. 25.

39 Kronprinzessin Stephanie, Memoiren. Manuskript, S. 27. In: Nachlaß Conte Corti, Konvolut 34, Haus- Hof- und Staatsarchiv Wien.

40 ebenda, S. 33.

41 Schiel, Irmgard, Stephanie. Kronprinzessin im Schatten der Tragödie von Mayerling. Stuttgart 1990, S. 417.

42 Höhnel, Ludwig Ritter von, Mein Leben zur See auf Forschungsreisen und bei Hofe. Erinnerungen eines österreichischen Seeoffiziers (1857–1904). Berlin 1926, S. 203.

43 Carmen, Sylva, Penatenwinkel, S. 110.

44 ebenda, S. 229.

45 Hamann, Brigitte, Elisabeth, S. 183.

46 Elisabeth „Anno Domini", 1886. Zit. in: Hamann, Brigitte, Elisabeth. Das Poetische Tagebuch, S. 104.

47 Brigitte Hamann, Elisabeth, S. 183.

48 Sztáray, Irma, Aus den letzten Jahren der Kaiserin Elisabeth, Wien 1909, S. 148.

49 Carmen, Sylva, Penatenwinkel, S. 91.

50 ebenda, S. 235.

Die Politik der Gefühle

1 Elisabeth „Neujahrsnacht", 1887. Zit. in: Hamann, Brigitte, Elisabeth. Das Poetische Tagebuch, S. 139. Der Baum bezieht sich hier auf die Monarchie.

2 Hamann, Brigitte, Rudolf. Kronprinz und Rebell. Wien 1982. S. 32.

3 ebenda, S. 53 f.

4 Ketterl, Eugen, Der alte Kaiser, S. 32.

5 Vgl. dazu: Weissensteiner, Friedrich, Die rote Erzherzogin. Das ungewöhnliche
Leben der Tochter des Kronprinzen Rudolf. Wien 1990.

6 Graf Andrássy an Ida Ferenczy 5. 12. 1872. Abschrift. In: Nachlaß Conte Corti,
Konvolut 13, Haus- Hof- und Staatsarchiv Wien.

7 Kronprinzessin Stephanie, Memoiren. Manuskript, S. 23. In: Nachlaß Conte Corti,
Konvolut 34, Haus- Hof- und Staatsarchiv Wien.

8 Hamann, Brigitte, Elisabeth, S. 280.

9 Vgl. dazu Beller, Stephen, Franz Joseph, Wien 1997, S. 90.

10 Christomanos, Constantin, Elisabeth von Österreich. S. 58 f.

11 ebenda S. 78.

12 ebenda S. 136.

13 Lao-tse, Tao-Tê-King, Stuttgart 1979, S. 48.

14 Hamann, Brigitte, Elisabeth, S. 180 f.

15 Marie Festetics an Ida Ferenczy 2. 3. 1879. Abschrift. In: Nachlaß Conte Corti,
Konvolut 14, Haus- Hof- und Staatsarchiv Wien.

16 Ketterl, Eugen, Der alte Kaiser, S. 37.

17 Marie Valerie, Tagebuch 9. 12. 1887. Abschrift. In: Nachlaß Richard Sexau. Bayerische Staatsbibliothek, Handschriftensammlung, München.

18 Redwitz, Marie Freiin von, Hofchronik 1888, S. 26 f.

19 Petacco, Arrigo, Die Heldin von Gaëta, S. 197.

20 Wallersee-Larisch, Marie Louise, Die Heldin von Gaëta, S. 61.

21 Petacco, Arrigo, Die Heldin von Gaëta, S. 191.

22 Alba, Herzog von (Hg.), Lettres familières de l'impératrice Eugénie. Bd. I , S. 230.
Brief Eugénies an ihre Mutter 31. 8. 1870.

23 Redwitz, Marie Freiin von, Hofchronik 1888, S. 162.

24 ebenda, S. 162.

25 Herzogin Amélie, Erinnerungen an Herzogin Ludovica in Bayern. Manuskript. S.
18. In: Nachlaß Richard Sexau. Bayerische Staatsbibliothek, Handschriftensammlung, München.

26 Hübner, Joseph Alexander von, Erinnerungen, Bd. II., S. 56.

27 ebenda, Bd. II, S. 56.

28 ebenda, Bd. II, S. 257.

29 Alba, Herzog von (Hg.), Lettres familières de l'impératrice Eugénie. Bd. I, S. 149. Brief Eugénies an ihre Mutter 20. 1. 1858.

30 Hübner, Joseph Alexander von, Erinnerungen, Bd. II, S. 75.

31 Kurtz, Harold, Eugénie Kaiserin der Franzosen, S. 37.

32 Alba, Herzog von (Hg.), Lettres familières de l'impératrice Eugénie. Bd. II, S. 63. Brief Eugénies an ihre Mutter 31. 7. 1877.

33 Kurtz, Harold, Eugénie, S. 280.

34 Statistik der Attentate. Zeitungsausschnitt o. J. In: Nachlaß Conte Corti, Konvolut 24, Haus- Hof- und Staatsarchiv Wien.

35 Carmen, Sylva, Penatenwinkel, S. 195.

36 Lindemann, Martha, Die Heiraten der Romanows und der deutschen Fürstenhäuser. Diss. Berlin 1935, S. 98 ff.

37 ebenda, S. 129 und S. 130.

38 Schmidt, Hildegard, Elisabeth Königin von Rumänien Prinzessin zu Wied „Carmen Sylva". Diss. Bonn 1991, S. 49.

39 ebenda, S. 128.

40 ebenda, S. 34.

41 Wolbe, Eugen, Carmen Sylva, S. 137.

42 Kremnitz Mite, Am Hofe von Ragusa, Breslau 1902, S. 63 f. Zit. nach: Wolbe, Eugen, Carmen Sylva, S. 137.

43 Elisabeth, „Moral", 1887. Zit. in: Hamann, Brigitte, Elisabeth. Das Poetische Tagebuch, S. 163.

44 Vgl.: Elisabeth, „Titanias Besuch bei Carmen Sylva und Rückkehr in ihr Feenschloß, genannt Villa Hermes", 1887. Zit. in: Hamann Brigitte, Poetisches Tagebuch, S. 196 ff.

45 Wolbe, Eugen, Carmen Sylva. Der Lebensweg einer einsamen Königin, Leipzig 1933, S. 56.

46 Carmen, Sylva, Penatenwinkel, S. 279.

47 Wolbe, Eugen, Carmen Sylva, S. 144 ff.

48 ebenda, S. 150.

49 ebenda, S. 154.

50 ebenda, S. 150.

51 Marie Valerie, 17. 5. 1886, Tagebuch Abschrift. In: Nachlaß Richard Sexau. Bayerische Staatsbibliothek, Handschriftensammlung, München.

52 ebenda, 1. 2. 1890.

53 Marie Valerie, 6. 8. 1888, Tagebuch Abschrift. In: Nachlaß Richard Sexau. Bayerische Staatsbibliothek, Handschriftensammlung, München.

54 Wolbe, Eugen, Carmen Sylva, S. 57.

Schönheit als Schutz und Schirm

1 Elisabeth, „Titania", 1885. Zit. in: Hamann, Brigitte, Das Poetische Tagebuch, S. 79.
2 Rauh, Reinhold, Lola Montez. Die königliche Mätresse. München 1996, S. 82.
3 ebenda, S. 88.
4 ebenda, S. 92.
5 Lola Montez, Memoiren, Bd. 9, S. 214 f. Zit. in: ebenda, S. 148 f.
6 Lola Montez, Memoiren, Bd. 4, S. 141. Zit. in: ebenda, S. 150.
7 Viktoria an ihre Mutter. Zit. in: Hamann, Brigitte, Elisabeth, S. 331.
8 Wallersee-Larisch, Marie Louise, Meine Vergangenheit, S. 97.
9 Vgl. dazu: Stadtlaender Chris, Sisi. Die geheimen Schönheitsrezepte der Kaiserin und des Hofes. Wien 1995.
10 Wallersee-Larisch, Marie-Louise, Meine Vergangenheit, S. 60.
11 Stadtlaender Chris, Sisi, S. 76.
12 Wallersee-Larisch, Marie-Louise, Meine Vergangenheit, S. 60.
13 Vogel, Juliane, Kunstfigur, S. 84.
14 Wallersee-Larisch, Marie Louise, Meine Vergangenheit, S. 49.
15 ebenda, S. 61.
16 Vogel, Juliane, Kunstfigur, S. 99.
17 Gast, Lili, „Magersucht – Der Gang durch den Spiegel" 1989, S. XIV.
18 Christomanos, Constantin, Elisabeth von Österreich. S. 73.
19 Wallersee-Larisch, Marie Louise, Meine Vergangenheit, S. 57.
20 ebenda, S. 89.
21 Christomanos, Constantin, Elisabeth von Österreich. S. 75.
22 ebenda, S. 67.
23 Sylva, Carmen, Die Kaiserin Elisabeth in Sinaia. In: Neue Freie Presse, 25.12. 1906.
24 Christomanos, Constantin, Elisabeth von Österreich. S. 71.
25 Vgl. dazu den hervorragenden Beitrag von Spreitzer, Brigitte, Selbstschöpfung – Fremdwerden. Weibliche Subjektivität als Vision und Aporie im Schreiben österreichischer Autorinnen um 1900. S. 137–154. In: Fischer, Lisa/Brix, Emil, Die Frauen der Wiener Moderne. Wien 1997.
26 Vogel, Juliane, Kunstfigur, S. 92.
27 Villers, Alexander von, Briefe eines Unbekannten, S. 58.
28 ebenda, S. 25.

Androgyne Wahlverwandtschaften

1 Elisabeth „Ein unergründlich tiefer See …", 1887. Zit. in: Hamann, Brigitte, Elisabeth. Das Poetische Tagebuch, S. 212.
2 Kronprinzessin Stephanie, Memoiren. Manuskript, S. 252. In: Nachlaß Conte Corti, Konvolut 34, Haus- Hof- und Staatsarchiv Wien.

3 Marie Valerie, 24. 12. 1887. Tagebuch Abschrift. In: Nachlaß Richard Sexau. Bayerische Staatsbibliothek München. Handschriftensammlung.

4 Aus der Chronik von Herrn Kistler. Zit. in: Sterzinger, Irmgard, Auf den Spuren der Kaiserin Elisabeth. Nürnberg 1996, S. 57.

5 ebenda, S. 58.

6 ebenda, S. 58.

7 Elisabeth an ihre Mutter München 1888, Abschrift. In: Nachlaß Conte Corti, Konvolut 15, Haus- Hof- und Staatsarchiv Wien.

8 Wallersee-Larisch, Marie Louise, Kaiserin Elisabeth und ich. Leipzig 1935. S. 14.

9 Redwitz, Marie Freiin von, Hofchronik, S. 61.

10 Hamann, Brigitte, Elisabeth, S. 288.

11 Wallersee-Larisch, Marie Louise, Die Heldin von Gaëta, S. 80.

12 ebenda, S. 87.

13 Petacco, Arrigo, Die Heldin von Gaëta, S. 293.

14 Christomanos, Constantin, Elisabeth von Österreich. S. 61.

15 Petacco, Arrigo, Die Heldin von Gaëta, S. 223.

16 ebenda, S. 67.

17 Hamann, Brigitte, Elisabeth, S. 166.

18 Sztáray Irma, Aus den letzten Jahren, S. 5 f.

19 Elisabeth an Ida Ferenczy 1869. Abschrift. In: Nachlaß Conte Corti, Konvolut 14, Haus- Hof- und Staatsarchiv Wien.

20 Bourgoing Jean de, Briefe Kaiser Franz Josephs an Frau Katharina Schratt. Wien 1964. S. 303.

21 Manuskript. In: Nachlaß Conte Corti, Konvolut 15, Haus- Hof- und Staatsarchiv Wien.

22 Fritsche, Victor von, Bilder aus dem österreichischen Hof-und Gesellschaftsleben, Wien 1914, S. 364.

23 Marie Festetics an Ida Ferenczy 18. 1. 1993. Abschrift. In: Nachlaß Conte Corti, Konvolut 15, Haus- Hof- und Staatsarchiv Wien.

24 Marie Festetics an Ida Ferenzy 16. 10. 1888, Abschrift. In: Nachlaß Conte Corti, Konvolut 15, Haus- Hof- und Staatsarchiv Wien.

25 Hamann, Brigitte, Elisabeth, S. 203.

26 Sylva, Carmen, Elisabeth, Neue Freie Presse, 25. 12. 1906.

27 Hamann, Brigitte, Elisabeth, S. 205

28 Vgl. dazu: Martinez, Tomás Eloy, Santa Evita. Frankfurt/Main 1997, S. 87.

29 Wallersee-Larisch, Marie Louise, Die Heldin von Gaëta, S. 128.

30 Wallersee-Larisch, Marie Louise, Meine Vergangenheit, S. 13 f.

31 ebenda, S. 15.

32 ebenda, S. 29.

33 ebenda, S. 51.

34 ebenda, S. 66 f.

35 Christomanos, Constantin, Elisabeth von Österreich. S. 51.

36 Vgl. dazu auch: Sokop, Brigitte, Jene Gräfin Larisch. Wien 1985.

37 Vgl. dazu vor allem: Hamann, Brigitte, Elisabeth, S. 345 ff.

38 Wallersee-Larisch, Marie Louise, Meine Vergangenheit, S. 89.

39 Elisabeth, „Ja, wenn ich ...", 1886. Zit. in: Hamann, Brigitte, Elisabeth. Das Poeti-
    sche Tagebuch, S. 122.

40 Christomanos, Constantin, Elisabeth von Österreich. S. 62.

41 Hamann, Brigitte, Elisabeth, S. 317.

42 Wallersee-Larisch, Marie Louise, Meine Vergangenheit, S. 55 f.

43 Duff, David, Eugénie und Napoleon III., Köln 1978. S. 186.

44 Kurtz, Harold, Eugénie, S. 226.

45 ebenda, S. 246.

46 Duff, David, Eugénie und Napoleon III., S. 290.

47 Duff, David, Eugénie, S. 290.

48 Hacker, Rupert, Ludwig II. von Bayern in Augenzeugenberichten, Düsseldorf
    1966, S. 251.

49 ebenda, S. 78 ff.

50 Christomanos, Constantin, Elisabeth von Österreich. S. 85.

51 ebenda, S. 116.

52 Elisabeth, „An mein Kind", 1888. Zit. in: Hamann, Brigitte, Elisabeth, Das Poeti-
    sche Tagebuch, S. 336.

53 Elisabeth, „Keine Messe wird man singen, Keinen Kadosch wird man sagen etc.
    etc." 1886. Zit. in: Hamann, Brigitte, Elisabeth, Das Poetische Tagebuch, S. 128.

54 Brief Maria Glaser an Conte Corti 9. 5. 1933. In: Nachlaß Conte Corti, Konvolut
    15, Haus- Hof- und Staatsarchiv Wien.

55 Christomanos, Constantin, Elisabeth von Österreich. S. 170.

56 ebenda, S. 65.

57 Christomanos, Constantin, Elisabeth von Österreich. S. 61.

Seelenverwandtschaften – Kaiserin des Mythos

1 Elisabeth „Seelenbrautfahrt", 1885. Zit. in: Hamann, Brigitte, Elisabeth. Das Poetische Tagebuch, S. 89.

2 Weimann, Robert, Literaturgeschichte und Mythologie, Berlin 1977, S. 327.

3 Russel, Jeffry Burton, Hexerei und Geist des Mittelalters. In: Die Hexen der Neu-
   zeit. Studien zur Sozialgeschichte eines kulturellen Deutungsmusters. Herausgegeben von Claudia Honegger. Frankfurt/Main 1978, 159–187. S. 169.

4 Vgl. dazu Albouy Pierre, Mythes et mythologies dans la littérature française. Paris
   1969. Hier wird auch darauf hingewiesen, daß die Funktion des Mythos nicht
   nur individuelle Verarbeitungsmöglichkeiten zuläßt, sondern auch kollektive. S.
   301.

5 Ranke-Graves, Robert von, Die weiße Göttin. Sprache des Mythos. Berlin 1984,
   S. 12.

6 Christomanos, Constantin, Elisabeth von Österreich. S. 142.

7 Siegfried Pabst, Gasthof Baumgarten, Gmunden. Interview der Verfasserin 20. Juli 1997.

8 Wolbe, Eugen, Carmen Sylva, S. 17.

9 ebenda, S 86.

10 ebenda, S. 87.

11 Schlientz, Gisela, „Ich liebe, also bin ich.", S. 97.

12 ebenda, S. 99.

13 ebenda, S. 98.

14 Christomanos, Constantin, Elisabeth von Österreich, S. 152.

15 Ketterl, Eugen, Der alte Kaiser, S. 37.

16 Christomanos, Constantin, Elisabeth von Österreich, S. 159.

17 ebenda, S. 141 f.

18 Elisabeth, „Die See", 1887. Zit. in: Hamann, Brigitte, Elisabeth. Das Poetische Tagebuch, S. 232.

19 Christomanos, Constantin, Elisabeth von Österreich, S. 134.

20 ebenda, S. 68.

21 ebenda, S 68.

22 ebenda, S. 153.

23 Sztáray, Irma, Aus den letzten Jahren, S. 11.

24 Christomanos, Constantin, Elisabeth von Österreich, S. 142.

25 Rauh, Reinhold, Lola Montez, S. 83.

26 Wallersee-Larisch, Marie Louise, Meine Vergangenheit, S. 88 f.

27 Marie Valerie, 25. 9. 1894, Tagebuch Abschrift. In: Nachlaß Sexau, Bayerische Staatsbibliothek München, Handschriftensammlung.

28 Christomanos, Constantin, Elisabeth von Österreich. S. 106.

29 Sztáray, Irma, Aus den letzen Jahren, S. 79.

30 Rabinovitsch, Melitta, Der Delphin in Sage und Mythos der Griechen, Basel 1947, S. 15.

31 Rabinovitsch, Melitta, Der Delphin, S. 19.

32 Czernohaus, Karola, Delphindarstellungen von der minoischen bis zur geometrischen Zeit. Diss. phil. Innsbruck 1987, S. 185.

33 ebenda, S. 19 f.

34 Kronprinzessin Stephanie, Memoiren, S. 12. Manuskript. In: Nachlaß Cont Corti, Konvolut 34.

35 Rabinovitsch, Melitta, Der Delphin, S. 35.

36 Czernohaus, Karola, Delphindarstellungen, S. 187.

37 Wallersee-Larisch, Marie Louise, Meine Vergangenheit, S. 89.

38 Elisabeth, „Antwort an den Baumeister", 1885. Zit. in: Hamann, Brigitte, Elisabeth. Das Poetische Tagebuch, S. 44.

39 ebenda, S. 48.

40 Regenfelder, Jane, Das Scheitern König Ludwigs II. von Bayern als Symbol und Symptom seiner Zeit. Dipl. Arbeit Klagenfurt 1994, S. 14.

41 Hacker, Rupert, Ludwig II., S. 254.

42 Elisabeth, „Novemberphantasie", 1885. Zit. in: Hamann, Brigitte, Elisabeth. Das Poetische Tagebuch, S. 102.

43 Christomanos, Constantin, Elisabeth von Österreich. S. 108.

44 ebenda, S. 108.

45 ebenda, S. 108.

46 Elisabeth, „Titanias Klage", 1885. Zit. in: Hamann, Brigitte, Elisabeth. Das Poetische Tagebuch, S. 56.

47 Christomanos, Constantin, Elisabeth von Österreich. S. 108.

48 Ranke-Graves, Robert von, Die weiße Göttin, S. 146.

49 ebenda, S. 147.

50 Ranke-Graves, Robert von, Griechische Mythologie, Quellen und Deutung. Hamburg 1984, S. 640.

51 ebenda, S. 640.

52 Christomanos, Constantin, Elisabeth von Österreich. S. 68 f.

53 Elisabeth, „Nordsee-Stanzen", 1887. Zit. in: Hamann, Brigitte, Elisabeth. Das Poetische Tagebuch, S. 223.

54 Christomanos, Constantin, Elisabeth von Österreich, S. 106

55 ebenda, S. 105.

56 ebenda, S. 111.

57 Sztáray, Irma, Aus den letzten Jahren, S. 81.

58 ebenda, S. 83.

59 ebenda, S. 55.

60 Baron Nopcsa an Ida Ferenczy 29. 10. 1891. Abschrift. In: Nachlaß Conte Corti, Konvolut 15, Haus- Hof- und Staatsarchiv Wien.

61 Marie Festetics an Ida Ferenczy 11. 10. 1891. Abschrift. In: Nachlaß Conte Corti, Konvolut 15, Haus- Hof- und Staatsarchiv Wien.

62 Elisabeth „Nordsee-Lieder", 1885. Zit. in: Hamann, Brigitte, Elisabeth. Das Poetische Tagebuch, S. 43.

63 Redwitz, Marie Freiin von, Hofchronik, S. 227.

64 Marie Valerie, 3. 12. 1888, Tagebuch Abschrift. In: Nachlaß Richard Sexau. Bayerische Staatsbibliothek München, Handschriftensammlung.

Wesensverwandtschaften – Literatur im geheimen

1 Elisabeth, „Novemberphantasie", 1885. Zit. in: Hamann, Brigitte, Das Poetische Tagebuch, S. 102.

2 Elisabeth „An Titania", 1888. Zit. in: Hamann, Brigitte, Das Poetische Tagebuch, S. 359.

3 Christomanos, Constantin, Elisabeth, S. 72.

4 Gabriele an Fritz Pacher, London April 1874. In: Nachlaß Conte Corti, Convolut 15, Haus- Hof- und Staatsarchiv Wien. Elisabeth hatte Fritz Pacher von Theinburg inkognito, ihr Gesicht hinter einer Maske verbergend, 1874 auf einem Ball ken-

nengelernt und mit ihm unter dem Pseudonym Gabriele einen Briefwechsel geführt. Vgl. dazu auch Corti, Egon Caesar Conte, Elisabeth die seltsame Frau. Salzburg 1934, S. 353 ff und Hamann, Brigitte, Das Poetische Tagebuch, S. 53, 82, 269.

5 Vgl. dazu: „In der hiesigen Ruhe übersetze ich sehr Vieles, jetzt haben wir mit Adrienne Lecouvreur begonnen, ist sehr interessant und die Sprache sehr schön. Elisabeth an Marie Valerie. Corfu 25. 3. 1895. In: Nachlaß Conte Corti, Konvolut 15, Haus- Hof- und Staatsarchiv Wien.

6 Elisabeth, „Longfellow", 1885. Zit. in: Hamann, Brigitte, Das Poetische Tagebuch, S. 59.

7 Ebner-Eschenbach, Marie von, Aphorismen, Parabeln und Märchen, München 1960, S. 50.

8 Blunt, Wilfried, König Ludwig II. von Bayern, München 1970, S. 31.

9 Redwitz, Marie Freiin von, Hofchronik, S. 108.

10 ebenda, S. 109.

11 ebenda, S. 69.

12 Alba, Herzog von (Hg.), Lettres familières de l'impératrice Eugénie, Bd. I, Eugénie an ihre Mutter 1863, (Übersetzung d. V.) S. 217.

13 Christomanos, Constantin, Die Tagebuchblätter, S. 53.

14 ebenda, S. 53.

15 ebenda, S. 64.

16 Wallersee-Larisch, Marie Louise, Die Kaiserin Elisabeth und ich. S. 190.

17 Vgl. dazu ausführlich: Eckstein, Friedrich, Ahasverus und die Kaiserin. In: Neues Wiener Tagblatt, 13. April 1933.

18 Christomanos, Constantin, Elisabeth, S. 52.

19 Sand, George, Correspondance Bd. 6, S. 227. Zit. in: Schlientz, Gisela, „Ich liebe, also bin ich", S. 163.

20 Wiggershaus, Renate, George Sand, Hamburg 1982, S. 48.

21 ebenda, S. 50

22 Sand, George, Correspondance Bd. 7, S. 370. Zit. in: Wiggershaus, Renate, George Sand, S. 62.

23 Sand, George, Correspondance Bd. 10, S. 481. Zit. in: Wiggershaus, Renate, George Sand, S. 62.

24 Wiggershaus, Renate, George Sand, S. 24.

25 ebenda, S. 13.

26 Walkowitz, Judith, Gefährliche Formen der Sexualität. S. 417–449, S. 442. In: Duby, Georges/Perrot Michelle (Hg.Innen.), Geschichte der Frauen. 19. Jahrhundert. Frankfurt/Main 1994.

27 Wiggershaus, Renate, George Sand, S. 89.

28 ebenda, S. 120.

29 Elisabeth, „An mein Kind", 1887. Zit. in: Hamann, Brigitte, Elisabeth, Das Poetische Tagebuch, S. 166.

30 Stackelberg, Natalie Freiin von, Aus Carmen Sylvas Leben. Heidelberg 1885, S. 34.

31 Wolbe Eugen, Carmen Sylva, S. 87.

32   ebenda, S. 151 f.

33   ebenda S. 107.

34   ebenda, S. 151.

35   ebenda S. 126.

36   Sylva, Carmen, Penatenwinkel, S. 118.

37   Schmidt, Hildegard, Carmen Sylva, S. 129.

38   ebenda, S. 130.

39   Carmen, Sylva, Briefe einer einsamen Königin, herausgegeben von Lina Sommer, München 1916, S. 44.

40   Schmidt, Hildegard, Carmen Sylva, S. 195 f.

41   Brief an Kronprinzessin Stephanie. In: dieselbe, Memoiren, Nachlaß Conte Corti, Konvolut 34, Haus- Hof- und Staatsarchiv Wien, S. 12.

42   Vgl. dazu: Fischer, Lisa, Carmen Sylva – Die Krone als Kulturauftrag. In: Wiener Zeitung 18. Juli 1997.

43   Brief von Carmen Sylva an Kronprinzessin Stephanie nach dem Tod Rudolfs. In: dieselbe, Memoiren, Nachlaß Conte Corti, Konvolut 34, Haus- Hof- und Staatsarchiv Wien, S. 13.

44   Wolbe, Eugen, Carmen Sylva, S. 91.

45   ebenda, S. 92.

46   Christomanos, Constantin, Die Tagebuchblätter, S. 131.

47   Vgl. dazu ihr Gedicht Hroswitha: „Blieb mir der Stift, der Freund als Buhle,/ Und Traumland ward mein Paradies." In: Seidl, Franz-Xaver, Deutsche Fürsten als Dichter und Schriftsteller. Regensburg 1883. Elisabeth, Königin von Rumänien, S. 144–152, S. 148.

48   Wolbe Eugen, Carmen Sylva, S. 209.

49   Christomanos, Constantin, Die Tagebuchblätter, S. 169.

50   Elisabeth über Heinrich Heine, Manuskript. In: Nachlaß Conte Corti, Konvolut 15, Haus- Hof- und Staatsarchiv Wien.

51   Schnell, Ralf, Heinrich Heine, Hamburg 1996, S. 105.

52   ebenda, S. 165.

53   ebenda, S. 38.

54   ebenda S. 47.

55   Hädecke, Wolfgang, Heinrich Heine, München 1985, S. 21.

56   Schnell, Ralf, Heinrich Heine, S. 49.

57   Elisabeth an Marie Valerie, San Remo 17. 1. 1898. In: Nachlaß Conte Corti, Konvolut 15, Haus- Hof- und Staatsarchiv Wien.

58   Sztáray, Irma, Elisabeth, S. 109.

59   Schnell, Ralf, Heinrich Heine, S. 119.

60   Hädecke, Wolfgang, Heinrich Heine, S. 166.

61   Elisabeth „Verlassen", 1886. Zit. in: Hamann, Brigitte, Elisabeth. Das Poetische Tagebuch, S. 137.

62   Hädecke, Wolfgang, Heinrich Heine, S. 14.

63   Vgl. dazu Hädecke, Wolfgang, Heinrich Heine, S. 24, der diesen Begriff von Alex

Bein, Heinrich Heine, der „Schamlose"; in: Jahrbuch 1978, S. 152 ff. übernommen hat.

64 Alba, Herzog von (Hg.), Lettres familières de l'impératrice Eugénie, Bd. I, S. 21, Eugénie an ihren Cousin Herzog Alba 16. 5. 1863.
65 Christomanos, Constantin, Die Tagebuchblätter, S. 126 f.
66 Schnell, Ralf, Heinrich Heine, S. 7.
67 ebenda, S. 209.
68 Christomanos, Constantin, Die Tagebuchblätter, S. 144.
69 Christomanos, Constantin, Die Tagebuchblätter, S. 71.
70 Hamann, Brigitte, Elisabeth Kaiserin wider Willen, S. 493.
71 ebenda, S. 492 ff.
72 ebenda, S. 455 f.
73 Sexau, Richard, Carl Theodor, S. 44.
74 Elisabeth „Seelenbrautfahrt", 1885. Zit. in: Hamann, Brigitte, Das Poetische Tagebuch, S. 84.
75 Elisabeth „Achilleus", 1853. Zit. in: Hamann, Brigitte, Das Poetische Tagebuch, S. 143.
76 Marie Valerie, 3. 8. 1884, Tagebuch Abschrift. In: Nachlaß Richard Sexau, Bayerische Staatsbibliothek München, Handschriftensammlung.
77 ebenda 3. 7. 1884.
78 Wallersee, Marie Louise von, Die Kaiserin Elisabeth und ich, S. 257.
79 Kronprinzessin Stephanie, Memoiren S. 9. In: Nachlaß Conte Corti, Konvolut 34, Haus- Hof- und Staatsarchiv Wien. Diese Abschrift ist insofern interessant als in der 1935 erschienen Autobiographie der Kronprinzessin einige wesentliche Passagen weggelassen wurden. Vgl. dazu. Stephanie Fürstin Lonvay, Ich sollte Kaiserin werden, Leipzig 1935.
80 Elisabeth „Titanias Klage", 1885. Zit. in: Hamann, Brigitte, Elisabeth. Das Poetische Tagebuch, S. 56.
81 Elisabeth „Titanias Besuch bei Carmen Sylva und ihre Rückkehr in ihr Feenschloss, genannt Villa Hermes", 1887. Zit. in: Hamann, Brigitte, Elisabeth. Das Poetische Tagebuch, S. 207.
82 Marie Valerie, 23. 8. 1887, Tagebuch Abschrift. In: Nachlaß Richard Sexau, Bayerische Staatsbibliothek München, Handschriftensammlung.
83 Vgl. dazu vor allem Kill, Heike-Susanne, Die Gedichte der Kaiserin Elisabeth von Österreich in der Tradition Heinrich Heines. Dipl. Arbeit Kassel 1995.
84 Elisabeth, „Lamento", 1887. Zit. in: Hamann, Brigitte, Das Poetische Tagebuch, S. 167.
85 Vgl. dazu vor allem Hamann, Brigitte, Das Poetische Tagebuch, S. 18.
86 Vgl. dazu Wallersee-Larisch, Marie Louise, Die Kaiserin Elisabeth und ich. Leipzig 1935, S. 190.
87 ebenda, S. 178 ff. und Hamann, Brigitte, Elisabeth, S. 446 ff.
88 Carmen, Sylva, Mein Penatenwinkel, S. 168.

89 Christomanos, Constantin, Die Tagebuchblätter, S. 135.

90 Marie Valerie, Tagebuch Abschrift. In: Nachlaß Sexau, Bayerische Staatsbibliothek München, Handschriftensammlung. S. 49.

Nomadin im Grenzland

1 Elisabeth „Liberty", 1887. Zit. in: Hamann, Brigitte, Das Poetische Tagebuch, S. 250.

2 Vogel, Juliane, Kunstfigur, S. 46.

3 ebenda, S. 47.

4 Corti, Caesar Conte, Elisabeth, S. 69.

5 Nach den Berichten des Hofsekretärs H. v. Raymond, Triest 21. und 23. November 1856, Wien Staatsarchiv. Zit. in: Corti, Caesar Conte, Elisabeth, S. 67.

6 ebenda, S. 73.

7 Kronprinzessin Stephanie, Memoiren S. 39. In: Nachlaß Conte Corti, Konvolut 34, Haus- Hof- und Staatsarchiv Wien.

8 Fürle, Brigitte (Hg.in), Ida Pfeiffer. Eine Frau fährt um die Welt. Wien 1989, S. 5.

9 ebenda, S. 6.

10 ebenda, S. 7.

11 ebenda, S. 7.

12 Rauh, Reinhold, Lola Montez, S. 187.

13 ebenda, S. 202.

14 Christomanos, Constantin, Die Tagebuchblätter, S. 74.

15 Marie Valerie, 3. 12. 1888, Tagebuch Abschrift. In: Nachlaß Richard Sexau. Bayerische Staatsbibliothek München, Handschriftensammlung.

16 Oettermann, Stephan, Zeichen auf der Haut, Hamburg 1994, S. 21.

17 ebenda, S. 32.

18 ebenda, S. 49.

19 Schiffmacher, Henk, 1000 Tattoos, Köln 1996, S. 37.

20 Loos, Adolf, „Ornament und Verbrechen". In: Loos, Adolf, Schriften, herausgegeben von Franz Glück, Wien/München 1962, I, 276–288. S. 276.

21 ebenda.

22 Oettermann, Stephan, Zeichen auf der Haut, S. 49.

23 Vogel, Juliane, Kunstfigur, S. 68.

24 Sztáray, Irma, Kaiserin Elisabeth, S. 12.

25 Vogel, Juliane, Kunstfigur, S. 69.

26 Villers, Alexander von, Tagebuch, S. 75 f.

27 Christomanos, Constantin, Die Tagebuchblätter, S. 92 f.

28 ebenda, S. 92.

29 ebenda, S. 133.

30 Hamann, Brigitte, Elisabeth, S. 50.

31 ebenda, S. 336.

32 ebenda, S. 336.

33 Marie Valerie, 30. 7. 1886, Tagebuch Abschrift. In: Nachlaß Richard Sexau, Bayerische Staatsbibliothek München, Handschriftensammlung.

34 Redwitz, Marie Freiin von, Hofchronik, S. 33.

35 Marie Valerie, 30. 12. 1886, Tagebuch Abschrift. In: Nachlaß Richard Sexau, Bayerische Staatsbibliothek München, Handschriftensammlung.

36 Marie Valerie, 24. 12. 1889, Tagebuch Abschrift. In: Nachlaß Richard Sexau, Bayerische Staatsbibliothek München, Handschriftensammlung.

37 Brief Elisabeths an Franz Joseph 13. Sept. 1874. In: Nachlaß Conte Corti, Konvolut 16, Haus- Hof- und Staatsarchiv Wien.

38 Brief Elisabeths an Franz Joseph, 28. 8. 1874. In: Nachlaß Conte Corti, Konvolut 16, Haus- Hof- und Staatsarchiv Wien.

39 Ketterl, Eugen, Der alte Kaiser, S. 39.

40 Marie Festetics an Ida Ferenczy 14. 3. 1893. In: Nachlaß Conte Corti, Konvolut 15, Haus- Hof- und Staatsarchiv Wien.

41 Wallersee-Larisch, Marie Louise, Die Heldin von Gaëta, S. 184.

42 Nostitz-Rieneck, Georg, Briefe Kaiser Franz Josephs an Kaiserin Elisabeth. 1859–1898. Wien/München Bd I., II. Brief vom 19. 3. 1893. S. 301, Bd. I.

43 ebenda, Bd. I. Brief vom 31. 3. 1893. S. 305.

44 ebenda, Bd. II. Brief vom 6. 4. 1895, S. 57.

45 Chalon, Jean, Alexandra David-Néel. Das Wagnis eines ungewöhnlichen Lebens. München/Wien 1991, S. 160.

46 ebenda, S. 160.

47 Redwitz, Marie Freiin von, Hofchronik, S. 46.

48 Marie Valerie, 20. 12. 1885, Tagebuch Abschrift. In: Nachlaß Richard Sexau, Bayerische Staatsbibliothek München, Handschriftensammlung.

49 ebenda, 3. 12. 1891.

50 Brief Elisabeths an Marie Valerie 29. 9. 1893. Abschrift. In: Nachlaß Conte Corti, Konvolut 16, Haus- Hof- und Staatsarchiv Wien.

51 Wallersee-Larisch, Marie Louise, Elisabeth, S. 46.

52 Gretter, Susanne (Hg.in), Einblicke und Ausbrüche. Lebensskizzen berühmter Frauen. Frankfurt/Main 1994, S. 66. Vgl. dazu auch: Mulot-Déri, Sibylle, Sir Galahad. Frankfurt/Main 1987.

53 Vgl. dazu das Gedicht von L. Köhler „Der neue Ahasver" (1841), der den „Ewigen Juden" zum Propheten der Freiheit macht, Christian Andersen, wo der „Engel des Zweifels" im Vordergrund steht, und vor allem Carmen Sylva mit ihrem Werk „Jehova", 1882, in dem abermals der Zweifel im Vordergrund steht.

54 Osterheld, Horst, Franz Schubert, Essen o. J., S. 42.

55 Vgl. dazu das Schreiben des Baron Nopcsa auf S. 140 und den Werbeprospekt der Insel Lesina, des „Österreichischen Madeira" und heutigen Hvar, an der dalmatinischen Küste.

56 Corti, Egon Caesar Conte, Elisabeth, S. 458.

57 Sztáray, Irma, Aus den letzten Jahren, S. 29.

58 Brief Baron Nopcsa an Ida von Ferenczy 29. 6. 1892. Abschrift. In: Nachlaß Conte Corti, Konvolut 15, Haus- Hof- und Staatsarchiv Wien.

59 Almstein, August von, Ein flüchtiger Zug nach dem Orient. Wien 1887, S. 92.

60 ebenda, S. 120.

61 Vgl. dazu Brencken, Julia von, Anemonen pflückt man nicht. Malwida von Meysenbug. Heilbronn 1995, S. 330.

62 Müller, Peter (Hg.), Alexander von Warsberg, Das Land der Griechen. Wien 1984, S. 8.

63 Eintragung Warsberg, Tagebuch vom 1. 12. 1888. In: Nachlaß Conte Corti, Konvolut 15, Haus- Hof- und Staatsarchiv Wien.

64 Eintragung Warsberg, Tagebuch vom 11. 9. 1887. In: Nachlaß Conte Corti, Konvolut 15, Haus- Hof- und Staatsarchiv Wien.

65 Brencken, Julia von, Anemonen pflückt man nicht, S. 337.

66 Müller, Peter (Hg.), Alexander von Warsberg, S. 14.

67 Sztáray, Irma, Aus den letzten Jahren, S. 77.

68 Brief Elisabeths an Valerie 27. 11. 1888. Abschrift. Nachlaß Conte Corti, Konvolut 30, Haus- Hof- und Staatsarchiv Wien.

69 Christomanos, Constantin, Die Tagebuchblätter, S. 90.

70 Almstein, August von, Ein flüchtiger Zug nach dem Orient, S. 77.

71 ebenda, S. 151.

72 Christomanos, Constantin, Die Tagebuchblätter, S. 90.

73 ebenda, S. 79.

74 Almstein, August von, Ein flüchtiger Zug nach dem Orient, S. 169.

75 Elisabeth an Ida von Ferenczy 26. März 1878. Abschrift. In. Nachlaß Conte Corti, Konvolut 13, Haus- Hof- und Staatsarchiv Wien.

76 Sztáray, Irma, Aus den letzten Jahren, S. 72.

77 Fischer, Lisa, Lina Loos. Wenn die Muse sich selbst küßt. Wien 1995, S. 85.

78 Marie Valerie, 26. 1. 1891, Tagebuch Abschrift. In: Nachlaß Richard Sexau, Bayerische Staatsbibliothek München, Handschriftensammlung.

79 Wallersee-Larisch, Marie Louise, Elisabeth, S. 63.

80 ebenda.

81 Praschl-Bichler, Gabriele/Cachée, Josef, „Von dem müden Haupte nehm' die Krone ich herab". Kaiserin Elisabeth privat. Wien 1996, S. 152 f.

82 Kurtz, Harold, Eugénie, S. 401.

83 Desternes, Suzanne, Eugénie, S. 273.

84 Eugénie an ihre Schwester am 30. August 1860. In: Alba, Herzog von (Hg.), Lettres familières de l'impératrice Eugénie. Bd. I., S. 178.

85 Kurtz, Harold, Eugénie, S. 402.

86 ebenda, S. 402.

87 Elisabeth an Franz Joseph 28. August 1874. In: Nachlaß Conte Corti, Konvolut 13, Haus- Hof- und Staatsarchiv Wien.

88 Vogel, Juliane, Kunstfigur, S. 64.

89 Vgl. dazu: Alles strömt zur schönen „Sissi". In: Dolomiten, 26. August 1997. Hier

hieß es: „Dieses Jubiläum ist eine Gelegenheit, der Kaiserin zu gedenken, aber auch darauf hinzuweisen, weiterhin unsere wunderbare Landschaft zu erhalten und zu genießen." Zu diesem Anlaß wurde eine Elisabeth Promenade mit neuen Hinweisschildern versehen und mit Ruhebänken aufgewertet.

Geistverwandtschaften – Sisi – Isis

1 Elisabeth, „Anno Domini ...", 1886. Zit. in: Hamann, Brigitte, Das Poetische Tagebuch, S. 111.
2 Christmomanos, Constantin, Elisabeth, S. 71.
3 Elisabeth, „An die Zukunfts-Seelen", 1887. Zit. in: Hamann, Brigitte, Das Poetische Tagebuch, S. 214.
4 ebenda, S. 216.
5 Sylva, Carmen, Elisabeth. In: Neue Freie Presse, 26. 12. 1906
6 Wallersee-Larisch, Marie Louise, Elisabeth, S. 78.
7 ebenda, S. 78.
8 Vgl. dazu Elisabeth „Simbota Marre", 1887. Zit. in: Hamann, Brigitte, Poetisches Tagebuch, S. 177, wo es heißt: „Leise, dass sie kaum es hört,/ Sprech' ich jene Zauberworte,/ Die die Nixe mich gelehrt, (...)"
9 Sztáray, Irma, Aus den letzten Jahren, S. 165.
10 ebenda, S. 166.
11 ebenda, S. 166.
12 Vgl. dazu Wolff, Karl Felix, König Laurin und sein Rosengarten. Bozen 1988, S. 14 ff.
13 Vgl. dazu Wolff Felix, Sagen aus den Dolomiten, Innsbruck 1971, S. 10 ff.
14 Elisabeth, „Novemberphantasie", 1885. Zit. in: Hamann, Brigitte, Poetische Tagebuch, S. 105.
15 Sand, George, Impressions et Souvenirs, Paris 1873. S. 153. Zit. nach: Schlientz, Gisela, „Ich liebe, also bin ich." Leben und Werk von George Sand, S. 275.
16 Christomanos, Constantin, Elisbeth, S. 65.
17 Elisabeth, „Spätherbstabend", 1887. Zit. in: Hamann, Brigitte, Das Poetische Tagebuch, S. 315.
18 Wallersee-Larisch, Marie Louise, Elisabeth, S. 163.
19 ebenda, S. 163 f.
20 ebenda, S. 164.
21 ebenda, S. 162.
22 ebenda, S. 164.
23 Vgl. dazu Hamann, Brigitte, Elisabeth, S. 436.
24 Elisabeth, „Titanias Besuch bei Carmen Sylva", 1887. Zit. in: Hamann, Brigitte, Das Poetische Tagebuch, S. 207.
25 Christomanos, Constantin, Elisabeth, S. 76.
26 Pauline Metternich, Erinnerungen, herausgegeben von Lorenz Mikoletzky, Wien 1988, S. 136.

27 Hübner, Alexander von, Erinnerungen, Bd. I., S. 93 f.

28 ebenda, S. 94.

29 Metternich, Pauline, Erinnerungen, S. 147 f.

30 Hofdamenbriefe, Zürich 1903, S. 246.

31 Eugénie an ihre Schwester Paca 3. Mai 1857. In: Alba, Herzog von, Lettres familières, S. 142. Bd. I.

32 Mallet, Francine, Die Muse der Republik – George Sand 1804–1876. Stuttgart 1979, S. 245. Zit. in: Wiggershaus, George Sand, S. 134.

33 Wallersee-Larisch, Marie Louise, Elisabeth, S. 250.

34 Sztáray, Irma, Aus den letzten Jahren, S. 49.

35 Wallersee-Larisch, Marie-Louise, Die Heldin von Gaëta, S. 204.

36 Blunt, Wilfried, König Ludwig II. von Bayern, S. 93 f.

37 Sylva, Carmen, Elisabeth. In: Neue Freie Presse, 26. 12. 1906.

38 Marie Valerie, 14. 6. 1886, Tagebuch Abschrift. In: Nachlaß Richard Sexau, Bayerische Staatsbibliothek München, Handschriftensammlung.

39 Wallersee-Larisch, Marie Louise, Elisabeth, S. 252.

40 Marie Valerie, 10. 2. 1889, Tagebuch Abschrift. In: Nachlaß Richard Sexau, Bayerische Staatsbibliothek München, Handschriftensammlung.

41 Marie Valerie, 10. 2. 1889, Tagebuch Abschrift. In: Nachlaß Richard Sexau, Bayerische Staatsbibliothek München, Handschriftensammlung.

42 Wallersee-Larisch, Marie Louise, Elisabeth, S. 252.

43 Wallersee-Larisch, Marie Louise, Die Heldin von Gaëta, S. 225.

44 dieselbe, Elisabeth, S. 16.

45 Ludwig Salvator war der Sohn des Großherzogs Leopold II. und der Großherzogin Maria Antonia von Toskana, die sich im besonderen um das Erziehungswesen der Mädchen kümmerte und sich nach dem Tod ihres Mannes in die Villa „Orth" am österreichischen Traunsee zurückzog. Ludwig Salvator wurde 1847 geboren und starb 1915.

46 Kleinmann, Horst Joseph, Erzherzog Ludwig Salvator, Graz, 1991, S. 111.

47 Corti, Egon Caesar Conte, Elisabeth, S. 389.

48 Aichelburg, Wladimir, El Archiduque. In: Yachtrevue 1. (1980) S. 60–62. Zit. nach: Schwendinger, Helga, Erzherzog Ludwig Salvator. Dipl. Arbeit Wien 1983, S. 38.

49 Schwendinger, Helga, Erzherzog Ludwig, S. 38.

50 Stephanie, Memoiren, Abschrift, S. 11. In: Nachlaß Conte Corti, Konvolut 34, Haus- Hof- und Staatsarchiv Wien.

51 Prager Tagblatt, Morgen-Ausgabe 19. 10. 1915.

52 Kleinmann, Horst Joseph, Erzherzog Ludwig Salvator, Graz, 1991, S. 139.

53 ebenda, S. 61.

54 Schwendinger, Helga, Erzherzog Ludwig, S. 68.

55 (L. S.) Sommerträumereien am Meeresufer, S. 2. Zit. nach: Schwendinger, Helga, Erzherzog Ludwig, S. 69.

56 Schwendinger, Helga, Erzherzog Ludwig, S. 17. Der Titel des Buches, das 1905 er-

215

schien, lautete: „Das was verschwindet. Trachten aus den Bergen und Inseln der Adria." 1878 hatte er bereits eine Zeichensammlung unter dem Titel „Die Serben an der Adria. Ihre Typen und Trachten" herausgegeben.

57 ebenda, S. 389.

58 Erzherzog Johann an seinen Bruder Ferdinand. In: Neue Freie Presse 14. 6. 1925.

59 ebenda, an Franz Joseph.

60 Praschl-Bichler, Gabriele/Cachée, Josef, „Von meinem müden Haupte nehm' die Krone ich herab", S. 171.

61 Elisabeth, „Mein Traum", 1887. Zit. in: Hamann, Brigitte, Poetisches Tagebuch, S. 146.

62 Vgl. dazu: Gebhardt Heinz, König Ludwig II. und seine verbrannte Braut. Unveröffentlichte Liebesbriefe der Prinzessin Sophie an Edgar Hanfstaengl, Pfaffenhofen 1986.

63 Marie Valerie, 3. 6. 1887, Tagebuch Abschrift. In: Nachlaß Richard Sexau, Bayerische Staatsbibliothek München, Handschriftensammlung.

64 Christomanos, Constantin, Elisabeth, S. 70 f.

65 Vgl. Holler Gerd, Louise von Sachsen-Coburg. Ihr Kampf um Liebe und Glück. Wien 1991, S. 106 ff.

66 Kraus, Karl, Sittlichkeit und Kriminalität. München 1970, S. 75.

67 ebenda, S. 79.

68 ebenda, S. 93.

69 Christomanos, Constantin, Elisabeth, S. 87.

70 Elisabeth, „Mondspuk", 1885. Zit. in: Hamann, Brigitte, Poetisches Tagebuch, S. 95.

71 Wallersee-Larisch, Marie Louise, Elisabeth, S. 15.

72 ebenda, S. 15.

73 ebenda, S. 115

74 Marie Valerie, 13. 5. 1888, Tagebuch Abschrift. In: Nachlaß Richard Sexau, Bayerische Staatsbibliothek München, Handschriftensammlung.

75 Elisabeth „Titanias Spinnlied", 1888. Zit. in: Hamann, Brigitte, Poetisches Tagebuch, S. 353.

76 Elisabeth „Auf dem Zauberberge", 1888. Zit. in: Hamann, Brigitte, ebenda, S. 350.

77 Wallersee-Larisch, Marie Louise, Elisabeth, S. 46.

78 ebenda, S. 202.

79 Haggard, Henry, She. A history of adventure. London 1887, Bd. II, S. 163. Die hier verwendeten Passagen sind Übersetzungen der Verfasserin

80 ebenda, Bd. II, S. 47.

81 Haggard, Henry, She, Bd. I, S. 231.

82 ebenda, Bd. II, S. 45.

83 ebenda, Bd. I, S. 176.

84 ebenda, Bd. I, S. 176.

85 ebenda, Bd. I, S. 242.

86 ebenda, Bd. II, S. 37.

87 Wallersee-Larisch, Marie Louise, Elisabeth, S. 46.
88 Elisabeth „Titanias Arche", 1887. Zit. in: Hamann, Brigitte, Poetisches Tagebuch, S. 303.
89 Vogel, Juliane, Kunstfigur, S. 172.
90 Schmidt, Hildegard, Elisabeth, Königin von Rumänien, S. 375.
91 ebenda, S. 253.

Weltschmerz und Todessehnsucht

1   Elisabeth „An meine Schwester Helene", 1888. Zit. in: Hamann, Brigitte, Poetisches Tagebuch, S. 338.
2   Eugénie an ihre Mutter 21. August 1864. In: Alba, Herzog von, Lettres familières, Bd. I, S. 218.
3   ebenda, Brief an ihre Schwester Paca 31. 12. 1857. Bd. I, S. 143.
4   Kurtz, Harold, Eugénie, S. 387.
5   Eugénie an ihre Schwester Paca Juli 1855. In: Alba, Herzog von, Lettres familières, Bd. I, S. 123.
6   Sylva, Carmen, Penatenwinkel, S. 44.
7   Carmen Sylva an Kronprinzessin Stephanie am 11. Juni 1889. Memoiren, S. 15. In: Nachlaß Conte Corti, Haus- Hof- und Staatsarchiv Wien.
8   Sylva, Carmen, Penatenwinkel, S. 275.
9   Sztáray, Irma, Elisabeth, S. 85.
10 Marie Valerie, 20. 12. 1885 Tagebuch Abschrift. In: Nachlaß Richard Sexau, Bayerische Staatsbibliothek München, Handschriftensammlung.
11 Wallersee-Larisch, Marie Louise, Elisabeth, S. 179.
12 George, Sand, Nouvelles lettres d'un voyageur. Paris 1877. Zit. nach: Schlientz Gisela, George Sand, S. 264.
13 Cristomanos, Constantin, Elisabeth, S. 60.
14 ebenda, S. 74 f.
15 Corti, Egon Caesar Conte, Elisabeth, S. 18.
16 ebenda, S. 18.
17 ebenda, S. 20.
18 Hamann, Brigitte, Elisabeth, S. 137.
19 ebenda, S. 235.
20 ebenda, S. 281.
21 ebenda, S. 305.
22 Amélie von Urach, Tagebuchaufzeichnungen 27. 6. 1887. In: Nachlaß Sexau, Bayerische Staatsbibliothek München, Handschriftensammlung.
23 Elisabeth an Marie Valerie 16. 11. 1888. Abschrift. In: Nachlaß Conte Corti, Konvolut 30, Haus- Hof- und Staatsarchiv Wien.
24 ebenda.
25 Redwitz, Marie Freiin von, Hofchronik, S. 21.

26 ebenda, S. 31.

27 Marie Valerie, 18. 2. 1890, Tagebuch Abschrift. In: Nachlaß Richard Sexau, Bayerische Staatsbibliothek München, Handschriftensammlung.

28 Marie Valerie, 3. 9. 1908, Tagebuch Abschrift. In: Nachlaß Richard Sexau, Bayerische Staatsbibliothek München, Handschriftensammlung.

29 Redwitz, Marie Freiin von, Hofchronik, S. 43.

30 ebenda, S. 136.

31 Amélie von Urach, Erinnerungen an Herzogin Ludovica, 26. 1. 1892. In: Nachlaß Sexau, Bayerische Staatsbibliothek München, Handschriftensammlung.

32 Sztáray, Irma, Aus den letzten Jahren, S. 179.

33 ebenda, S. 264.

34 ebenda, S. 264.

35 ebenda, S. 227.

36 ebenda, S. 229.

37 ebenda, S 248.

38 Carmen Sylva an Marie Valerie am 16. September 1889. In: Nachlaß Conte Corti, Haus- Hof- und Staatsarchiv Wien.

39 Sylva, Carmen, Elisabeth, Neue Freie Presse 25. 12. 1906.

40 Vgl. dazu: Jäger-Trees, Corinna, Aspekte der Dekadenz in Hofmannsthals Dramen und Erzählungen des Frühwerkes. Stuttgart 1988. Mit den Décadents des Fin de siècle hatte Elisabeth vor allem ihre Wirklichkeitsflucht und ihren Schönheitssinn gemeinsam, was sie jedoch von ihnen unterschied, war ihre Suche nach intensiven Naturerlebnissen. Somit war sie in diesem Zusammenhang nur teilweise Repräsentantin einer Zeitströmung.

41 Bahr, Hermann, Elisabeth. In: Die Zeit. 17. September 1898.

42 Ginzkey, Franz Xaver, Zeit und Menschen meiner Jugend, S. 249.

43 Sztáray, Irma, Elisabeth, S. 122.

Zeitverwandtschaften – Gegenwärtigkeiten

1 Marie Valerie, 14.–16.12. 1898, Tagebuch Abschrift. In: Nachlaß Richard Sexau, Bayerische Staatsbibliothek München, Handschriftensammlung.

Register

Abbildungsnachweis

bŏhlau Wien neu

Lisa Fischer
Jenseits vom lärmenden Käfig
Die Lyrikerin, Journalistin und Aktivistin Herta Staub
1997. 148 S., 10 SW-Abb., Br.
ISBN 3-205-98596-6

Lisa Fischer
Lina Loos oder Wenn die Muse sich selbst küßt
Eine Biographie
2. Aufl. 1995. 289 S., 14 SW-Abb., 2 Farb-Abb. Br.
ISBN 3-205-98341-6

Edith Saurer (Hg.)
Die Religion der Geschlechter
Historische Aspekte religiöser Mentalitäten
(L'Homme Schriften, Bd. 1).
1995. 296 S., m. 4 SW-Abb., Br.
ISBN 3-205-98388-2

Brigitte Mazohl-Wallnig (Hg.)
Bürgerliche Frauenkultur im 19. Jahrhundert
(L'Homme Schriften, Bd. 2).
1995. 443 S., m. SW-Abb., Br. m. SU.
ISBN 3-205-05539-X

bŏhlau Wien

Erhältlich in Ihrer Buchhandlung!